BRASIL EM CONSTITUIÇÃO

# Brasil em Constituição

Histórias e bastidores da série exibida no Jornal Nacional que mostrou os avanços conquistados com a Carta de 1988

**GLOBO**LIVROS

Copyright © 2023 by Editora Globo S.A. para a presente edição
Copyright © 2023 by Graziela Azevedo
© 2023 by Mônica Maria Barbosa
© 2023 by Pedro Bassan
© 2023 by William Bonner

Todos os direitos reservados. Nenhuma parte desta edição pode ser utilizada ou reproduzida —
em qualquer meio ou forma, seja mecânico ou eletrônico, fotocópia, gravação etc. — nem apropriada ou
estocada em sistema de banco de dados sem a expressa autorização da editora.

Texto fixado conforme as regras do Acordo Ortográfico da Língua Portuguesa
(Decreto Legislativo nº 54, de 1995), exceto trechos referentes retirados de legislações
anteriores ao referido acordo.

*Editora responsável:* Amanda Orlando
*Assistente editorial:* Isis Batista
*Revisão:* Marcela Isensee de Barros e Mariana Donner
*Diagramação:* João Motta Jr.
*Capa:* Carolinne Oliveira
*Imagens:* Arquivo TV Globo

1ª edição, 2023

CIP-BRASIL. CATALOGAÇÃO NA PUBLICAÇÃO
SINDICATO NACIONAL DOS EDITORES DE LIVROS, RJ

B83
    Brasil em Constituição: Histórias e bastidores da série exibida
no Jornal Nacional que mostrou os avanços conquistados com a
carta de 1988 / Graziela Azevedo ... [et al.]. - 1. ed. - Rio de Janeiro
: Globo Livros, 2023.
    232 p. ; 23 cm.

    "Caderno de fotos"
    ISBN 978-65-5987-129-2

    1. Brasil. [Constituição (1988)] - Cobertura jornalística. 2. Jornal Nacional (Programa de televisão). 3. Reportagens e repórteres
- Brasil. I. Azevedo, Graziela.

| | |
|---|---|
| 23-85522 | CDD: 070.1950981<br>CDU: 070:654.197(81) |

Meri Gleice Rodrigues de Souza – Bibliotecária – CRB-7/6439

Direitos exclusivos de edição em língua portuguesa para o Brasil
adquiridos por Editora Globo S.A.
Rua Marquês de Pombal, 25 — 20230-240 — Rio de Janeiro — RJ
www.globolivros.com.br

# SUMÁRIO

1. Como contar essa história ............................................................ 7

2. A série e o *Jornal Nacional* .................................................... 15

3. Constituição, modo de fazer e o dever de proteger ................. 21

4. Liberdade ................................................................................ 33

5. Liberdade religiosa ................................................................ 47

6. Liberdade de expressão ........................................................ 59

7. Pessoas com deficiência e idosos ......................................... 71

8. Igualdade de gênero ............................................................. 83

9. Racismo ................................................................................ 97

10. Viva o SUS ........................................................................ 109

11. Trabalho ............................................................................ 121

12. Educação ........................................................................... 137

13. Assistência social .............................................................. 147

14. Abrindo as portas da Justiça ............................................. 157

15. Indígenas .......................................................................... 167

16. Meio ambiente .................................................................. 181

17. Federalismo ...................................................................... 193

18. Os três poderes ................................................................. 205

19. O voto ............................................................................... 217

# 1

## Como contar essa história

*Mônica Maria Barbosa*

AINDA ERA JUNHO DE 2021 quando o diretor de jornalismo da Globo, Ali Kamel, falou pela primeira vez sobre a ideia de termos a Constituição promulgada em 1988 como tema de uma série especial para ser exibida na cobertura das eleições que ocorreriam em outubro do ano seguinte. Ele expôs essa ideia em uma reunião com editores-chefes dos telejornais e diretores de sucursais e de programas. Apesar da grande importância do tema, especialmente em um período político tão radicalizado, naquele momento a única coisa que me veio à cabeça foi a enorme dificuldade que seria traduzir o conteúdo e a importância da nossa Constituição em reportagens compreensíveis e atraentes aos telespectadores.

Passaram-se pouco mais de dois meses até Ali e Ricardo Villela, diretor-executivo de jornalismo, me pedirem que apresentasse uma proposta de formato para o projeto. Era um desafio gigantesco: pensar em algo impactante, grandioso, para ficar no ar por algumas semanas, em exibições diárias no *Jornal Nacional*.

A Constituição Federal de 1988, também chamada de Constituição Cidadã, é uma das mais completas e avançadas do mundo. Foi criada a partir de um enorme consenso que envolveu e engajou todos os setores da sociedade. O período de trabalho dos constituintes, comandados pelo deputado Ulysses

Guimarães, foi de intensa troca com os brasileiros. Foram dezoito meses em que galerias e corredores do Congresso Nacional estiveram sempre lotados de estudantes, trabalhadores, aposentados, mulheres e indígenas que reivindicavam a inclusão de direitos na Lei Maior do país. Eram todos bem recebidos — e ouvidos. Havia ainda uma campanha dos Correios, apoiada pela Globo, que incentivava a população a enviar cartas com sugestões de temas para serem incluídos no texto constitucional. A correspondência chegava aos milhares a Brasília, era lida e distribuída entre as comissões que elaboravam o documento. Em 5 de outubro de 1988, o Brasil ganhou uma Constituição que garantiu liberdades individuais, o acesso universal à saúde, trouxe avanços na área trabalhista, na educação, no combate ao racismo, igualou direitos entre homens e mulheres, entre tantas outras conquistas.

Como mostrar aos telespectadores, em um ambiente absolutamente radicalizado como o que enfrentamos em 2022, que os brasileiros estavam vivendo muito melhor do que viviam 34 anos antes e que isso era resultado de um grande acordo, fechado com a participação de toda a sociedade, independentemente de ideologias ou correntes políticas?

Contar histórias reais, ou melhor, deixar que pessoas comuns contem suas histórias, é sempre um bom caminho. Mas esse não é um recurso novo no telejornalismo, e queríamos algo que se diferenciasse do que fazemos no dia a dia. Nessa busca pela melhor forma de retratar as conquistas obtidas a partir de 1988, ocorreu-me revirar os arquivos dos telejornais e programas jornalísticos da Globo nas últimas décadas atrás de reportagens sobre brasileiros que se beneficiaram dos avanços estabelecidos pela nossa Constituição. Seria possível traçar uma linha do tempo da vida dessas pessoas mostrando essa evolução? No melhor dos cenários, depois de encontrar esses personagens nos arquivos, tentaríamos entrar em contato com eles e os convidaríamos a dividir suas histórias com milhões de pessoas.

## A BUSCA PELOS PERSONAGENS

Ainda em outubro, montamos a equipe que durante quase um ano se dedicaria apenas a esse projeto: cerca de trinta pessoas entre produtores, editores de texto e de imagens, repórteres cinematográficos, pesquisadores e ilustradores.

O ponto de partida foi procurar especialistas no assunto para entender quais foram os principais avanços da Constituição. Depois de horas de conversas com constitucionalistas, decidimos os temas que seriam abordados na série. Definidos os episódios, um time de pesquisadores formado por Fernanda Cardoso, Alessandra Schimite, Diego Rainho, Pedro Adorno e André Bessa mergulhou nos arquivos atrás de imagens e entrevistas das pessoas que ajudariam a contar as histórias. A cada possível personagem que encontravam, nossos produtores Adriana Caban, Ana Rita Mendonça, Daniel Targueta, Fabrício Lobel e Fernanda Vivas tinham outros dois desafios: descobrir onde estavam aquelas pessoas tanto tempo depois — e convencê-las a participar do projeto. Se vencer a primeira etapa chegou a parecer impossível, a segunda se revelou bem mais fácil do que poderíamos imaginar: todos os que procuramos toparam de imediato vir aos nossos estúdios. Sim, porque o desafio seguinte seria trazer todos os personagens para dar entrevistas em um cenário montado especialmente para a série. Isso daria um peso maior aos depoimentos e ainda nos permitiria, de alguma forma, dar a eles o mesmo tratamento que daríamos aos outros entrevistados: juristas, especialistas em diferentes áreas, procuradores, ministros de tribunais superiores e do Supremo Tribunal Federal. Todos falariam no mesmo estúdio e se sentariam na mesma cadeira.

No cenário montado para as entrevistas, planejamos projetar uma foto ou uma imagem frisada que fizesse referência à Constituição, ao trabalho dos parlamentares constituintes ou ao ambiente do entrevistado, mas o resultado saiu melhor que a encomenda. Não bastasse a qualidade da iluminação criada pelo diretor de fotografia Márcio Alves, logo em uma das primeiras gravações, a equipe que fazia os testes no estúdio sugeriu que, em vez de imagens paradas, projetássemos os vídeos que tínhamos encontrado daquele entrevistado em nossos arquivos, ou seja, rodaríamos no cenário o início da história que iríamos contar. O efeito disso foi fundamental para as entrevistas, que ganharam em emoção. No episódio sobre os avanços trabalhistas, o operário da construção civil Benedito Sérgio, o Té, um homem negro, alto e forte, não segurou as lágrimas quando se viu no telão trabalhando como boia--fria aos catorze anos, em uma reportagem feita pelo repórter Ernesto Paglia em 1984. Quando abordamos a importância do voto, o ex-narrador esportivo Osmar Santos, hoje já sem fluidez na fala e usando uma cadeira de rodas por conta de um acidente de carro, se viu no telão puxando o coro de milhões de pessoas nos comícios pelas eleições diretas em 1984: uma cena que emocionou toda a equipe que acompanhava a entrevista.

Esses depoimentos eram depois complementados por imagens gravadas — talvez fosse melhor dizer "desenhadas" — por um talentoso time de repórteres cinematográficos: Lúcio Rodrigues, José Henrique, Lucas Cerejo, Emilio Mansur, Neto Lima, Willy Murara, Alex Gomes, Joelson Maia e Marcos Silva. Cabia a eles, além de gravar as entrevistas no estúdio, captar, em gravações externas, a essência das histórias que iríamos contar.

## A PARTICIPAÇÃO DE WILLIAM BONNER E RENATA VASCONCELLOS

William Bonner enxergou, desde o início, o tamanho e a importância do projeto que se transformaria na série "Brasil em Constituição". Como editores-chefes do *Jornal Nacional*, ele e Cristiana Sousa Cruz participaram da definição dos temas a serem abordados nos episódios e sugeriram nomes para a formação da equipe. Bonner teve ainda uma participação fundamental ao lado de Renata Vasconcellos na apresentação e na leitura dos artigos da Constituição durante as reportagens. Nesse quesito, é preciso também destacar o trabalho do Centro de Design da Globo, na época, dirigido por Alexandre Arrabal.

Quando ainda pensávamos no formato dos episódios, entendi que precisaríamos de dois tipos de estúdio: um para as entrevistas e outro para as participações do Bonner e da Renata. Para os dois apresentadores, eu tinha imaginado um cenário em que eles mergulhassem no ambiente de cada uma das reportagens, interagindo com cenas do Congresso Nacional na época dos trabalhos da Constituinte, passeando pelas histórias dos personagens e lendo trechos dos artigos da Constituição aos quais nos referíamos naquele episódio. Para saber se a ideia era viável, procurei o Alexandre Arrabal, que vibrou com o desafio e imediatamente envolveu a equipe de design que atende ao jornalismo. Com o apoio do time da tecnologia, a equipe do Arrabal — liderada por Gilda Rocha e Accacio Fernandes — criou três cenários idênticos para a gravação das entrevistas no Rio de Janeiro, em São Paulo e em Brasília, o que reduziu muito a necessidade de deslocamento de quem se dispôs a ir até os estúdios participar da série. Faltava encontrar um lugar que comportasse toda a estrutura necessária para inserirmos Bonner e Renata nos episódios.

Grua, câmeras ultrassofisticadas e 222 metros quadrados de gigantescos painéis de LED que, dependendo da forma como eram dispostos, formavam ambientes completamente diferentes: uma parafernália que só cabia nos espaços disponíveis nos Estúdios Globo onde, durante três semanas, os apresentadores do JN se revezaram nas gravações. A equipe foi incansável. Muitas vezes foi preciso repetir exaustivamente uma cena para chegar à sincronia perfeita entre os diversos elementos: as falas de Bonner e Renata, os movimentos das câmeras e o áudio dos vídeos exibidos nos telões — tudo seguindo um desenho minucioso idealizado pelo supervisor de edição João Rocha e pelo designer Bernardo Medeiros, a partir de roteiros feitos pelos editores de texto Cláudia Guimarães, Laura Nonohay, Rafael Carregal e Wanda Alviano, pelos editores de imagem Dimitri Caldeira, Eric Romar, Flávio Lordêllo, Roberto Kumamoto, Eliza Santana e Francisco Policarpo. Ao fim de cada dia, depois de horas de gravação, comemorávamos entusiasmados o resultado.

## A PASSARELA

Considerando que os apresentadores apareceriam em todas as reportagens, fazia sentido pensar em uma forma de conduzir os dois desde a bancada do JN até o cenário em que eles gravaram suas participações. Foi assim, a partir de mais uma sugestão do Ali, que a equipe de design fez surgir no meio da redação uma passarela que saía de trás da bancada dos apresentadores e chegava a uma espécie de portal que levava a cada um dos ambientes criados nos Estúdios Globo. A "mágica", feita com recursos que incluíam uma janela virtual e realidade aumentada, exigiu semanas de testes, gravação de pilotos e cuidados com a continuidade no figurino dos apresentadores. E assim, a cada dia em que a participação de Bonner ou Renata abria o episódio, eles liam a cabeça da reportagem e se levantavam para atravessar a passarela — muitas vezes, com o áudio ambiente da reportagem já ecoando na redação do *Jornal Nacional*.

## LEVANDO A CONSTITUIÇÃO PELO BRASIL

Em deslocamentos por dezenas de cidades em vários estados brasileiros, por sugestão da editora Laura Nonohay, nossas equipes levavam um exemplar da Constituição aos mais diferentes ambientes, em meio ao movimento das grandes cidades, em favelas ou nos mais longínquos rincões do Brasil. E, seguindo uma ideia da repórter Graziela Azevedo, a equipe carregava também uma cadeira dobrável na qual pousava o livro e, depois, convidava um cidadão brasileiro a folhear e ler alguns trechos. Na maioria das vezes, flagraram estranhamento, surpresa e admiração:

"Rapaz, é a primeira vez que eu pego numa Constituição, viu?"
(SAMUEL MARQUES, agente de viagens)

"Emocionante, porque eu jamais ouvi falar sobre essas palavras."
(CENIRA OSÓRIO, aposentada)

"Rico ou pobre, preto ou branco, crente ou de qualquer religião, todos são iguais perante a lei."
(FRANCISCO CARLOS DA SILVA, comerciante)

"Todo mundo é igual, né?"
(RENILDA MARIA DE SOUZA, aposentada)

"Nós temos que ter essa constante vontade de saber a que nós temos direito, de saber o que eu posso fazer com aquilo que é garantido na Constituição."
(JAMILE DE OLIVEIRA FALCÃO, estudante)

"Eu acho que se esse livro aqui fosse mais divulgado, se várias pessoas parassem mais pra ler, pra ver, eu acho que talvez começaria a mudar o quadro."
(RAIMUNDO CAMARGO NASCIMENTO, eletricista)

"As pessoas iam saber seus direitos, iam saber votar, iam saber cobrar."
(CRISTIANO DE OLIVEIRA, funcionário público)

"Com os direitos já adquiridos, é uma luta constante, é uma luta diária, imagina se nós não tivéssemos os nossos direitos adquiridos. Com essa Constituição aqui, a gente ainda consegue batalhar muita coisa."

(ROSIMARE JULIÃO, professora)

## O RESULTADO

Ao fim de dez meses de trabalho, tínhamos gravado 83 entrevistas nos estúdios, assistido a 4.350 vídeos dos nossos arquivos e consultado 745 programas *Diário da Constituinte*, um noticiário sobre o trabalho dos parlamentares que foi ao ar em 1987 e 1988. Esse material ajudou a compor os 23 episódios da série "Brasil em Constituição", exibidos de 29 de agosto a 28 de setembro de 2022 no *Jornal Nacional*.

# 2

## A série e o *Jornal Nacional*

*William Bonner*

NA ÚLTIMA DÉCADA DO SÉCULO XX, no remoto ano de 1996, a Globo me transferiu da bancada do *Jornal Hoje* para a do *Jornal Nacional*. Numa noite de segunda-feira, eu e Lillian Witte Fibe surgimos ali, do nada, nas cadeiras que os gigantes Cid Moreira e Sérgio Chapelin haviam ocupado por anos. No caso do Cid, por 26 anos ininterruptos. Era primeiro de abril e parecia mesmo inacreditável que o JN efetuasse uma mudança tão repentina e profunda. Naquela tarde, horas antes da estreia, o então diretor de arte, Alexandre Arrabal, responsável pelo cenário, nos perguntou se tínhamos alguma preferência sobre o lado em que cada um de nós se posicionaria na bancada. Lillian disse que era indiferente, e eu escolhi o lado esquerdo da tela por um motivo que, hoje, soa mais ridículo do que naquele momento. Eu usava um corte de cabelo em formato empadinha — e acreditava verdadeiramente que o lado direito do meu rosto ficava menos estranho que o lado esquerdo, encimado por aquela estrutura capilar volumosa e massuda.

O *Jornal Nacional* de 1996 era um produto diferente daquele que exibimos atualmente. Primeiro, porque a internet era uma criança. Comunicava-se de forma muito básica, lentamente, com um repertório limitado. Havia também uma ingenuidade pueril nas brincadeiras, um encantamento com o clima festivo das salas virtuais de bate-papo. Em 1996 não existiam redes sociais, claro. Nem Google, internet móvel ou smartphones. Assim, obter notícias nesse ambiente exigia tempo e paciência. O sujeito precisava de um computador. Essa máquina tinha que estar conectada à web por meio de uma linha telefônica fixa. O ritual do "acesso discado", ao som de ruídos extraterrestres, nem sempre completava a conexão. E a instabilidade do sistema frequentemente expulsava o desbravador daquele universo digital sem aviso prévio. Uma vez conectado, o consumidor de notícias precisava se dirigir ao site jornalístico e aguardar a cada clique que as páginas carregassem. Ou seja: a internet de meados da década de 1990 não tinha condições de concorrer com os meios de comunicação em massa gratuitos, nascidos ainda na primeira metade do século XX: o rádio e a televisão. Isso explica, em grande parte, por que o *Jornal Nacional* era a principal fonte de notícias de milhões de brasileiros. Mas o JN ocupava um tempo menor na grade de programação da Globo. Desde o início, em 1969, ele é exibido entre duas novelas, mas o intervalo que lhe cabe ocupar já foi bem menor do que o atual. Se, hoje, produzimos um telejornal com 40, 45 minutos líquidos, esse tempo, em 1996, era entre 30 e 35 minutos. E a missão de então era necessariamente apresentar, todas as noites, aquilo que de mais importante havia acontecido no Brasil e no mundo, com a responsabilidade de sermos a principal fonte de informação do país. E um compromisso de tamanha complexidade precisava ser cumprido em tempo mais exíguo. Por esse motivo, todos os assuntos abordados numa edição do JN dispunham, claro, de menos tempo. Precisávamos ser muito mais concisos. As reportagens e as notas que publicávamos eram mais curtas para que mais assuntos coubessem naquele tempo disponível. Isso dava ao JN, como programa de televisão, um ritmo mais veloz. E, como produto jornalístico, menos possibilidades de um aprofundamento nos assuntos abordados.

A expansão da internet, o triunfo da mobilidade digital e o advento das redes sociais impuseram desafios monumentais à civilização, como sabemos. Mas, independentemente das batalhas contra as mentiras, as fake news, os discursos de ódio, a intolerância e mesmo as ameaças abertas a instituições próprias das democracias, a multiplicação de smartphones entre os terráqueos propiciou acesso também ao jornalismo profissional. E isso significa que, ao fim de um dia típico, a imensa maioria das pessoas terá sido "avisada", por assim dizer, dos fatos mais relevantes. Elas poderão não ter lido em detalhes a notícia que lhes apareceu na telinha do telefone, mas possivelmente guardarão aquela informação básica que lhes passou diante dos olhos em certo momento em uma rede social. Assim, nesta terceira década do século XXI, o *Jornal Nacional* se constrói sobre duas condições bem diferentes daquelas que encontrei em minha chegada. No horário em que entramos no ar, o público médio já tomou contato, em algum nível, com parte expressiva do nosso cardápio de assuntos. O que nos caberá, então, será depurar a informação. Expor o que é fato — e ignorar ou denunciar o que é *fake*. E organizar o caos: hierarquizar os assuntos; agrupá-los de forma lógica e orgânica; explicar os contextos e fornecer às pessoas uma oportunidade de compreender o cenário daquele dia, estabelecer correlações, formar a própria opinião. E como o tempo disponível para essa nossa tarefa se dilatou ao longo dos anos, houve também um ganho de profundidade no nosso conteúdo. Uma consulta aos arquivos do *Jornal Nacional* comprova isso. Se uma reportagem típica do JN em 1996 era, em média, de um minuto e meio, hoje esse tempo é de dois minutos e meio. E são comuns as que ultrapassam os três minutos de duração em um *Jornal Nacional* típico. Sinal dos tempos. Embora não tenhamos mais sobre as cabeças a responsabilidade autoimposta de atualizar os brasileiros sobre todos os fatos como se fôssemos a fonte única dessas informações, ainda compete ao *Jornal Nacional* apresentar um mosaico essencial do dia. E essa qualificação, "essencial", nos leva a uma jornada de introspecção e autoconhecimento. O que é essencial para você? Que assuntos você selecionaria para a edição de hoje do JN entre todos os que iluminaram a tela do seu smartphone? Qualquer decisão editorial em um produto jornalístico está sujeita ao julgamento do público. Isso é inevitável. Haverá concordância e discordância. Haverá quem se prepare para assistir ao *Jornal Nacional* com o objetivo de se informar sobre um fato específico daquele dia: o anúncio de uma medida econômica pelo governo, uma votação no Congresso, um crime, um acidente, uma partida de futebol. Mas haverá também quem não concorde com a seleção de assuntos que fizemos ou simplesmente não a compreenda, seja porque não tenha interesse num determinado assunto publicado, seja porque seus critérios de valores não classificam aquele assunto como "essencial". Em jornalismo, como em tudo aquilo que não se circunscreva ao universo das ciências exatas, alguma subjetividade sempre haverá. E a receita mais segura para que um editor-chefe não imponha ao público um produto de suas idiossincrasias é manter-se aberto ao diálogo com os colegas da equipe, com os superiores hierárquicos. Uma decisão solitária de um editor embute sempre um risco exponencialmente maior de erro do que uma decisão antecedida por troca de ideias, quando há divergência de opiniões sobre ela. Isso não anulará a subjetividade da questão sobre o que é essencial para mim e para você, mas dará ao editor-chefe o lastro necessário para uma decisão menos personalizada e mais alinhada com os valores de um grupo maior de pessoas.

Além da decisão sobre os temas que estarão presentes numa edição, é preciso determinar também a forma que esse conteúdo terá e o tempo que lhe será destinado. Isso ocorre o dia inteiro, todos os dias — e não termina enquanto o *Jornal Nacional* estiver no ar. Até o "boa-noite" final, sempre poderemos introduzir um tema adicional, suprimindo ou não algum outro conforme a necessidade. E, de novo, os critérios para essas decisões terão lá sua porção subjetiva. O que nos leva à série do *Jornal Nacional* "Brasil em Constituição". Ainda estávamos em 2021 quando recebi em minha sala um telefonema do diretor de jornalismo, Ali Kamel. Ele queria dividir comigo a ideia que lhe tinha ocorrido para marcar a cobertura da eleição presidencial do ano seguinte. Eu estava dedicado à edição do JN daquele dia, com os problemas daquele dia, os assuntos daquele dia, mas o Ali estava uns dez meses à frente, como já vi acontecer tantas vezes nos últimos 23 anos. A cada eleição presidencial, ele se impõe o dever de bolar algo especial para a nossa cobertura com enorme antecedência — que jamais é suficiente aos olhos dele. Enquanto expõe sua ideia, Ali costuma repetir uma frase: "Nós já estamos atrasados!". Não me lembro de ele não ter dito isso ao compartilhar suas ideias da *Caravana* JN, realizada em 2006, do JN *no Ar*, que decolou em 2010, e dos demais projetos. E o fato de sempre achar que "já estamos atrasados" faz com que ele exija atenção imediata para aquilo. Mesmo que estejamos a dez meses do início da exibição. Mesmo que daqui a três horas tenhamos que levar ao ar uma edição do *Jornal Nacional*.

Mas essa sensação de urgência do "Brasil em Constituição" não se devia apenas a uma característica do Ali Kamel. Havia também o fato de que o projeto começou a nascer bem antes daquele telefonema, em conversas sobre a conjuntura política nacional em meio à pandemia. Esses diálogos e os diagnósticos que produziam envolviam não apenas a direção do jornalismo, mas, claro, também o presidente do conselho editorial e do conselho de administração do Grupo Globo, João Roberto Marinho. E foram esses diagnósticos que levaram à decisão de explicitar, em um editorial, o compromisso da Globo com a democracia e a saúde dos brasileiros. Em junho de 2021, a covid-19 atingiu o número oficial e ultrajante de 500 mil vidas perdidas, e nós dissemos: "Em agosto de 2020, quando o Brasil ultrapassou o registro escandaloso de 100 mil mortes pela covid-19, o *Jornal Nacional* se manifestou sobre essa tragédia em um editorial. Parecia que o país tinha superado um limite inalcançável, 100 mil mortos. Neste sábado [19], são 500 mil. Meio milhão de vidas brasileiras perdidas. O sentimento é de horror e de uma solidariedade incondicional às famílias dessas vítimas. São milhões de cidadãos enlutados. Hoje, é evidente que foram muitos — e muito graves — os erros cometidos. Eles estão documentados por entrevistas, declarações, atitudes, manifestações. A aposta insistente e teimosa em remédios sem eficácia, o estímulo frequente a aglomerações, a postura negacionista e inconsequente de não usar máscaras e, o pior, a recusa em assinar contratos para a compra de vacinas a tempo de evitar ainda mais vítimas fatais. No editorial que marcou as 100 mil mortes, nós dissemos que era preciso apurar de quem é a culpa. Dissemos textualmente que esse momento chegaria. Desde o início de maio, o Senado está investigando responsabilidades. Haverá consequências. E a mais básica será a de ter levado ao povo brasileiro o conhecimento sobre como e por que se chegou até aqui. Quando todos nós olharmos para trás, quando nos perguntarem o que fizemos para ajudar a evitar essa tragédia, cada um de nós terá a sua resposta. A esmagadora maioria vai poder dizer, com honestidade e com orgulho, que fez de tudo, fez a sua parte e mais um pouco. Nós, do jornalismo da Globo, estamos há um ano e meio, com base na ciência, cumprindo o nosso dever de informar, sem meias palavras. Muitas vezes nós pagamos um preço por isso, com incompreensões de grupos que são minoritários, mas barulhentos. Não importa. Nós seguimos em frente, sem concessões. E seguiremos em frente, sem concessões. Porque tudo tem vários ângulos e todos devem ser sempre acolhidos para discussão. Mas há exceções. Quando estão em perigo coisas tão importantes como o direito à saúde, por exemplo, ou o direito de viver em uma democracia. Em casos assim, não há dois lados. E é esse o norte que o jornalismo da Globo continuará a seguir".

Em nossas discussões sobre o país e o momento que vivíamos, havia a concordância total sobre essa posição. Quem ou o que quer que ameaçasse nossa democracia e o direito dos cidadãos à saúde seria denunciado e cobrado incansavelmente. E não iríamos desistir. Fizemos isso não apenas no *Jornal Nacional*, mas em todos os telejornais e programas da TV Globo, assim como na *GloboNews* e no *Portal G1*, na internet. Para coordenar a realização do projeto, Ali designou a diretora do *Globo Repórter*, Mônica Maria Barbosa, uma colega com experiência e talento enormes — assim como os repórteres que escolhemos para apresentar aos brasileiros algumas das conquistas mais importantes que a Carta de 1988 proporcionou. Editores, produtores, designers, repórteres cinematográficos, cada um em sua área de atuação, entregaram-se ao longo de meses à produção mais importante e oportuna da história do telejornalismo brasileiro. História que acompanho desde a infância e que ajudo a escrever há 38 anos. Como apresentadores do JN, Renata Vasconcellos e eu nos entregamos a dias de gravação nos Estúdios Globo, cercados de profissionais brilhantes e apaixonados pelo projeto. Trocávamos de roupas para cada episódio e vestíamos o figurino novamente nas noites em que eram exibidos. E caminhávamos por uma passarela que nos conduzia ao cenário exuberante das reportagens especiais. Como editores-chefes, coube a mim e a Cristiana Sousa Cruz planejar edições do *Jornal Nacional* que acolhessem os episódios da série e coordenar a equipe de editores para que os principais assuntos do dia estivessem também presentes. Em suma: nossa equipe se esforçou para registrar os assuntos "essenciais" nos limites de tempo impostos pela grandeza e a relevância da série "Brasil em Constituição". Neste livro, estão os relatos dos profissionais que foram centrais nessa produção grandiosa em todos os sentidos. E o que eles têm a dizer é a reafirmação necessária da beleza e da importância fundamental do jornalismo, da própria Constituição e da democracia.

# 3
## Constituição, modo de fazer e o dever de proteger

*Graziela Azevedo*

*Ecoam nessa sala as reivindicações das ruas. A nação quer mudar, a nação deve mudar, a nação vai mudar.*

Deputado Ulysses Guimarães, na promulgação da Constituição Federal de 1988, em 5 de outubro de 1988.

O dia 8 de janeiro de 2023 ficará marcado pela tristeza e indignação com as cenas de vandalismo e destruição em Brasília. Entre os atos antidemocráticos praticados por uma minoria criminosa que não aceitava o resultado recente da maioria nas urnas, uma cena em especial nos chamou a atenção. Nossa equipe havia passado quase todo o ano anterior lendo, estudando e retratando a importância da Constituição de 1988 para a série exibida no *Jornal Nacional* em setembro de 2022. Nossa admiração pelo livro que contém a Lei Maior do país tinha aumentado ainda mais. Na cena que apertou o coração de tantos de nós, um homem envolvido pela bandeira do Brasil, com o rosto encoberto, aparece na frente do Supremo Tribunal Federal, em cima da estátua da Justiça, exibindo o que parecia ser um dos originais da Constituição. Em meio à gritaria e a móveis quebrados, o homem erguia com as duas mãos (uma delas com aquelas luvas brancas usadas pelos bibliotecários) o exemplar de capa de couro onde se lia CONSTITUIÇÃO em letras douradas.

Uma das produtoras da série, a jornalista e advogada Fernanda Vivas, cobre diariamente as notícias e bastidores do Supremo e logo descobriu que aquele não era um dos cinco originais assinados pelos 559 deputados e senadores constituintes. Aqueles permaneciam bem guardados no STF, na Câmara, no Senado, no Palácio do Planalto e no Arquivo Nacional. Dias depois, o homem que a exibiu e a levou consigo foi preso em Minas Gerais e, o que era na verdade uma réplica, foi recuperada e devolvida para continuar sendo exibida no saguão do Supremo Tribunal Federal, agora e mais do que nunca como um símbolo de resistência.

## CONSTITUIÇÃO E DEMOCRACIA

Foi Ayres Britto, ex-ministro do Supremo Tribunal Federal (e, não à toa, descrito como poeta da Corte), quem fez a seguinte definição no primeiro episódio da série "Brasil em Constituição": "A Constituição e a democracia no Brasil formam uma parelha temática indissolúvel e indissociável. Ela é a lei das leis — a Constituição, a lei das leis — e a democracia é o princípio dos princípios. Ela é a bíblia jurídica e a democracia é o credo político, é o credo que se deve rezar por essa bíblia".

Não é difícil saber por que só essa parelha é capaz de levar adiante uma sociedade que se quer livre, justa, solidária e próspera. Basta olhar o mundo ao redor e suas ditaduras de direita e de esquerda.

Inspirados pelas entrevistas que fizemos e aulas que tivemos com mestres do direito constitucional, eu e o repórter Pedro Bassan (que, além de jornalista, é formado em direito pela Universidade de São Paulo) nos atrevemos a resumir assim a importância que a democracia e a Constituição têm para todos e uma para a outra: "No mundo contemporâneo, a ideia de democracia é blindada por um escudo, um conjunto de regras bem definidas, uma grande conquista da humanidade. Uma constituição escrita democraticamente organiza, divide e separa os poderes, evita as ditaduras e garante os direitos fundamentais, respeita as maiorias, protege as minorias e assegura pelo voto a rotatividade do poder. Democracia e Constituição são a alma e o corpo de uma sociedade livre".

Por isso, é tão importante valorizar e proteger aquela que está acima de todas as outras leis e conhecer melhor a história da nossa Constituição de 1988. Ela chegou a ser chamada de *Constituição Coragem* num primeiro prefácio escrito pelo deputado Ulysses Guimarães e depois foi batizada definitivamente como *Constituição Cidadã*. Os dois nomes honram o documento que deu ao país seu mais longo e fértil período democrático. A nossa, assim como outras constituições mundo afora, foi escrita para refundar e reconstruir em outras bases um país traumatizado — no nosso caso, por uma longa ditadura e suas trágicas consequências econômicas e sociais. Muitos dos direitos e das políticas públicas sem as quais nem imaginamos viver nasceram com nossa Constituição ou a partir dela. Antes de 1988, o Brasil não tinha o Sistema Único de Saúde, o Código de Defesa do Consumidor, o Estatuto da Criança e do Adolescente, salário mínimo para aposentados, uma jornada de trabalho de 44 horas semanais, licença-paternidade, estabilidade de emprego para gestantes, políticas estruturadas de assistência e proteção aos mais vulneráveis, a Defensoria e o Ministério Público como os conhecemos. Além disso, os indígenas não podiam sequer viajar sem autorização do Estado. Em 1964, ao passar por cima da Constituição, a ditadura militar tirou dos brasileiros, entre tantos outros direitos, o de escolher o presidente da República. Só voltamos a votar para o cargo mais alto do país um ano depois da promulgação da Constituição de 1988. Foi preciso coragem e um trabalho intenso de deputados, senadores, lideranças de todas as áreas e muita participação popular para chegar ao documento que todos os presidentes da Nova República juraram defender e que começa assim:

> **Art. 1º** A República Federativa do Brasil, formada pela união indissolúvel dos Estados e Municípios e do Distrito Federal, constitui-se em Estado Democrático de Direito e tem como fundamentos:
>
> I – a soberania;
> II – a cidadania;
> III – a dignidade da pessoa humana;
> IV – os valores sociais do trabalho e da livre iniciativa;
> V – o pluralismo político.

**Parágrafo único.** Todo o poder emana do povo, que o exerce por meio de representantes eleitos ou diretamente, nos termos desta Constituição.

Fazer uma série de reportagens sobre esse documento e o impacto que ele teve na vida de tantos brasileiros foi, sem dúvida, o trabalho mais importante dos meus quarenta anos de carreira no jornalismo, 33 deles na TV Globo. Esperamos fazer neste livro o que fizemos na série: um resgate que emocionou quem viveu a época e encantou quem não conhecia bem a Constituição e sua história. Não é com soberba que escrevo isso, mas com base nas muitas mensagens que recebemos depois de cada episódio, repercussão que nos incentivou a registrar em livro essa jornada.

"A série do *Jornal Nacional* sobre a Constituição Federal de 1988 é uma das coisas mais espetaculares que já vi na TV brasileira. Que trabalho fantástico desenvolvido pela equipe da Rede Globo! Necessária demais!"
(ANDRÉ DE FREITAS)

"Caraca, que documento fantástico esse que o *Jornal Nacional* tá produzindo sobre a Constituição."
(ERIC LUIS)

"Arrepiado com essa série do *Jornal Nacional*. Eu defendo totalmente que a Constituição Federal deveria ser ensinada nas escolas. O povo deve conhecer seus direitos básicos para poder exigi-los."
(DANILO AZEVEDO)

"O discurso do Ailton Krenak foi emocionante."
(DANIEL MARTINS)

Essas foram apenas algumas das mensagens, e esse último comentário acabou virando um spoiler, então vamos lá!

## MUITAS MÃOS À OBRA

Em uma sessão da Assembleia Nacional Constituinte de 1987, diante de um plenário lotado de autoridades, o jovem líder indígena Ailton Krenak passa os dedos num pequeno pote com tinta de jenipapo. Lentamente, ele pinta a face de preto enquanto discursa com voz firme, mas tranquila e pausada: "Eu espero não agredir com a minha manifestação o protocolo desta Casa, mas eu acredito que os senhores não poderão ficar omissos. Os senhores não terão como ficar alheios a mais essa agressão movida pelo poder econômico, pela ganância, pela ignorância do que significa ser um povo indígena. O povo indígena tem um jeito de pensar, tem um jeito de viver, tem condições fundamentais para sua existência e para a manifestação da sua tradição, da sua vida e da sua cultura que não colocam em risco e nunca colocaram a existência sequer dos animais que vivem ao redor das áreas indígenas, quanto mais de outros seres humanos. Eu creio que nenhum dos senhores poderia nunca apontar atitudes da gente indígena do Brasil que tenham colocado em risco seja a vida, seja o patrimônio de qualquer pessoa, de qualquer grupo humano nesse país".

Ailton Krenak não era deputado, mas com um terno emprestado e rosto pintado, protagonizou uma das cenas mais marcantes do período de elaboração da Constituição. Ele subiu à tribuna para defender a emenda popular da causa indígena que, em uma época em que não havia internet para facilitar mobilizações e encurtar distâncias, teve mais de 43 mil assinaturas, representando mais de 120 mil indígenas.

Trinta e cinco anos depois da cena que recuperamos no acervo da Câmara dos Deputados, convidamos Krenak a lembrar aquele momento em que o parlamento, tantas vezes fechado, censurado e calado durante a ditadura, se abriu para ouvir as diversas vozes do país: "Eu pensei: 'O nome dessa casa é parlamento. O negócio deles é falar… Eu não sou um profissional do ramo. Eu vou ter que aprontar alguma coisa diferente para eles me escutarem'. Aquela emenda popular era dos brasileiros em todo o território nacional. Então eu me sentia autorizado pelos brasileiros todos a dizer aquelas palavras que eu disse: que o Estado brasileiro tinha que respeitar a integridade dos territórios indígenas".

Como Ailton Krenak, muitos outros brasileiros subiram à tribuna, foram às galerias e gabinetes, mandaram cartas aos deputados e senadores em formulários criados e impressos com apoio da Rede Globo. Havia boletins da Constituinte diariamente no rádio e na TV. Uma jovem advogada que esteve nessa época em Brasília se recorda bem do clima de intensa mobilização popular. "Desde 1987, todo mundo se apresentou. Eu fui posta à disposição porque era procuradora do Estado e fiquei um tempo em Brasília, trabalhando exatamente dentro do Congresso. Eu me lembro de estar na biblioteca da Câmara, sentada, e aí vem um índio e se assenta, de cocar, trajado — nós dois somos igualmente brasileiros: uma que era advogada e ele que era alguém que postulava os seus direitos e liderava os seus pelos seus direitos. E essa era uma mudança muito significativa porque era preciso que houvesse uma legitimação nova para que a ideia de justiça que o povo falava, de que o povo falava e que queria participar para formular, fosse então entronizada nessa Constituição."

Aquela jovem advogada é a hoje ministra do STF Cármen Lúcia, que me concedeu uma longa entrevista no estúdio especialmente montado em Brasília para a série "Brasil em Constituição".

Ao todo, 122 emendas populares assinadas por mais de 12 milhões de brasileiros foram encaminhadas ao Congresso por lideranças e entidades da sociedade civil. As que foram aprovadas ajudaram a compor o texto final. Os parlamentares se dividiram em 24 subcomissões, cada uma com um tema a ser debatido. O resultado era encaminhado para uma das oito comissões temáticas e o processo terminava na comissão de sistematização, que foi presidida pelo então senador Mário Covas. Cheio de vontade e de autoridade, ele tinha sido eleito senador pelo PMDB, partido de oposição à ditadura: teve mais de 7 milhões de votos, a maior votação para um cargo eletivo até então. A mecânica até parece simples, mas vale lembrar que a tarefa era, na verdade, monumental. Reportagens da época contam que mais de 2 milhões de metros de papel teriam sido usados em rascunhos e emendas. Arquivado, esse material ocuparia quase 3 mil caixas recheadas. Para dar conta de organizar tantas ideias e reivindicações, a Câmara e o Senado utilizaram pela primeira vez computadores, daqueles grandões com tela preta e letras verdes. Além disso, todos trabalhavam sob pressão — e muita. Ficou para a história o cálculo de que mais de 5 milhões de pessoas passaram pelo Congresso naqueles meses efervescentes; foram 182 audiências públicas e 330 sessões plenárias de debates e votações. Empresários; trabalhadores; profissionais da saúde; da educação, representantes dos indígenas, das pessoas com deficiência e dos aposentados; lideranças de diversas áreas da vida nacional participaram de reuniões, conferências e congressos e se prepararam para lutar por suas reivindicações.

O professor de Direito Constitucional da Universidade de São Paulo (USP), Virgílio Afonso Ferreira, destacou esse caráter democrático em uma entrevista para a série: "A Assembleia Constituinte soube, de uma forma inédita na história das constituições brasileiras, reagir e expressar essa influência popular. Ou seja, quem fazia e quem votava eram os deputados e senadores e deputadas e senadoras, mas isso foi um produto de um embate muito maior que envolveu o país inteiro — sobretudo Brasília, mas o país inteiro durante quase dois anos".

## ENTRE ALGUNS TAPAS E BEIJOS... E MUITOS CONSENSOS

Olhos e ouvidos dos brasileiros, especialmente os da imprensa, estiveram atentos ao que aconteceu em Brasília entre fevereiro de 1987 e outubro de 1988. Foram muitas as reportagens que registravam cada dia de trabalho no Congresso, cada votação, cada etapa da elaboração da nova Constituição. Trinta e quatro anos depois, para ilustrar e dar vida a nosso trabalho, pesquisamos e assistimos a mais de 4.300 vídeos. Logo no início da produção da série, o produtor Fabrício Lobel assistiu e organizou em planilhas temáticas os 745 *Diários da Constituinte*, programetes feitos pelas TVs do Senado e da Câmara. Com sua famosa memória de elefante, a experiente editora Wanda Alviano garimpou cenas e falas que diziam muito sobre aquilo que tornou a aprovação de uma nova Constituição possível: o diálogo e o consenso. Seguem alguns exemplos do que diziam parlamentares de diferentes partidos naquela época:

"Todos já perceberam que ninguém pode ganhar tudo. Ninguém pode tudo, ninguém pode sempre."

(AMARAL NETTO, deputado constituinte do PDS, partido que apoiava o governo.)

"Acho que certamente não é o texto que eu faria, não é o texto que outro faria, não é o texto que qualquer dos constituintes individualmente faria, mas é um texto que razoavelmente compõe a vontade da totalidade. Em outras palavras: para mim, o que é fundamental nessa introdução e nesses artigos é pela inclusão da participação popular."

(MÁRIO COVAS, senador constituinte do PMDB, partido de oposição à ditadura.)

"Não devemos fazer uma Constituição que seja o resultado de um rolo compressor. Tem que ser o resultado de entendimento, de contribuições gerais para que a Constituição seja exatamente um reflexo de todas as tendências nacionais."

(JARBAS PASSARINHO, senador constituinte do PDS e ex-ministro de governos militares.)

O comportamento do Congresso nem sempre foi exemplar. As discussões muitas vezes esquentaram a ponto de os parlamentares trocarem sopapos e serem separados pela turma do deixa-disso. Só que foram mais numerosos e marcantes os momentos em que as fronteiras partidárias e as polarizações ideológicas deram lugar ao entendimento. Foram muitos os abraços e beijos a selarem armistícios e acordos.

Convidamos Antônio Britto para uma entrevista sobre a experiência que viveu como deputado constituinte. Britto é jornalista e ficou conhecido em um momento dramático da vida nacional. Ele foi porta-voz de Tancredo Neves, acompanhou a agonia e anunciou a morte daquele que teria sido o primeiro presidente civil depois da ditadura militar. O vice, José Sarney, assumiu o cargo e manteve o compromisso de Tancredo com uma nova Constituição. A convite de Ulysses Guimarães, Britto deixou de vez o jornalismo, se elegeu deputado e participou ativamente da Constituinte. Ele lembra que a vontade de fazer algo tão importante para o país se impôs de maneira rara naquele momento: "Houve radicalização? Claro que houve. O pessoal mais à esquerda, o pessoal mais à direita… Só que havia pontes entre os setores. E essa é outra diferença importante, na medida que a gente não quer um país onde não haja divergência. A nossa questão não é termos divergências, é o que se faz com a divergência. Na Constituinte, apesar de tudo […], havia caminhos de conversação".

Foi nesse clima que vários temas terminaram em acordo. Outros exigiram maioria por votação. Antônio Britto lembra que a definição da jornada de trabalho de 44 horas semanais foi um deles: "Essa discussão levou semanas sem avançar nada porque nenhum representante de sindicato queria ter o ônus de concordar com uma proposta inferior a que tinha apresentado e nenhum representante de empresário, pela mesma razão, queria também concordar. Então, o que se acordou foi fazer uma votação com todo mundo sabendo que ia dar 44, porque era o ponto médio entre 40 e 48".

Ele prossegue lembrando que a discussão sobre a propriedade privada foi outro tema que chegou a travar a Constituinte: "Foi colocado assim o embate: a UDR [União Democrática Ruralista] de um lado, o MST [Movimento dos Trabalhadores Rurais Sem Terra] do outro. Direita de um lado, esquerda do outro. E onde se chegou? Se chegou a uma definição moderna de que existe, sim, a propriedade privada, ela precisa, sim, ser respeitada, mas quem detém um terreno, quem detém uma fazenda, quem detém terra, tem também uma obrigação social a cumprir, uma obrigação social com o meio ambiente, uma obrigação social com quem ali trabalha, uma obrigação social em fazer render aquela terra".

E, assim, com base no diálogo democrático, a Constituição foi sendo escrita.

### O MAESTRO

Um recurso que chamou muito a atenção dos telespectadores da série foi a saída dos apresentadores da bancada do *Jornal Nacional* e a caminhada deles "em direção ao passado". No episódio sobre a elaboração da Constituição, foi a voz carregada de experiência do deputado Ulysses Guimarães que guiou Renata Vasconcellos até aquele momento histórico: "Nós, os legisladores, ampliamos nossos deveres. Teremos de honrá-los. Vamos votar, vamos votar".

Os deputados e senadores que ocupavam o parlamento em 1987 tiveram que se desdobrar, cumprir as tarefas legislativas normais e, além delas, discutir e escrever do zero uma nova Constituição. Foi o que se chamou de Assembleia Constituinte mista — e sem projeto anterior, sem texto-base.

Fica fácil entender as diferenças e as dificuldades desse trabalho pegando como exemplo o Chile: em um plebiscito realizado em 2021, os chilenos votaram a favor de uma nova Constituição para substituir o velho documento imposto pela ditadura. Para isso, optaram por eleger uma Constituinte exclusiva, ou seja, com parlamentares eleitos apenas para aquela tarefa. O processo foi conturbado, as discussões não resolveram as diferenças de uma sociedade muito dividida e a nova Constituição acabou rejeitada em um novo plebiscito em setembro de 2022. Essa dificuldade que alguns países enfrentaram e enfrentam para mudar a chave, especialmente depois de guerras e ditaduras, mostra como foi coroado de êxito o trabalho dos constituintes brasileiros naquele final da década de 1980.

Ulysses Guimarães merece os louros dessa glória. Quando foi escolhido para presidir a Assembleia Nacional Constituinte, "doutor Ulysses", como era chamado pelos colegas parlamentares, tinha 71 anos e uma vasta experiência política. Professor de direito, ele ingressou na política partidária em 1947, quando se elegeu deputado estadual pela primeira vez. Como líder do MDB, esteve à frente de todas as lutas pela volta da democracia ao país e sabia que só uma nova Constituição poderia assegurar o que a maioria da população também queria. De acordo com Virgílio Afonso Ferreira, professor de direito Constitucional e filho do assessor especial da Assembleia Constituinte, o jurista José Afonso da Silva: "Não há nenhuma dúvida do papel do Ulysses Guimarães na condução dos trabalhos. Falavam que era incrível como uma pessoa conseguia trabalhar tanto sem nem ao menos levantar da cadeira até que esses consensos fossem produzidos".

O próprio deputado Ulysses Guimarães não resistiu e, no discurso de promulgação da Constituição, no dia 5 de outubro de 1988, brincou com a capacidade de trabalho que virou lenda no Congresso Nacional: "Sentei-me ininterruptamente 9 mil horas nesta cadeira, em 320 sessões, gerando até interpretações divertidas pela não saída para lugares biologicamente exigíveis. Somadas as das sessões, foram dezessete horas diárias de labor, também no gabinete e na residência, incluídos sábados, domingos e feriados. Como político, sou caçador de nuvens. Já fui caçado por tempestades. Uma delas, benfazeja, me colocou no topo desta montanha de sonho e de glória".

Imbuído da imensa responsabilidade de fazer a Constituição acontecer — e de forma democrática — Ulysses Guimarães, além de habilidoso articulador político, fazia o marketing da Constituinte. Protagonizou propagandas e não perdia a oportunidade de clamar pela participação popular. Também foi dele a escolha da capa que ilustrou os primeiros exemplares impressos para o público e que até hoje recobre as Constituições publicadas pela gráfica do Senado. O autor foi o artista plástico Cosme Rocha. Ele girou, recortou e usou as formas e cores da bandeira nacional dando a ela a beleza de uma aurora estilizada, do nascimento de um novo tempo. Foi ele mesmo quem me contou detalhes, relembrou e redesenhou aquele trabalho tão especial: "Eu sabia que eu estava fazendo aquilo, participando de um momento tão importante para o Brasil, para as outras gerações. E esse foi o primeiro passo. Para termos uma nação que seja respeitada, é preciso que tenhamos também uma Constituição que tenha esse sentido também. E como eu já tinha a minha família, eu queria deixar alguma coisa também para os meus filhos e para as próximas gerações... uma esperança".

A capacidade de que o texto, caprichosamente embalado, pudesse acompanhar a evolução da sociedade, resistir ao tempo e às ameaças foi uma preocupação dos constituintes. Foi o que os mestres do direito que entrevistamos deixaram muito claro, como o professor Gustavo Binenbojm: "O Brasil dispõe de mecanismos de autocorreção da Constituição que têm sido amplamente utilizados em todos os governos pós-1988, que é o mecanismo de emenda à Constituição. Se exige um quórum parlamentar mais elevado, de três quintos, em dois turnos em cada casa legislativa, e isso representa um superconsenso da sociedade, representada pelos parlamentares, para alterar e corrigir os pontos da Constituição que em determinado momento se revelem em dissintonia com os anseios da sociedade. Isso acontece no Brasil de maneira ordeira, democrática, seguindo as regras legislativas".

O professor de Direito Constitucional José Carlos Vasconcellos dos Reis complementa: "Eu brinco que o balanço da ponte são as emendas constitucionais. Elas são o que permite que a Constituição continue existindo, continue valendo, apesar das mudanças, apesar das intempéries, apesar das tempestades. Mas é preciso lembrar que, na ponte, o que balança são aquelas peças lá de cima. Os pilares não balançam, eles ficam firmes. Esses pilares são as famosas cláusulas pétreas da Constituição. E isso é um núcleo básico da Constituição que nem as emendas constitucionais podem agredir".

As cláusulas pétreas serão tratadas mais adiante neste livro, mas o professor Binembojn as resumiu: "São os princípios da separação e harmonia entre os poderes, o princípio federativo, o voto direto e universal, secreto e periódico e, finalmente, os direitos e garantias individuais. Se essas cláusulas pétreas caírem, isso é um indicador de que o país não é mais uma democracia e que ele ingressou no território perigoso do autoritarismo".

Com grande conhecimento de uma causa que defendeu, o ex-guerrilheiro exilado, ex-deputado e jornalista Fernando Gabeira chamou a atenção para uma vigilância que hoje esperamos que seja pacífica, mas firme: "A liberdade realmente não é uma dádiva que cai do céu. Ela depende enormemente do desejo das pessoas e da capacidade de elas conquistarem essa liberdade. O fato de termos caminhado para uma democracia foi também um processo de amadurecimento, de luta dentro da sociedade brasileira para que chegássemos nesse nível de liberdade que nós obtivemos".

Por isso, uma Constituição de verdade é muito mais que um conjunto de regras escritas. Ela precisa ser fruto de um pacto social sempre renovado, como explica um dos guardiões do documento, o ministro do STF Luís Roberto Barroso, em entrevista realizada especialmente para a série pelo repórter Pedro Bassan: "O que é imprescindível em uma democracia e em um país é que as pessoas tenham um patrimônio comum de valores que as agregue. E, portanto, você diverge nas franjas dos seus entendimentos, mas você compartilha ideias comuns de que é igual a mim, de que tem liberdade de expressão, tal como eu. O jogo tem que ser limpo — quem ganhar, leva; quem ganha não pode mudar as regras do jogo para se perpetuar no poder".

No dia 8 de janeiro de 2023, uma minoria tentou, mas a maioria da população condenou as atitudes golpistas. A crença na democracia e na Constituição vai mostrando, assim, sua força apesar das dificuldades e de novos e antigos problemas a serem superados. As palavras ditas por Ulysses Guimarães e aplaudidas naquele 5 de outubro de 1988 continuam a ecoar: "A Constituição certamente não é perfeita. Ela própria o confessa ao admitir a reforma. Quanto a ela, discordar, sim. Divergir, sim. Descumprir, jamais! Afrontá-la, nunca! Traidor da Constituição é traidor da pátria".

# 4

## LIBERDADE

*Pedro Bassan*

"UM GRANDE EXPERIMENTO SOCIAL." Era assim que, em 1988, o jornal *The Washington Post* tentava explicar aos leitores uma novidade de difícil compreensão para os não iniciados no mundo da informática. Naquela época, "estradas eletrônicas" de circulação de dados estavam surgindo, tornando possível que supercomputadores se conectassem entre si em diferentes pontos do planeta.

Além dos Estados Unidos, onde a inovação despontou, outros dezesseis países já faziam parte daquela que era chamada de "a maior rede de computadores do mundo". O jornal acrescentava, quase em tom de profecia impossível: "visionários sonham com uma rede mundial".

Sim, estamos falando da internet. Naquele tempo, essa rede era restrita a universidades, instituições de pesquisa e órgãos governamentais, embora sub-redes já existissem para os mais habituados aos computadores, criando comunidades e expandindo o número de usuários para incríveis... 500 mil, segundo estimativas da época.

Eram mesmo os primórdios. Nem o e-mail como conhecemos hoje tinha sido inventado e as discussões sobre o uso comercial dessa rede estavam apenas começando. Ninguém poderia afirmar com certeza que a internet seria uma invenção maior ou mais importante do que o finado fax, por exemplo.

Parecia mais um canal de extremos: cientistas trocando informações valiosíssimas, fazendo o conhecimento avançar a uma velocidade nunca vista, e usuários praticando seus hobbies mais corriqueiros — muitas vezes, o hobby dos próprios cientistas.

No entanto, algo de assustador já se antevia.

O repórter Barton Gellman, autor do texto do jornal, se impressiona com o nível de agressividade das discussões nos fóruns, as protorredes sociais concentradas em assuntos específicos, como culinária ou danças de salão. É espantoso notar que, já naquela época, existia a tendência de passar do ponto nas argumentações em ambientes virtuais.

Além disso, o próprio assunto principal da reportagem não eram as maravilhas e possiblidades que estavam se abrindo, e sim aquele que foi o primeiro vírus a se espalhar por uma grande rede, infectando milhares de computadores praticamente ao mesmo tempo. O Morris Worm — tecnicamente não um vírus, mas um verme ou *worm*, em inglês — nem tinha potencial para causar grandes danos, mas o fato de ter infectado quase instantaneamente cerca de 10% dos computadores conectados chamou atenção.

O Morris Worm irrompeu no mundo virtual menos de um mês depois da promulgação da Constituição brasileira de 1988. O Brasil não foi afetado por ele porque ainda nem fazia parte da internet — só nos conectamos à rede mundial em 1992. Por isso é mais do que compreensível que a palavra internet não apareça nem uma vez na Constituição, mas a realidade mudou rápido. Dez anos depois, internet não era mais uma palavra desconhecida. Em duas décadas, era uma revolução.

Ainda assim, não foi preciso mudar a Constituição, mostrando que ela não é uma barreira para o que é novo. E mais: quando ficou evidente que, além de virtudes, a internet também trazia riscos, foi na Constituição que as vítimas foram buscar abrigo. Na ausência de leis específicas, os princípios constitucionais já protegiam valores ameaçados pelo avanço da realidade virtual, especialmente o mais vulnerável deles: o direito à intimidade.

**Art. 5º**

X – são invioláveis a intimidade, a vida privada, a honra e a imagem das pessoas, assegurado o direito a indenização pelo dano material ou moral decorrente de sua violação;

Assim como a internet, a Constituição de 1988 foi uma conquista coletiva, destinada a moldar nosso futuro e que já nasceu à frente do próprio tempo.

"Eu morri."

O verbo, logo esse, conjugado na primeira pessoa do pretérito perfeito, não tinha um sentido literal, biológico, mas também não era puramente metafórico. O peso da voz indicava que a pessoa à minha frente tinha de alguma forma experimentado a sensação da morte ainda em vida.

Rose foi assassinada na internet. Hoje talvez essa expressão nos leve a pensar em "cancelamento", mas o que ela sofreu se assemelha muito mais a um linchamento, um crime virtual com reflexos graves na vida real.

Em janeiro de 2006, ela estava tranquilamente passando férias à beira de uma piscina em Foz do Iguaçu quando o celular começou a tocar sem parar.

As primeiras ligações, até de amigos, começavam em tom de cobrança: "Por que você fez isso?".

Fotos íntimas da jornalista Rose Leonel estavam se espalhando rapidamente pela internet. As imagens foram montadas de modo a simular o anúncio de uma garota de programa, como se fizesse parte de um catálogo, e trazia um número para contato.

Em pouco tempo, o telefone começou a tocar com maior insistência ainda, só que quem ligava não eram mais os amigos.

Rose era uma personalidade pública em Maringá, no Paraná. Ela apresentava um programa na TV local e era a colunista social de um jornal da cidade. Com a divulgação das imagens, perdeu o emprego e também a conta das vezes que foi ofendida publicamente. O filho e a filha tiveram que mudar de escola, depois de crises de choro e de se meterem em brigas frequentes para defender a mãe.

Desde o primeiro instante, Rose sabia quem era o autor do crime: o ex-namorado, inconformado pelo fim do relacionamento de quatro anos, que já havia ameaçado "destruir a vida dela" se não reatasse o namoro. Ela conta que o homem agia com uma nítida sensação de que não seria punido: "Ele divulgava isso sistematicamente, em intervalos de uma semana, dez dias no máximo. Ia fazendo como se fossem capítulos de uma novela. E, a cada divulgação, estava me aniquilando".

O ex-namorado foi condenado a um ano e onze meses de prisão, mas a sentença só saiu em 2011. Nos primeiros meses e anos em que as imagens vieram a público, Rose e os filhos eram tratados como culpados, como ela mesma diz: "A sociedade incrimina, vilaniza, condena e pune a vítima que sofreu esse tipo de crime".

Enquanto isso, o verdadeiro culpado continuava agindo. Nem a Justiça, nem a sociedade conheciam bem essa conduta que hoje é chamada de "pornografia de vingança", um crime que ainda estava sendo inventado e que infelizmente se alastrou com as redes sociais.

Rose foi uma das primeiras vítimas, ainda no tempo em que as redes mal existiam e as fotos eram divulgadas por e-mail, mas se o crime era novo, a reação seria inovadora também. Ao conhecer a história de Rose Leonel, pudemos entender que a frase "eu morri" não era um último suspiro. Era o primeiro fôlego de quem se levanta e vai à luta.

> **Art. 216-B**. Produzir, fotografar, filmar ou registrar, por qualquer meio, conteúdo com cena de nudez ou ato sexual ou libidinoso de caráter íntimo e privado sem autorização dos participantes:
>
> Pena – detenção, de 6 (seis) meses a 1 (um) ano, e multa.

Esse artigo da lei não existia em 2006, por isso Rose nunca pôde usá-lo em sua busca por justiça. Essa proteção categórica da intimidade só foi acrescentada ao Código Penal muito tempo depois, pela Lei nº 13.772, de 2018, doze anos depois do crime. Nesse tempo, contudo, a jornalista não desistiu de lutar. Como vítima, passou a se interessar pelas leis para conhecer melhor os meios de proteção que existiam e os que poderiam ser criados. Formou-se em direito, tornou-se advogada. Nessa época, já tinha a consciência de que a luta só faria sentido se fosse além da própria dor. A vida dela ganhou um objetivo determinado: impedir que outras mulheres passem por tamanho sofrimento, outras Roses, outras Marias: *Marias da Internet*.

Com esse nome, Rose Leonel criou uma organização para a defesa de mulheres que tiveram a intimidade invadida e propagada em escala avassaladora pelas redes sociais. Estudando os casos e observando a realidade, percebeu que faltava uma lei mais específica para consolidar a proteção constitucional do direito à intimidade e à privacidade, uma lei que permitisse à Justiça aplicar penas de modo mais objetivo, sem precisar recorrer a tipos penais mais genéricos, como injúria ou difamação.

Ficou evidente também para ela que essa era uma luta de mulheres, para as mulheres. A lei específica teria que conter o espírito da proteção contra os crimes de gênero consagrados na Lei Maria da Penha. Quem sabe até não seria o caso de incluir essa proteção à intimidade, essa defesa contra os crimes virtuais, na própria Lei Maria da Penha?

Os anos foram passando, a filha que sofreu tanto nos anos de escola chegou à vida adulta e Rose tornou-se avó. E foi pensando na filha e na neta que ela bateu à porta do Congresso Nacional propondo a criação de uma lei específica. Rose tem a lembrança nítida do momento em que tomou essa decisão: "Eu falei: 'Já que estou vivendo, já que não era nem para eu estar aqui, vou fazer com que a minha vida valha a pena. Vou buscar justiça, vou buscar que seja criada uma lei que possa proteger as mulheres'".

A ideia foi bem recebida por deputados, que levaram o projeto adiante. Houve audiências públicas para a discussão do tema, mas, depois do entusiasmo inicial, a ideia acabou se perdendo pelos corredores da burocracia parlamentar. Pela primeira vez, depois de tantos anos de luta, Rose achou que todo o esforço tinha sido em vão: "Chegou uma época em que tudo ficou quieto e eu pensei: 'Quem sou eu? Quando uma formiguinha vai conseguir mudar alguma coisa, né? Como eu pude pensar em criar uma lei?'".

De repente, num dia de 2018, o telefone de Rose começou a tocar mais uma vez, insistentemente. Receber ligações em ritmo frenético era um trauma que ela não poderia suportar de novo. Quem estaria do outro lado da linha dessa vez? As chamadas agora vinham de Brasília. Do outro lado, nada de ofensas, nada de humilhações, nada de questionamentos morais desinformados. O telefone trazia a informação de que havia sido aprovada uma lei que defende a privacidade das mulheres, que criminaliza a produção de imagens íntimas sem autorização, que garante a proteção contra crimes de gênero no mundo virtual. Estava criada a Lei Rose Leonel, de nº 13.772, de 2018. E está na internet, para todo mundo ver.

Juristas muitas vezes falam difícil. É dever de ofício. O direito, como toda ciência, tem um vocabulário próprio, mas, muito além dos termos técnicos, a relação dessa ciência com as palavras é mais profunda. As leis *são* linguagem, comandos feitos de palavras destinados a moldar comportamentos no mundo real. Comando dado, comando recebido, ação humana descrita, interpretada e julgada: o direito é essencialmente comunicação. Mas embora a matéria--prima da linguagem jurídica seja a mesma da linguagem comum das ruas, elas não se confundem. As palavras no direito ganham significados específicos, precisos, e o uso dessa linguagem é muitas vezes incompreensível para os não iniciados. Sem falar que alguns juristas, ainda que uma antiquada minoria, têm um certo prazer cruel em rebuscar a própria fala, mas isso é outra história.

O que interessa aqui é que existe uma maneira simples de fazer com que os juristas falem fácil, em linguagem que todos entendemos: basta pedir que comentem o artigo 5º da Constituição, aquele que é considerado o mais importante, o centro de todas as leis do país. E, por ser tão importante, não admite complicações. É simples, direto, cristalino. Os direitos que ele garante ou existem ou estão em falta — e essa falta é sempre gritante, percebida por todos. O que está lá é tão evidente que não requer muita explicação. O artigo 5º é ou não é. Mesmo sendo o mais longo da Constituição, é talvez o mais conhecido. É aquele que começa dizendo "Todos são iguais perante a lei", chamado frequentemente de "coração da Constituição de 1988". E não só por ser central, vital; sem ele, a Constituição morreria. É também porque protege, acima de tudo, o ser humano. Cada um dos direitos que protegem as pessoas é consequência direta da existência dele.

Até o número do artigo é expressivo, repleto de significado. As Constituições anteriores do Brasil, e muitas pelo mundo afora, começam falando do Estado e da ordem que ele impõe sobre os cidadãos. O fato de que os direitos do ser humano estejam logo no começo da nossa principal lei, só depois de algumas definições básicas e dos próprios objetivos da nação brasileira, mostra que há 35 anos as pessoas estão em primeiro lugar no Brasil e o Estado é consequência da nossa vontade de viver em sociedade.

Os juristas que entrevistamos para nossa série de reportagens não falam difícil. Professores das mais importantes universidades do país, todos têm o dom da cátedra, com o talento de ensinar a todos nós, tornando simples os conceitos mais complexos. E quando falam do artigo 5º, vão além e transformam a simplicidade em beleza. Falam com os olhos brilhando de empolgação, com palavras que brotam do fundo da alma, e não das profundezas de manuais jurídicos.

Para Gustavo Binenbojm, professor de direito administrativo da Universidade do Estado do Rio de Janeiro (Uerj), o artigo, em vários aspectos, define o que é dignidade humana: "E o que é ser humano no mundo civilizado? É ser livre, é ter direito à igualdade, é ter direito à cidadania, à participação política, é ter direito a ir e vir e é ter direito a exercer esses direitos perante um órgão independente, que é o Poder Judiciário. Por isso que todos esses direitos individuais do artigo 5º têm remédios constitucionais destinados a torná-los efetivos, a evitar que sejam apenas proclamações formais num pedaço de papel".

José Carlos Vasconcellos, professor de direito constitucional da Universidade Federal do Estado do Rio de Janeiro (Unirio), também enxerga no artigo o ser humano por inteiro: "A vida inteira de uma pessoa está no artigo 5º. Todos os direitos possíveis e imagináveis inerentes ao ser humano estão proclamados ou regulamentados no artigo 5º: o direito à vida, os direitos às várias liberdades possíveis — a liberdade de ir e vir, a liberdade de expressão, a liberdade de crença, a liberdade de culto. O direito à saúde, direitos dos consumidores, direitos de ordem processual, as garantias dos acusados, a ampla defesa e o contraditório, tudo isso está no artigo 5º da Constituição".

Virgílio Afonso da Silva, professor de direito constitucional da USP, ressalta o caráter atemporal dos direitos elencados ali, ao mesmo tempo garantias e aspirações: "Essa é a parte cidadã da Constituição. Eu acho que abrir a Constituição com essa declaração de direitos tem uma simbologia importante do que se queria naquele momento, com aquela Constituição, e o que a gente continua querendo com ela: que as pessoas sejam cidadãs, tenham direitos, liberdades, igualdade e uma vida digna".

É impossível resumir o artigo 5º, e não por ser longo. É que não há como escolher alguns direitos em detrimento de outros; os menos importantes para uma parcela da sociedade podem ser imprescindíveis para outra. E os 79 incisos, além de serem inseparáveis, conversam entre si o tempo todo, tanto no papel quanto em nosso dia a dia.

Lembrando Rose Leonel, vemos como, na vida prática, direitos aparentemente desconexos se interligam. Ter a intimidade devassada significou para ela também a perda do direito de ir e vir, como nos conta a própria Rose: "Eu não podia sair na rua. Precisava ficar em casa isolada porque, quando eu saía, era vaiada ou ofendida. Houve um isolamento que a sociedade me impôs. A perda da privacidade é uma perda da liberdade".

Os direitos do artigo 5º também estão conectados entre si de uma forma mais ampla: todos são inseparáveis da própria noção de justiça.

O lugar onde ele vive é tão grande quanto o coração desse mineiro de Congonhas. A propriedade é rústica: um terreno inclinado no sopé de um morro, onde árvores nativas dividem o espaço com pequenos canteiros plantados à sombra delas, resquício de uma zona rural já envolvida pela periferia da cidade.

No ponto mais alto, há uma casa simples. Os raros visitantes notam logo uma peculiaridade arquitetônica: o banheiro fica dentro do quarto. O chuveiro está a meio passo da cama, separado apenas por uma leve cortina de plástico. Esse desenho inusitado dos cômodos chama atenção ainda mais porque haveria espaço para um banheiro independente, bastava encolher um pouco a sala ou a cozinha, bem amplas em relação ao quarto, onde uma pessoa mal consegue se movimentar.

O número de moradores da casa é incerto. Constantemente chegam da rua e, não raro, procriam ali mesmo no vasto terreno. Muitas pessoas largam cães e gatos no portão, sabendo que o dono da casa nunca vai negar a acolhida. Ele não consegue ver um animal abandonado sem oferecer carinho.

Muitos o seguem pelas ruas, outros ele carrega, especialmente os mais vulneráveis.

Vivendo em meio a essas amizades que ele sabe fazer e cultivar, Wagno Lúcio da Silva passa dias sem ouvir a voz de ninguém: "Eu levanto às cinco horas da manhã ouvindo os pássaros cantar. É muito bonito, sabe? Inicio tratando das galinhas, dos meus cachorros, dos gatos. Aí faço um café, ajeito a merenda, vou tomar e tal. Depois pego as ferramentas e começo a cuidar das plantas. Meu dia é assim, não sou muito de sair".

Essa vida de poucas palavras faz com que ele desenvolva outras formas de se comunicar. Pelo olhar, já consegue saber se um animal sofreu maus-tratos, se apanhou antes de ser adotado por ele. Com paciência, vai reconquistando a confiança dos cães e até dos gatos mais arredios. Talvez, de alguma forma, esses caninos e felinos percebam que, assim como eles, Wagno sofreu muito nas mãos da raça humana.

Esse amigo dos animais já viveu cercado de pessoas, centenas delas. Cercado, nesse caso, não é força de expressão, é cercado mesmo, sem poder sair. Wagno passou oito anos preso injustamente.

Na noite de 24 de outubro de 1997, um taxista foi assassinado em Congonhas. A investigação durou menos de 24 horas. Ou melhor, não se pode chamar o que houve de investigação. A polícia diz ter elucidado o crime com um único depoimento. Além de ser uma prova solitária, isolada, o testemunho que apontava o autor do homicídio tinha ainda um componente que o enfraquecia ainda mais, para não dizer que o tornava completamente inútil: eram as palavras de um adolescente, uma pessoa considerada por lei inimputável, ou seja, alguém que não tem nada a ganhar dizendo a verdade, e nada a perder mentindo.

Por razões que só viriam à tona muito tempo depois, esse adolescente disse que o assassino era Wagno Lúcio da Silva. A polícia o prendeu no dia seguinte ao crime, quando ele estava a caminho de casa para comemorar o próprio aniversário de 33 anos ao lado da mulher, da filha de três anos e de alguns amigos da igreja que frequentava.

Desde que entendeu o que estava acontecendo, o que levou algum tempo, o preso clamou inocência, mas ninguém ouviu. No processo, era a palavra dele contra a do adolescente. Na prática, a balança da Justiça se desequilibrou. De um lado, havia só a voz solitária de um suspeito; do outro, a justa revolta da população com um assassinato, a injusta precipitação nas investigações, a imprudência de uma denúncia sumária, o rigor de uma sentença que carimbou certezas em um caso cheio de dúvidas.

Se não bastasse a Justiça lenta que todos infelizmente conhecemos, nesse caso fomos apresentados à injustiça rápida. Em março de 1998, cinco meses depois dos fatos, Wagno foi condenado por latrocínio, o crime com a maior pena de todo o Código Penal. A sentença: 24 anos de prisão.

Os dias na prisão eram todos iguais, conta Wagno: "Quando a pessoa que deve vai presa, ela chega ali e já vai contando os dias. Alguns fazem até risquinho na parede, procuram saber muito de Código Penal, de benefícios, e começam a contar isso tudo. Um inocente sofre mais porque não conta o tempo. Aguarda a liberdade todos os dias. Eu deitava, colocava a cabeça no travesseiro e fazia minha oração: 'Senhor, ajude que minha inocência aconteça amanhã'".

Esse amanhecer demorou oito anos, três meses e dezessete dias para despontar no horizonte.

Durante o longo tempo que passou na prisão, Wagno não tinha por que estudar o Código Penal, lei que foi apresentada a ele com a cara da injustiça. Como muitos brasileiros que mal puderam ir à escola, aprendeu sobre os próprios direitos pela falta deles. Descobriu o valor da liberdade na prisão e nunca desistiu de lutar. Durante esses oito anos em que esteve atrás das grades, movimentou advogados, cobrou autoridades, não se conformou em ser vítima das instituições nem admitiu ser esmagado pelo poder do Estado.

Do lado de fora, contou com a ajuda de um tio que percorria incansavelmente os corredores dos tribunais, cada vez convencendo mais e mais pessoas da inocência do sobrinho.

Assim, de dentro de uma cela, Wagno ensinou a todos nós como é possível tirar a Constituição do papel, como fazer valer as garantias fundamentais que lá estão. Como explica o ex-ministro do Supremo Tribunal Federal Carlos Ayres Britto, só existe uma receita para preservar os valores que ela consagrou: "O cidadão tem que ficar nos calcanhares do poder, cobrando fidedignidade à Constituição. Para isso, precisam conhecer o que ela diz".

A ministra do STF Cármen Lúcia completa: "Ninguém reivindica direito que não conhece. Todo cidadão tem de fazer valer os seus direitos para que a Constituição não seja uma lei em uma prateleira. E por isso é que o conhecimento é o dado da libertação".

Sim, o conhecimento dos nossos direitos liberta, abre caminhos e horizontes, desvenda mundos antes ocultos a todos nós, mas como é bom saber que essa libertação que a Constituição garante pode ser literal, significando pegar uma chave e abrir uma cela que foi trancada por engano, com alguém que não deveria estar lá dentro.

No dia 14 de fevereiro de 2006, Wagno Lúcio da Silva caminhou lentamente pelos corredores do presídio Nelson Hungria, em Contagem, na região metropolitana de Belo Horizonte. Quando o último portão se abriu, uma pequena multidão de parentes e amigos celebrou muito. Além da justa alegria, achavam que os problemas dele tinham chegado ao fim.

A expressão "nascer de novo" geralmente tem significado positivo. Indica recomeçar uma vida melhor, material ou espiritualmente falando. Também é usada quando alguém sobrevive a uma situação limite. Wagno, porém, foi um raro caso de alguém que nasceu de novo para pior.

Depois de oito anos na cadeia, a vida como ele conhecia não existia mais. Nunca culpou a ex-esposa por ter buscado outros caminhos. Se pôs no lugar dela e pensou que talvez tivesse feito o mesmo. Lamentou mesmo ter perdido anos cruciais de contato com a filha, maior amor da vida dele, com quem nunca mais teve a mesma relação. O círculo de amigos, bem poucos, também teve que ser reconstruído praticamente do zero, já que tantos haviam virado as costas diante da primeira dificuldade.

Depois dos choques emocionais, veio o choque material ao voltar para a antiga casa: ela não existia mais. O terreno, antes tão bem cultivado, estava totalmente tomado pelo mato. A construção tinha virado ruínas. Dormiu muitas noites ao relento até conseguir erguer de novo as paredes e o teto.

Ainda hoje Wagno tem dificuldades para conseguir um emprego fixo. Não adianta dizer que foi declarado inocente por unanimidade pelo Tribunal de Justiça de Minas Gerais. Também não adianta contar a história de como foi incriminado: ele trabalhava como segurança nos bailes de um clube e, dias antes do assassinato do taxista, botou para fora do lugar os verdadeiros autores do crime, que juraram vingança. Ou seja, a Justiça, na época, acreditou em um ardil barato de bandidos e condenou um inocente.

Toda essa história é bem mais longa do que a expressão "ex-presidiário", preconceituosamente repetida diante dele inúmeras vezes, seja ao procurar trabalho, seja em situações banais, como num pequeno acidente que se envolveu com a bicicleta. Absolvido pela Justiça, parece condenado eternamente pela sociedade a nunca ter credibilidade nem razão. É por isso que, quando não está trabalhando ou na igreja, passa longas horas recolhido no próprio quarto. E agora sabemos por que aquele cômodo apertado tem dentro dele, de forma tão estranha, o banheiro da casa: o pequeno mundo onde Wagno se refugia lembra a cela em que viveu.

Todos os entrevistados para a série "Brasil em Constituição", antes ou depois de conversar conosco, atendiam a um pedido: ler em voz alta um pequeno trecho da nossa principal lei, artigos escolhidos por eles ou sugeridos por nós, garantias de amplos direitos ou de situações específicas, relacionadas à vida de cada um.

Entre as muitas dezenas de entrevistados, quando Wagno abriu o livro, fez a leitura que mais sensibilizou a todos nós. Primeiro pelo conteúdo, que falava muito diretamente sobre a vida de quem lia. E, segundo, pela forma: mesmo mostrando plena compreensão do texto, Wagno lia "aos soquinhos", com certa dificuldade, entre pausas, evidenciando ter sido, ainda na infância, vítima de mais uma injustiça. O Estado brasileiro negou a Wagno uma educação formal de qualidade, limitando as possibilidades do exercício da cidadania e de uma vida digna. Depois, impôs sobre ele uma condenação injusta, evidenciando as falhas de uma balança em que a voz dos mais pobres tantas vezes pesa menos. E, por fim, mesmo reconhecendo o erro, não o corrigiu prontamente. Ou seja, as instituições desenhadas pela Constituição, nessa ordem, desprezaram, oprimiram e desrespeitaram uma pessoa a quem tinham o dever de proteger.

O trecho da Constituição que Wagno leu foi o seguinte:

**Art. 5º**

LXXV - o Estado indenizará o condenado por erro judiciário, assim como o que ficar preso além do tempo fixado na sentença;

Wagno luta há anos na Justiça por essa indenização que a Constituição prevê tão claramente, e o processo que se arrasta nos tribunais ainda não está nem perto do fim. Diante disso, é até comovente que ele mantenha a fé nos alicerces de um país que o maltratou tanto: "Assim como eu vivi o dia a dia na espera da minha liberdade, eu vivo o dia a dia no que está escrito na Constituição. E, uma vez que está escrito, a gente tem que ter esperança de que um dia vai fazer valer o que está ali. O dia em que eu receber essa minha indenização vai ser uma felicidade muito grande na minha vida. Eu tenho certeza de que vai ser uma nova liberdade para mim".

O cidadão brasileiro Wagno Lúcio da Silva perdeu na prisão anos importantes em sua idade mais produtiva. Em breve vai passar dos sessenta anos e legalmente se tornar uma pessoa idosa. Será que, ainda em vida, vai ter seu direito reconhecido?

O ministro do Superior Tribunal de Justiça Herman Benjamim sabe quem é culpado e quem é inocente nesse caso: "As falhas que existem no Brasil, e são tantas, são falhas nossas, dos administradores, dos governantes. Não são falhas do texto constitucional".

Fomentar esperanças coletivas, mesmo que quase impossíveis, é um papel legítimo e necessário de todas as constituições. Concretizar as mais básicas esperanças individuais é um dever coletivo que a Constituição Cidadã entrega a todos nós.

# 5
## LIBERDADE RELIGIOSA

*Pedro Bassan*

O DEBATE ERA ACIRRADO e não admitia meio-termo. A inclusão do nome de Deus no preâmbulo mobilizou posições aparentemente inconciliáveis. De um lado, ateus, agnósticos e a bancada do PCdoB eram contra. De outro, os evangélicos defendiam que a frase "Sob a proteção de Deus" fosse a primeiríssima da Constituição.

Curiosamente, outros pontos fundamentais que envolviam o exercício da fé não despertaram discussões tão acaloradas. A garantia da liberdade religiosa foi um ponto inquestionável do artigo 5º:

> VI – é inviolável a liberdade de consciência e de crença, sendo assegurado o livre exercício dos cultos religiosos e garantida, na forma da lei, a proteção aos locais de culto e a suas liturgias;

A definição do Estado laico também foi aprovada sem maiores questionamentos:

> **Art. 19.** É vedado à União, aos Estados, ao Distrito Federal e aos Municípios:
>
> I — estabelecer cultos religiosos ou igrejas, subvencioná-los, embaraçar--lhes o funcionamento ou manter com eles ou seus representantes relações

de dependência ou aliança, ressalvada, na forma da lei, a colaboração de interesse público;

A liberdade religiosa e a laicidade são duas faces de uma mesma moeda, uma descrevendo o direito do cidadão e a outra prescrevendo um modo de ser do Estado e uma conduta a seus agentes. Talvez esses artigos tenham atravessado os debates de maneira tão tranquila porque não poderiam ser diferentes. Os constituintes de 1988 tinham o poder originário, ou seja, estavam começando do zero e podiam desenhar o país da forma que quisessem, mas será que eram tão livres assim? Afinal, tinham o dever de construir uma nação democrática e não poderiam se afastar dos preceitos básicos da democracia. Em um dos pontos mais conhecidos de sua vastíssima obra, o jurista Pontes de Miranda diz que os direitos fundamentais existem antes da própria Constituição. O que ela traz "são concepções de proteção, e não da existência de tais direitos".

Liberdade de culto e laicidade são fundamentos do próprio Estado liberal moderno. São eixos principais do Iluminismo, que enxergou na pluralidade de crenças e na neutralidade do poder um caminho para pacificar a Europa destruída por guerras, tanto entre os reis e o papa quanto entre católicos e protestantes. A saída para os conflitos era deixar a alma dos homens sob os cuidados das autoridades religiosas, pois os governantes já tinham problemas demais para administrar no mundo material.

Seguindo essa linha, não é necessário recorrer a nenhum conceito rebuscado: liberdade religiosa e laicidade do Estado são, sobretudo, princípios de boa convivência.

Os constituintes deram o exemplo e chegaram a um acordo entre posições que pareciam inconciliáveis: a referência ao nome de Deus está no preâmbulo da Constituição Cidadã, a mesma que protege o direito de crer e o de não crer.

"O homem chegou dizendo que não podia mais cuidar do cachorro e deixou ele lá no balcão, abandonado." Kayllane não sabia qual sentimento era maior: a indignação pelo gesto do homem ou o amor instantâneo por Téo. O pequeno shih-tzu parecia um bichinho de pelúcia que magicamente tinha ganhado vida. O tom branquinho do corpo contrastava com a carinha felpuda de pelo preto brilhante, que recobria até as orelhas. Os dentinhos inferiores eram um pouco projetados para fora, o que dava ao filhote ora um ar risonho, ora um tom inquiridor, como quem diz: "E aí, vai me adotar ou não vai?".

"Siiiiiiiiiiiiiiiiiiimmmmm!!!!!", foi a resposta de Kayllane sem pronunciar nem uma única palavra, só abraçando o novo amigo e dando a Téo a certeza de que não ficaria abandonado neste mundo. Não que faltassem cachorros na vida da jovem. A pet shop na Zona Norte do Rio de Janeiro onde ela trabalhava era movimentada, com um constante entra e sai canino e felino. Em termos práticos, a adoção de um cãozinho como mascote permanente da loja traria mais inconvenientes do que benefícios, mas a influência de Kayllane foi importante para que todos tomassem a decisão.

Adotar um animal de estimação é uma atitude que envolve firmeza de caráter, generosidade e uma certa dose de coragem. É preciso ter caráter para não se conformar com o abandono de um outro ser. Generosidade para sacrificar o próprio tempo, e até o próprio dinheiro, no sustento e no cuidado de uma criaturinha totalmente dependente da nossa atenção. E coragem para mudar a própria rotina e renunciar a algum conforto mais egoísta no dia a dia dessa vivência compartilhada entre espécies.

O cãozinho abandonado foi acolhido por alguém que revelou possuir essas três virtudes. Na vida de Téo, a religião de Kayllane não fez e não faz a menor diferença. Sem saber, ele está ensinando aos humanos uma preciosa lição, fácil de entender, nas palavras do ministro do Supremo Tribunal Federal, Luís Roberto Barroso: "A religião é uma característica que não define as pessoas. O que define as pessoas é o seu caráter, é a sua integridade, é a sua competência. O caminho que cada um percorre é uma escolha individual. Tem gente que medita e tem gente que vai à igreja. A gente deve respeitar as opções de todos. Mas a grande religião mesmo é o bem, a grande religião é a regra de ouro que permeia todas as religiões, que é você tratar o próximo como você gostaria de ser tratado".


Sentir as dores do próximo, se identificar com o sofrimento do outro, relevando as diferenças, é outro ensinamento básico de todas as religiões. Então como não lastimar o que aconteceu em 16 de maio de 1978, na Basílica Velha de Aparecida? Um vendaval de outono se abateu sobre a cidade e, durante a última missa, a das oito da noite, um blecaute interrompeu a celebração. Um jovem com transtorno mental se aproveitou da agitação, pulou até o nicho e agarrou a imagem da padroeira do Brasil. O rastro de destruição foi se estendendo por vários metros: a coroa ficou presa em um estilhaço de vidro e, quando caiu, foi amassada no corre-corre; a cabeça da imagem se desprendeu ainda sobre o altar, sofrendo sérios danos; o jovem saiu carregando o corpo da santa e, ao ser agarrado por um segurança do lado de fora, jogou longe o que lhe restava nas mãos.

Pouco mais de um mês depois dessa noite terrível, os padres do santuário rezaram uma Ave-Maria não em uma igreja, mas em um museu, a pedido específico de uma fiel que se via em sérias dificuldades: Maria Helena Chartuni tinha acabado de receber uma caixa de madeira com mais de duzentos pedaços da imagem de Nossa Senhora Aparecida. Ela tinha o dever de reconstruir a padroeira. Em um primeiro momento, os padres haviam tentado mandar a imagem em cacos ao Vaticano. Os mestres italianos responderam que o Brasil tinha plena capacidade de executar a tarefa. Bastava que procurassem os restauradores do Museu de Arte de São Paulo. Foi o que os padres fizeram, não sem antes se certificarem de que Maria Helena era católica. Era tanto que não precisava da presença dos padres para conversar diretamente com a santa, como conta a própria restauradora: "Eu falava com ela: 'Ó, me ajuda aí porque o negócio tá pesando!'".

Em 33 dias de trabalho ininterrupto, a imagem estava restaurada, trabalho que incluiu a reconstrução de algumas partes que faltavam. Um corredor humano de 170 quilômetros se formou da Avenida Paulista, em frente ao museu, até a Basílica de Aparecida. Se Maria Helena tivesse imaginado essa cena antes, talvez o trabalho demorasse um pouco mais, já que as mãos ficariam trêmulas de emoção: "A nossa cabeça é pequena para entender o sagrado desse tamanho". Um sagrado com as dimensões do Brasil.


Um país destinado a ter fé. É difícil encontrar doutrinas religiosas que não tenham adeptos no Brasil. Sementes jogadas aqui frutificam em todas as regiões. A menção a Deus não está só no preâmbulo da Constituição Federal. As 26 constituições estaduais também invocam a proteção divina. Houve até o curioso caso do Acre, onde originalmente os deputados não incluíram o nome de Deus no documento. A contenda foi parar no Supremo Tribunal Federal, e por anos os políticos locais se queixavam de que o Acre era "o único estado do país sem a proteção de Deus". Uma emenda no ano 2000 pacificou os espíritos e incluiu a expressão.

No julgamento da questão do Acre, o STF decidiu que essa citação não viola o princípio da laicidade do Estado, pois o preâmbulo das Constituições é mais uma declaração política do que de comando legal. Politicamente, os legisladores têm todo o direito de expressar a própria espiritualidade e o que estavam sentindo no momento da promulgação de uma lei, segundo a decisão da Corte. Ao conceder uma ampla liberdade de crença, o Brasil se alinha à maioria dos países do planeta, mas uma maioria relativamente apertada. Segundo um estudo do Pew Research Center, instituto de pesquisas sociais localizado nos Estados Unidos, 42% dos países do mundo têm uma religião oficial ou favorecem alguma denominação específica. Sem falar de outros dez países que perseguem ativamente ou dificultam muito qualquer atividade religiosa, grupo que inclui a China. E os países que tratam as religiões de modo diferente não estão só no Oriente Médio ou no Norte da África. Mesmo na pluralista Europa Ocidental, Dinamarca, Noruega e Reino Unido, por exemplo, embora garantam a liberdade, têm religiões oficiais.

No Brasil, não há nenhuma hierarquia entre os templos. Idiomas e culturas se misturam. Um passeio pelas religiões do Brasil é um passeio pelo mundo inteiro. Essa diversidade da fé é um patrimônio coletivo, já que a liberdade de um é a liberdade de todos. Para que essa convivência seja pacífica e harmônica, é preciso garantir a proteção das minorias e contar com a responsabilidade das maiorias. Do ponto de vista teórico, o princípio da liberdade religiosa parece bem equacionado pela Constituição e por outras leis do país, porém o ministro Luís Roberto Barroso vê problemas na prática: "O Brasil vive um momento complexo nessa matéria, em que a religião, às vezes utilizada politicamente, sobretudo quando casada com o fascismo, é utilizada de uma forma muito brutal. 'Em nome de Deus, eu quero que você morra.

Em nome de Deus, eu quero que a sua família se dane.' Isso não é religião. Isso é o mal disfarçado".

Uma das principais diferenças entre católicos e protestantes, ou evangélicos, está na simbologia dos templos. Enquanto as igrejas católicas estão repletas de nichos, altares, crucifixos e capelas dedicadas a diferentes santos, os templos evangélicos têm quase sempre as paredes vazias, decoradas muito austeramente, no máximo com a transcrição de versículos da Bíblia ou com a cruz de Cristo vazia.

Então qual deve ser o comportamento dos diferentes ramos do cristianismo diante de um episódio tão triste para os católicos como foi o da destruição da imagem de Nossa Senhora Aparecida? O pastor e teólogo Ed René Kivitz lembra que a intolerância é uma contradição à fé cristã e aos princípios básicos de convivência que ela prega: "Se nós não respeitarmos os símbolos da fé alheia, não podemos esperar que a nossa fé e os nossos símbolos sejam igualmente respeitados".

Embora representem um grupo muito diverso, tanto em termos de experiências religiosas quanto em valores sociais, e embora congreguem muitas denominações diferentes, com lideranças dissociadas entre si, os evangélicos inegavelmente formam um núcleo comum e são o segmento religioso que mais cresce no Brasil. Projeções indicam que já na década de 2030 vão ultrapassar o número de católicos, tornando-se assim o grupo mais numeroso do país. Ed René diz que esse crescimento traz responsabilidades espirituais: "Na fé cristã, o princípio que organiza a experiência religiosa é o amor. Onde há amor, há liberdade, mas o que nós estamos assistindo nas sociedades de índole autoritária é que o princípio organizador da experiência religiosa é o poder e a verdade. Onde existe a ênfase no poder e na verdade, existe sempre uma violência, porque se eu tenho o poder, você deve se submeter a mim. Se eu tenho a verdade, você deve concordar comigo".

A expansão evangélica também traz, segundo ele, desafios que devem ser enfrentados numa dimensão bem mais concreta: "A dificuldade que a Igreja Evangélica vai enfrentar no futuro é conviver com a tentação de, por ser numericamente representativa, por ser econômica e financeiramente rica, por ser influente em termos de capilaridade na população e de acesso à comunicação de massa, essa Igreja vai conviver com a tentação de impor-se sobre a sociedade brasileira, inclusive apoderando-se do Estado e transformando o Estado em um braço para a imposição de sua identidade religiosa, o que será um grande equívoco. O Brasil tem um Estado Democrático de Direito. O Estado brasileiro é laico".

> **Art. 5.** A Religião Catholica Apostolica Romana continuará a ser a Religião do Imperio. Todas as outras Religiões serão permitidas com seu culto domestico, ou particular em casas para isso destinadas, sem fórma alguma exterior do Templo.

O Brasil não nasceu laico, como mostra o artigo citado, transcrito da Constituição do Império, de 1824. Esse artigo tem duas curiosidades. Primeiro, o número. Coincidentemente é também o artigo 5º da Constituição vigente que consagra a liberdade religiosa e tantos outros direitos fundamentais. Segundo, o verbo: a Constituição que fundava um país, a primeira de um novo Estado soberano, diz que algo "continuará" a ser como era antes, legitimando e consolidando o projeto colonial de expansão da fé católica no Novo Mundo.

A República, com sua influência positivista, veio quebrar a hegemonia de uma religião oficial, mas poderia não ter sido assim. Basta ver o exemplo bem próximo da Argentina, onde a obrigação constitucional de o presidente ser católico resistiu até 1994! E também onde o artigo 2º, que praticamente abre a Constituição, diz que "o Governo federal sustenta o culto católico apostólico romano", nesse caso um sustento literal, já que até hoje o Estado argentino paga os salários de bispos e arcebispos católicos, algo impensável deste lado da fronteira.

Contudo, bem depois de ter se tornado um Estado laico, o Brasil continuou a enxergar as religiões de forma diferente. Lívia Casseres é defensora pública no estado do Rio de Janeiro, com estudos acadêmicos e atuação profissional marcantes na área da igualdade étnico-racial. Ela ressalta a desigualdade histórica no tratamento das religiões de matriz africana, tanto em termos sociais quanto institucionais: "O racismo se manifesta contra as religiões de matriz africana colocando essas religiões no lugar de folclore, em um lugar menor, em um lugar primitivo, selvagem, não civilizado. Essas religiões foram tratadas por muito tempo pelo direito como crime. Elas foram criminalizadas, perseguidas".

Durante décadas, o mesmo Estado que se declarava laico punia com até seis meses de prisão o seguinte crime:

> **Art. 157.** Praticar o espiritismo, a magia e seus sortilegios, usar de talismans e cartomancias para despertar sentimentos de odio ou amor, inculcar cura de molestias curaveis ou incuraveis, enfim, para fascinar e subjugar a credulidade publica;

Esse artigo estava no antigo Código Penal da República, que vigorou de 1890 a 1940, e não era letra morta. Com base nele foram feitas muitas prisões e apreensões. Esculturas, vestimentas, instrumentos musicais, vasos e outros acessórios de culto, em vez de materiais sagrados, eram considerados provas de crime. E foi assim que um acervo de 523 peças religiosas da umbanda e do candomblé ficou guardado por décadas, não em um museu de história ou de costumes, mas no Museu da Polícia Civil do Rio de Janeiro. O mais incrível é que, mesmo depois que a prática de religiões de matriz africana formalmente deixou de ser crime, a negociação para retirar o material da custódia policial levou outras tantas décadas. O culto de origem africana continuava preso, senão na cadeia, no museu errado. Só em 2020 o acervo foi finalmente entregue ao Museu da República, em um dia de festa nos jardins do Palácio do Catete. As caixas com os objetos sagrados eram abertas ao som de cânticos religiosos, enquanto pessoas vestindo roupas ritualísticas dançavam no salão do museu. Era um dia de libertação, como contou a repórter Mônica Sanches, que estava na cerimônia e explicava na reportagem: "A equipe do Museu da República fará a gestão do acervo com as lideranças religiosas, que vão ajudar a descobrir a história de cada peça. O objetivo é realizar uma exposição, uma vitória do movimento Liberte Nosso Sagrado".

Mãe Meninazinha de Oxum era uma das lideranças presentes e contava com a voz embargada: "Desde criança, eu sempre ouvi minha avó, com as outras, se referir às 'nossas coisas que estão nas mãos da polícia'. Eu cresci com isso e absorvi, porque ela falava com tanto sentimento! E sempre perguntei: 'Qual foi o crime que nós praticamos?'. Estou muito feliz, muita emocionada, depois de esperar trinta anos para hoje conseguir isso. Eu só faço agradecer a Olorum e aos ancestrais. Todos nós estamos de parabéns por essa vitória, porque o sagrado é nosso e faz parte da história do Brasil".

Era o fim de um capítulo de repressão institucional, mas o preconceito e a hostilidade social continuam a atingir as religiões afro-brasileiras. Fora do museu, ainda há um longo caminho a percorrer. E ele pode ser perigoso.


Em um domingo tranquilo, no ano de 2015, neta e avó caminhavam pela Vila da Penha, na Zona Norte do Rio. Moradoras do bairro, as ruas em que passavam eram quase a extensão da própria casa, ladeadas por paisagens e pessoas conhecidas. Vinham de uma festa religiosa e por isso estavam vestidas de branco com os trajes do candomblé. Ao lado da avó, a menina de onze anos se sentia duplamente protegida: primeiro, pelo respeito natural que as avós impõem. Além disso, Kátia Marinho carregava a autoridade religiosa: no terreiro, era mãe Kátia, ou Mametu Funcibialá, na linguagem do candomblé da nação banto.

Não chegou a ser surpresa para a mãe de santo com três décadas de liderança espiritual quando a mansidão do domingo foi interrompida por gritos: "Tá amarrado!"; "Vai queimar no inferno!". Tais ofensas são a triste rotina dos seguidores da umbanda e do candomblé. Estatísticas oficiais, de ONGs, ou obtidas em pesquisas acadêmicas são unânimes na conclusão: o segmento das religiões de matriz africana é o mais perseguido no Brasil.

O babalaô Ivanir dos Santos, professor da Universidade Federal do Rio de Janeiro (UFRJ), é conhecido pelas muitas batalhas que já travou contra a intolerância religiosa. Ele nos faz ver que o Brasil ainda não se reconciliou definitivamente com a própria história: "Na rede de construção da sociedade brasileira, nós vivemos mais de 350 anos de escravidão. É muito tempo de escravidão para pouco tempo de história. A raiz dos problemas dessa relação continua viva. Isso tem efeitos na sociedade e também na intolerância religiosa. Embora todos nós reconheçamos que a liberdade formal é um pressuposto fundamental, temos de reconhecer que, para as religiões afro-brasileiras, essa liberdade ainda não chegou, ou seja, o Estado laico ainda não funciona plenamente para esses segmentos".

Diante dessa rotina de opressão, mãe Kátia e a neta seguiram caminhando. Xingamentos doem, mas, no fim das contas, entram por um ouvido e saem pelo outro. Pedras batem e ferem. O impacto na testa da neta foi logo seguido pelo sangue que se espalhou pela roupa branca da menina, uma visão que, segundo ela, causou um trauma maior do que a própria dor. A avenida era larga, a pedrada veio do outro lado. Mesmo assim, só não causou um dano muito mais grave porque resvalou antes num poste.

Sete anos depois do episódio, depois de repassar a imagem na memória tantas e tantas vezes, mãe Kátia chorou em nosso estúdio, lembrando que a luta que começou naquele dia ainda está longe do fim. A avó conta que a neta, assustada, passou um tempo sem usar publicamente as roupas da religião: "O branco desde que o mundo é mundo representa a paz, o meu branco. Ele não pode fazer você me ver como o diabo porque eu estou de branco. O branco é a paz. É também um símbolo de que nós não temos só deveres, nós temos os nossos direitos. Eu acho que essa pedrada na cabeça da Kayllane foi para acordar o nosso povo".


O ódio em forma de pedra chocou Kayllane ainda mais porque foi criada numa família com alicerces fortes na tolerância e no respeito entre as religiões. Neta de uma candomblecista e um católico, filha de uma evangélica: religião, para ela, sempre foi sinônimo de amor. Desde a adolescência, vinha sendo preparada para ser a sucessora da avó no terreiro. Por isso, desde cedo, aprendeu a lutar pela própria liberdade: "Acho que a única coisa que eu posso dizer é que fui forte, porque acho que eu tinha que ter muita força".

A avó sempre ensinou que a força da lei é uma ferramenta de libertação. Mãe Kátia diz que a palavra-chave é respeito, que ela concede e exige em troca: "Eu moro em um Estado laico, onde eu tenho o direito de professar a minha fé, seja ela qual for. Eu tenho até direito de não ter fé. Está na Constituição. Nós estamos sempre lutando para que ela seja válida e realmente seja verdadeira no nosso dia a dia. Se a Constituição não existisse, nós, com certeza, estaríamos no tronco".

Sem nunca renunciar à luta, o professor Ivanir é herdeiro da tradição africana da busca do consenso, o qual se tenta alcançar durante longas conversas em torno do tronco de uma árvore sagrada, o baobá. E assim, por caminhos diferentes dos iluministas europeus, ele chega a uma conclusão semelhante: Estado laico e diálogo são quase sinônimos: "Eu acredito que a defesa da democracia e do diálogo é o caminho que nós todos temos que trilhar. Eu não estou querendo convencer ninguém a entrar na minha religião, essa é uma pauta civil. Na África, quando você quer fazer o acordo, a concórdia, você se reúne em torno do baobá. Esse acordo fica gravado na árvore da memória. Isso tem a ver com a democracia, tem a ver com o respeito às liberdades".

A liberdade de crença é um direito coletivo que todos os dias se manifesta em situações individuais, permitindo questionamentos e decisões íntimas e particulares. A Constituição dá respaldo e segurança aos indivíduos para que possam escolher alguma, não escolher nenhuma, ou mudar de religião.

Desde que a reportagem sobre a liberdade religiosa foi ao ar, na série "Brasil em Constituição", Kayllane conheceu uma nova dimensão da liberdade em que foi formada: deixou de seguir a avó no candomblé e passou a acompanhar a mãe na Igreja Assembleia de Deus.

Se a vida de Kayllane mudou bastante, a do Téo continua rigorosamente igual e o cãozinho segue tão bem tratado quanto era antes. Ele, que foi adotado por uma candomblecista e agora recebe o afeto de uma evangélica, só sabe que elas são a mesma pessoa. O caráter de Kayllane não mudou quando ela mudou de religião. Só mudou a forma como equaciona as grandes perguntas sem resposta e os aspectos imponderáveis da existência humana. Nessa eterna busca, somos livres e iguais.

# 6

## LIBERDADE DE EXPRESSÃO

*Pedro Bassan*

SOBRAVAM LUGARES À MESA. A sala era relativamente grande e a reunião de trabalho tinha poucos participantes. João Rocha tinha convocado a conversa e, quando ele chama, ninguém falta. O bom gosto de João permeava a estética de todas as reportagens da nossa série e, dessa vez, ele iria anunciar mais alguma solução criativa. O trabalho naqueles meses já era presencial, mas Pablo Bioni, Fernando Ribeiro e Vinícius Harres estavam em outro endereço, participando remotamente. A produtora Ana Rita Mendonça, a editora Laura Nonohay e eu éramos praticamente espectadores que acompanhavam as perguntas do João e as explicações de Pablo, Vinícius e Fernando.

Foi um pouco estranho quando Cauã Reymond entrou na reunião. Ele é nosso colega de trabalho, mas nós, do jornalismo da Globo, não convivemos com o pessoal das novelas todos os dias, e ninguém sabia que ele tinha sido chamado para a conversa. A estranheza foi maior porque ele ficou parado. A expressão facial até revelava emoções, ele sorria, ficava sério, mas não falava nada.

A chegada do Tony Ramos foi ainda mais espantosa. A simples presença dele já era suficiente para dar ao nosso encontro de rotina uma aura de momento histórico, mas o encanto foi abalado, de certa forma, pelo comportamento desse ídolo de todos nós. Assim como Cauã, Tony permanecia calado. Porém, além disso, ia mudando de lugar a todo instante, ora estava em uma cadeira, ora do lado oposto da sala, não parava quieto, indo e vindo, em uma movimentação esquisita voltada unicamente para chamar nossa atenção.

Tom Cruise apareceu de maneira imperceptível, alguns nem notaram no início, e ele entrava e saía da reunião tão rapidamente que às vezes parecia pura ilusão de óptica.

Entretanto, foi Vladimir Putin quem chegou trazendo a solução definitiva. Quando ele apareceu, todos nós soltamos um grito de espanto. Ele comandava uma das maiores potências do planeta, tinha acabado de invadir um outro Estado soberano, estava no meio de uma guerra, e mesmo assim estava ali, diante de nós! A cara sempre séria — alguém já viu Putin sorrindo? — não deixava dúvidas: era ele mesmo na tela.

Sim, eu me esqueci de contar esse "detalhe": nenhum dos participantes-surpresa citados acima apareceu presencialmente. Todos estavam do outro lado da tela dos nossos celulares. Quer dizer, estavam e não estavam ao mesmo tempo. Eram eles nas nossas cabeças, mas não na nossa imaginação: esse pessoal surpreendente estava fisicamente sobre nosso pescoço, nossas cabeças eram trocadas na tela pelas cabeças deles.

Todos nós na sala já conhecíamos o chamado *deep fake*, a técnica de sintetizar imagens humanas, principalmente de celebridades, e inseri-las em outro contexto, criando situações falsas com aparência de verdadeiras. O que pareceu espantoso para nós foi o grau de desenvolvimento dessa tecnologia, aplicada em tempo real por Pablo, Fernando e Vinícius, especialistas em computação gráfica e inovação, que trocavam aleatoriamente as carinhas de todos nós, nos deixando idênticos aos atores e ao presidente da Rússia.

Vladimir Putin foi "contratado" para ser o nosso personagem na tela, para nos ajudar a explicar a que nível chegaram as fake news atualmente. Ele apareceu no *Jornal Nacional* falando português fluente, com a mesma voz do repórter, numa situação não só inverossímil, mas claramente sinalizada como falsa, para fins ilustrativos. É assim que age a imprensa profissional e é assim que agem todas as instituições que conjugam ética e tecnologia.

Fora desse universo, o campo para fraudes é do tamanho da internet. Ninguém faz fake news por engano. Faz para enganar.

"O pessoal tá dizendo que um filhote de capivara pegou carona num jacaré." As imagens eram fofas, torciámos para que fossem verdadeiras. Em um rio de águas aparentemente não muito limpas, com margens densamente urbanizadas, a pequena capivara navegava rápido em linha reta, como se estivesse surfando, ou praticando esqui aquático, com a tranquilidade de uma turista. O "meio de transporte" estava quase todo submerso. Só uma nesga da cabeça era visível, e parecia mesmo ser a couraça de um jacaré. Estaria o filhote esperto ludibriando o bicho feroz? Será que o jacaré concordava com aquela simbiose momentânea?

Diante da dúvida, só uma certeza: verdadeiro ou falso, o vídeo parecia irrelevante. Sendo assim, era difícil entender por que Roney Domingos estava tão empenhado em checar a autenticidade daquilo, mas ele tinha experiência, devia saber o que estava fazendo.

"Quem cria uma mensagem falsa leva três minutos. O jornalista leva algumas horas para fazer a checagem", explicou Roney. "Você tem que pesquisar com um especialista, checar data, hora, local, para verificar se aquilo é falso. Mentir é muito mais fácil do que checar." Ele não se incomoda com essa desvantagem imensa no relógio. Roney não vai desistir. É um especialista em checagem de fatos.

Dizer que um jornalista é especialista em checar os fatos é como dizer que um jogador de futebol é especialista em chutar a bola. Deveria ser óbvio. O jornalismo não mudou. O que mudou foi o conceito de *óbvio*. Questionar os pilares mais básicos da realidade, as certezas mais elementares e comprovadas, como a esfericidade da Terra, por exemplo, é uma estratégia deliberada que serve a várias finalidades, como explica o diretor de redação do G1, Renato Franzini: "Apesar de haver pessoas disseminando mentiras desde sempre, independentemente do meio, fake news é um termo que surgiu mais recentemente com as redes sociais, quando ficou muito mais fácil qualquer pessoa disseminar essas informações falsas. Passaram a espalhá-las com o propósito de conseguir algum dividendo político ou algum ganho pessoal mesmo. E o que as pessoas não percebem é que existem fábricas por trás disso, fábricas de fake news. No caso de eleição do Trump, foi mostrado que lugares no Leste Europeu eram especializados em produzir informações falsas para influenciar a eleição americana, e detalhe: nesse caso específico, quem fazia não estava nem preocupado com o resultado da eleição americana. Queria só ganhar dinheiro, porque isso fazia o site ser muito acessado e atraía anunciantes".

É como o velho boato: a quantidade dá a impressão de qualidade. Ou seja, se uma informação está sendo muito compartilhada, deve ser verdadeira. Quebrar essa ilusão é um desafio do jornalismo contemporâneo, mais especificamente das agências de checagem de fatos, como nos conta Clara Velasco, jornalista do *Fato ou Fake*, serviço de checagem do Grupo Globo: "É o jornalismo clássico, como a gente sempre fez, e sempre com muito cuidado. A diferença é que nós mostramos na prática exatamente o caminho que a gente percorre pra checar essas informações. Nós temos que tentar fazer com que as nossas informações verificadas do jornalismo atinjam mais pessoas do que essas mensagens falsas".

Como acontece com a maioria dos jornalistas, o trabalho de Clara não tem rotina, até porque é difícil estabelecer um padrão para as fake news. O que viraliza? Às vezes, o conteúdo não resiste nem a um primeiro olhar mais atento. Um artifício muito comum é usar imagens verdadeiras acompanhadas de narração ou legendas falsas. Nesses casos, basta uma procura pelo conteúdo original para desvendar o engano. Conteúdos criados por inteligência artificial dão mais trabalho. Exigem consultas a múltiplas fontes e especialistas, mas, paradoxalmente, uma falsificação grosseira pode soar até mais convincente, como continua Renato: "Ela é feita para confundir de um jeito que parece amador. Então, as pessoas acham que quem está disseminando a informação é uma pessoa normal, que está simplesmente transmitindo-a como se fosse para um amigo".

Portanto, o principal trunfo das fake news não está no grau de manipulação da realidade. O conteúdo pode ser tosco ou sofisticado. Um áudio gravado no celular num grupo de bate-papo pode se disseminar mais do que um vídeo caríssimo de *deep fake*. O objetivo maior de um falsificador de fatos é produzir algo em que as pessoas queiram acreditar. É o chamado viés de confirmação, um mecanismo psicológico já muito estudado. Como a realidade muitas vezes é decepcionante, complexa e contraditória, torna-se mais confortável encaixar os fatos em nossa visão de mundo, e não o contrário.

Roney, Clara, Renato e todos nós, jornalistas, temos a tarefa ingrata de mostrar fatos em um mundo em que prevalecem versões, e geralmente as extremas: a mais fofa, a mais raivosa, as que despertam ódio, paixão, nunca reflexão.

Só então passamos a entender o empenho do Roney em investigar o vídeo da capivara e do jacaré. Ele já teve tarefas que parecem muito mais relevantes: salvou vidas escancarando mentiras de vídeos antivacina na pandemia; pôs em contexto declarações distorcidas de políticos e autoridades; desmentiu vídeos de propaganda de guerra. Por isso mesmo, Roney sabe que, sendo mentira, nem mesmo um videozinho simpático de animais pode ser considerado banal. Pequenos absurdos, aparentemente inofensivos, vão ajudando, aos poucos, a distorcer a noção de realidade.

Com muita pesquisa, Roney encontrou a autora do vídeo original, que desvendou a cena. Uma bióloga também confirmou: era uma capivara carregando outra, muito provavelmente a mãe levando o filhote. Por mais que a gente goste de acreditar, infelizmente jacarés não dão carona para capivaras. Jacarés comem capivaras. A verdade pode não ser agradável, mas é bem melhor que a mentira.

A tecnologia muda rápido. Mesmo assim, o velho ditado permanece mais verdadeiro do que nunca: a mentira tem perna curta. E Roney tem longa experiência em encontrá-la, onde ela estiver: "A mentira sempre vai destoar do contexto real em que ela está inserida. Tudo conspira contra a mentira, porque se você começar a checar, aí a mentira vai ficando cada vez mais clara. No processo de checagem, a mentira sempre se revela".

A mentira tem uma velha amiga: a censura. E essas duas doenças da sociedade têm uma outra amiga: a doença verdadeira, biológica, viral. É impressionante a semelhança entre a disseminação das fake news e a propagação de um vírus, como nota Renato Franzini: "Quando uma pessoa cria aquela informação falsa, ela está buscando o maior alcance possível. É como o vírus, busca atingir o máximo de pessoas possível. No que chega na pessoa seguinte, essa pessoa tem que querer passar. E, às vezes, a pessoa um passa para a pessoa dois, e ela encaminha não só para a pessoa três, mas também para a quatro, cinco, seis, e então pessoas que nunca tiveram contato com quem criou a informação já estão disseminando também. É exatamente o comportamento do vírus, né? Por isso o termo viral".

Não é só uma comparação didática para entendermos o processo de transmissão, é uma união umbilical de conceitos. É impressionante como doenças e mentiras caminham juntas. Vamos lembrar um momento da nossa história em que a negação da verdade também fez vítimas e agravou o sofrimento.

Nos anos 1970, o Brasil viveu uma epidemia de meningite. Ou melhor, uma epidemia de meningite e de desinformação. O infectologista Jacyr Pasternak viveu e viu a doença de perto. Ele trabalhava no Hospital Emílio Ribas, referência no tratamento de doenças infecciosas em São Paulo. A maior cidade do país foi a mais atingida, como o médico nos conta: "O Emílio Ribas tinha 1.200 pacientes, mas só tinha quinhentos leitos. Então, tinha gente no chão, tinha gente que estava segurando seu próprio soro. Eu internei crianças na pia. Uma criança pequena cabe em uma pia".

A não ser pelo vaivém das ambulâncias e pelos fatos que corriam de boca em boca, a população não tinha ideia da dimensão da doença nem da gravidade da situação. Notícias sobre a epidemia de meningite estavam proibidas naquela época. De 1971 até o início de 1974, o tema era constantemente vetado pelos censores da ditadura militar. Não que a máquina do regime precisasse dar explicações sobre o que fazia, ou que a censura tivesse que justificar as decisões que tomava, mas o jornalista Fernando Gabeira lembra que, nesse caso, havia um motivo "oficial": "Eles não queriam que a população 'se alarmasse'. E essa ideia de não querer que a população se alarme significa também deixá-la completamente despreparada para combater algo que a ameaça".

O efeito acabava sendo o contrário do planejado pelos governantes da época, como explica a jornalista Eliane Cantanhêde: "Como não podia sair na televisão, não podia sair na grande mídia, era tudo de boca em boca. A pessoa tinha um filho que pegou, um amigo que pegou, um vizinho, um colega de trabalho. E as pessoas se perguntavam: 'Ué, mas o que é isso? O que é meningite? Como você pega? Como você previne?'".

Assim, o sentimento de medo convivia com o de desamparo. A população corria para as farmácias em busca de remédios que não tinham nenhuma eficácia contra a meningite. Camelôs vendiam amuletos "infalíveis" para afastar as bactérias. Corria de boca em boca a receita de um gargarejo milagroso. Tudo para combater uma epidemia que oficialmente não existia. "A falta de divulgação foi ruim", relembra o dr. Jacyr. "Matou muita gente, com certeza, por falta não só de informação, mas de organização." É assustador tentar imaginar a rotina do médico naquele tempo. Acordar todos os dias sabendo que a presença dele era a única esperança para centenas de pessoas. E, no ambiente de trabalho, passar horas e horas convivendo com uma bactéria contagiosa e altamente letal. "A gente que é médico não tem medo de doença", ele resume.

Nem de doença, nem de censura. Foi graças à coragem dele e de outros médicos e profissionais de saúde que a sociedade aos poucos foi sendo alertada para o que a ditadura tentava esconder. Dr. Jacyr foi um dos que desafiaram as ordens de não conversar com jornalistas: "Por baixo do pano, a gente passava informações. Você conhecia gente que trabalhava em jornal e contava: 'Há uma grande epidemia de meningite'". Contudo, os jornalistas não podiam publicar nada além de declarações de autoridades que negavam o óbvio.

Ao contrário de outros países como, por exemplo, os Estados Unidos, que fizeram da liberdade de expressão um dos pilares da nação, o Brasil demorou a entender quão nociva é a possibilidade de calar o outro, e quão arriscado é viver sob a ameaça de ser calado.

Demos comida a um monstro, achando que ele podia ser bonzinho ou, quem sabe, só atacar os inimigos. Ignoramos a doença, e o remédio quase chegou tarde demais. A própria ditadura militar descobriu que a censura tinha vida própria e não respeitava nem o governo que era dono do carimbo.

Eliane Cantanhêde foi protagonista desse momento. Como jovem repórter da revista *Veja* em Brasília, ela era vítima constante do controle da informação: "A censura era uma coisa absurda, completamente absurda. E ela tinha um lado ignorante, patético, apesar de toda a gravidade. Porque a gente achava que era uma coisa sofisticadíssima feita por gente com grande capacidade de identificar o que era perigo ou não para a ditadura militar e, na verdade, tinha muita gente ali que não sabia nem identificar o valor da palavra. Então era uma coisa grosseira, malfeita e, por conta disso, de certa forma, estúpida".

As epidemias chegam sem mandar aviso e, para os poderosos de plantão, podem atrapalhar os planos de um governo perfeito. Por isso, é possível encontrar em todas as épocas políticos que gostam de fingir que doenças não existem. Paulo de Almeida Machado não era um desses. O ministro da Saúde que assumiu o cargo em 1974, no início do governo Geisel, logo decidiu enfrentar a epidemia. Impossível julgar se por pura consciência de médico ou se por imposição da realidade, já que, naquele ano, os casos, que já eram muitos, explodiram com a circulação do meningococo tipo A, juntando-se ao tipo C, até então predominante.

O primeiro passo para combater a epidemia era, mesmo tardiamente, reconhecer que ela existia.

Naquele tempo, ministros de Estado não costumavam dar entrevistas. A comunicação da ditadura era feita, na melhor das hipóteses, em comunicados oficiais para a imprensa, quase em tom de ordem.

Eliane Cantanhêde venceu esse bloqueio. Conseguiu um furo de reportagem na forma e no conteúdo. Qualquer entrevista com o ministro da Saúde já seria impactante: uma autoridade da ditadura se submetendo ao contraditório de perguntas e respostas era uma novidade em si. Contudo, havia muito mais, ela conta: "Eu fui lá e gravei a entrevista com ele. E transcrevi o conteúdo da fita cassete. O ministro da Saúde admitia a epidemia. Aquilo foi para o telex e, antes de chegar na sede da *Veja*, em São Paulo, a entrevista toda, que era enorme, eu ainda estava escrevendo, e ela já estava censurada. A matéria foi censurada. Não era uma entrevista com um opositor. Eles estavam censurando o ministro da Saúde".

Por incrível que pareça, foi isso mesmo: um censor, um burocrata dos mais baixos escalões da repressão, teve a petulância de censurar a declaração de um ministro de Estado, uma decisão de governo de tornar pública uma epidemia que estava oficialmente oculta. O tempo nos impede de saber se foi um ato de pura estupidez, uma temeridade de alguém que gostava mais da ditadura do que de si mesmo, ou, ainda, uma afirmação consciente de autoridade, do tipo "Quem esse ministro pensa que é?". O fato é que a ditadura se viu prisioneira da estrutura que ela mesma havia criado. "O censor, em certa medida, estava censurando o próprio presidente da República, o próprio Geisel", diz Eliane.

A cena foi um raro momento de descontração na sisudez da ditadura. Termina com um sorriso aberto, quase uma gargalhada, de um homem que raramente sorria em público, o presidente Ernesto Geisel.

Os jornalistas entraram no gabinete presidencial e encontraram Geisel já com o braço esquerdo à mostra, a manga da camisa suspensa quase até a altura do ombro. Ao lado dele estava o ministro da Saúde, o médico Paulo de Almeida Machado, pronto para aplicar a vacina contra a meningite. O gesto de vacinar o presidente era parte da campanha nacional de imunização, que cobriu o país naquele ano e pôs fim à epidemia, como conta Elaine: "O Geisel se vacinou, os ministros se vacinaram. E não foi só para eles se salvarem. Era o exemplo, o exemplo que vem de cima".

A aplicação foi tão rápida que um dos fotógrafos perdeu a cena. Na gravação, é possível ouvi-lo gritando ao fundo: "Mais uma vez, ministro!". Soou uma risada geral, que logo virou espanto quando o austero general presidente levantou de novo a manga da camisa e se encaminhou até o ministro, que repetiu o movimento para a foto, obviamente sem repetir a aplicação. O clima era de alívio geral e todos na sala sorriam, especialmente o ministro e o presidente, por saber que a vacina era solução, e não problema.

Ao ver essa cena na tela, chama atenção a boa qualidade das imagens. O filme em preto e branco tem uma nitidez extraordinária para registros daquela época. Os "chuviscos" tão comuns em material de arquivo são praticamente inexistentes. A explicação é técnica: os negativos estavam guardados em excelente estado no Acervo da Globo porque a imagem nunca havia sido reexibida. E, afinal, reexibir para quê? Presidentes tomando vacinas são uma das cenas mais corriqueiras da República. Democráticos ou ditadores, há vídeos ou fotos de praticamente todos nos últimos cinquenta anos enfrentando as agulhas, interrompendo os mais variados momentos da vida nacional para dar o exemplo. Alguns até foram fotografados aplicando nas crianças as gotinhas contra a pólio.

BRASIL EM CONSTITUIÇÃO 67

Embora não tenha sido repetida posteriormente, a imagem do presidente Geisel tomando a vacina teve ampla divulgação naquele mesmo dia, 14 de maio de 1975. A foto circulou no dia seguinte em todos os grandes jornais. A censura passou longe do assunto. Nem o mais obstinado censor da mais férrea ditadura poderia imaginar que vacinas e presidentes fossem motivo para guardar segredo.

Vamos fazer um rápido passeio pela nossa história. O que dizem as Constituições do Brasil sobre a liberdade de expressão?

- **1824:** "IV. Todos podem communicar os seus pensamentos [...]".
- **1891:** "§ 12 - Em qualquer assunto é livre a manifestação do pensamento [...]".
- **1934:** "9) Em qualquer assunto é livre a manifestação do pensamento [...]".
- **1937:** "5) Todo cidadão tem o direito de manifestar o seu pensamento [...]".
- **1946:** "§ 5º - É livre a manifestação do pensamento [...]".
- **1967/69:** "§ 8º - É livre a manifestação de pensamento [...]".
- **1988:** "Art. 5º, IV – é livre a manifestação do pensamento [...]".

Olhando assim, parece que o Brasil sempre foi a pátria da liberdade de expressão, mas é depois das reticências e vírgulas que estão, em graus variados, a censura, a repressão, os poréns e até os porões. As próprias constituições tidas como democráticas, como a de 1934 e a de 1946, admitiam e institucionalizavam a censura. E como parte do mesmo artigo que garantia a liberdade de expressão! É como se os constituintes anteriores garantissem liberdade de forma um tanto envergonhada. Mal liberavam, e já restringiam. Na época, isso não era motivo de espanto, nem de protestos significativos. Na explicação do jurista Gustavo Binenbojm, ao longo da nossa história, a censura geralmente foi vista como uma instituição quase benigna, uma espécie de "braço da ordem pública", mesmo em períodos de maior liberdade social e institucional.

Depois da vírgula, a Constituição de 1988, em vez de limitações, traz salvaguardas. Ela é a Constituição Cidadã porque enfatiza as liberdades em vez de impor restrições. Inova ao abolir terminantemente a censura, enquanto as outras, no mínimo, a deixavam nas entrelinhas. Chega a ser redundante na enfatização da liberdade, banindo expressamente a censura duas vezes: para assegurar o princípio fundamental de liberdade, no artigo 5º; e para impedir qualquer restrição ao trabalho jornalístico, no artigo 220, que trata da comunicação social. Como afirma o ministro do STF Luís Roberto Barroso: "Onde o passado condena, nós temos que ter muita preocupação em proteger a liberdade de expressão".

Depois de décadas e décadas de palavra tutelada, controlada, vigiada ou simplesmente calada, o Brasil demorou a se acostumar com esse choque de liberdade. O STF foi aos poucos arrancando a Constituição do papel e jogando sobre a vida real. A decisão mais simbólica — e unânime — foi a que permitiu a publicação de biografias não autorizadas. Tanto pelos parâmetros de liberdade que fixou, quanto pela simplicidade da decisão em si. Impossível não compreender a mensagem da ministra Cármen Lúcia, relatora do caso: "Cala a boca já morreu!".

A ministra que fixou a amplitude de um dos valores mais importantes da Constituição também nos ajuda a entender os limites desse princípio. Ela nos explica que, na liberdade de expressão, a liberdade é mais importante que a expressão: "O que a Constituição assegura e que eu estava falando naquele voto é liberdade, a liberdade que se manifesta pela expressão. Pela expressão da música, pela expressão da dança, pela arte, que salva a humanidade, que eu acho que é a única salvação que o ser humano tem. Contudo, a expressão pode ser uma manifestação da liberdade ou o instrumento de um crime".

De repente, foi como se um objeto sagrado tivesse sido jogado em um campo minado. Como resgatá-lo sem explodir a liberdade e a própria democracia? Atualmente, a discussão sobre a liberdade de expressão deixou de ser sobre conquistas e voltou a ser sobre limites.

O protagonismo das redes sociais como palco do debate público mudou os parâmetros de análise do tema pela sociedade e pelos próprios tribunais. É hora de a Justiça exercer um de seus papéis principais: decidir entre valores conflitantes, todos legítimos. O jurista Gustavo Binenbojm situa o campo de discussão atual: "Há uma tensão permanente entre o exercício da liberdade de expressão e a proteção de outros valores caros à democracia, como dignidade humana e igualdade. De modo geral, a solução do mundo ocidental tem sido por dar à liberdade de expressão uma posição preferencial, protegendo outros valores de maneira a não impor censura prévia. Mas nas redes sociais, no plano das regras de seu funcionamento, penso que deve haver um dever de diligência para evitar a circulação de discursos de ódio, violência e de desinformação deliberada, para evitar danos iminentes a crianças e pessoas vulneráveis, à saúde pública, à vida e à democracia".

O que fazer com a palavra de dois gumes, que ora é expressão de liberdade e dali a pouco soa como instrumento de crime? Tratá-la como a faca que é, eis a receita da ministra Cármen Lúcia: "Uma faca na mesa do seu almoço é perfeitamente legítimo, e eu tenho que garantir que você possa comer com talheres, de maneira civilizada. Se você usar essa faca para atingir a garganta de outra pessoa, ferindo ou até matando, esta faca é um instrumento de crime. Qual a novidade?".

Nas redes e na vida real, o momento é de encaixar em novas realidades os princípios perenes definidos em 1988. A Constituição vai definir o caminho. E a poesia há de ajudar, diz a ministra Cármen Lúcia: "Eu estou falando aqui de liberdade. Como diria Cecília Meireles: 'Essa palavra que o mundo inteiro alimenta, que não há ninguém que saiba e ninguém que não entenda'".

# 7

## Pessoas com deficiência e idosos

*Pedro Bassan*

Todos são iguais perante a lei e perante a nossa cadeira.

Embora ficasse no centro do estúdio, no início era só um móvel a mais entre câmeras, refletores, telões e outros equipamentos de gravação. A presença dela era tão óbvia que nem chamava atenção: para dar entrevistas, os convidados e as convidadas precisavam de conforto; a opção natural era que estivessem todos sentados. Portanto, uma cadeira.

A convivência de meses com aquela peça de mobiliário, desenhada pelo artista mineiro Marcelo Ligieri, acabou nos levando a enxergar suas semelhanças com a própria Constituição: um formato universal, mas feita com desenho e materiais brasileiros; sólida, com o dever de ser ao mesmo tempo contemporânea e atemporal; ponto de partida e lugar de chegada, encontro de aspirações e realizações. Porém, a principal semelhança da cadeira com a Constituição é que, vazias, elas não são nada: podem ser generosas no formato, mas só se completam quando efetivamente são úteis para as pessoas.

Com o tempo, fomos percebendo a cadeira como uma espécie de "centro magnético". Afinal, que outro ponto tão minúsculo do planeta poderia atrair para si um público tão diverso? Dia após dia, ou até várias vezes no mesmo dia, levantava-se dela um ministro do Supremo Tribunal Federal e sentava-se um boia-fria. O pastor batista dava lugar ao babalaô. Professores e professoras foram muitos, assim como os juristas, todos entre os mais importantes do país. Chegava a dona de casa da cidade grande e depois o líder indígena. Saía o deputado que ajudou a escrever a Constituição e entrava a aposentada que viveu sob cinco constituições diferentes! O mesário de 94 anos e tantas eleições abria caminho para a estudante mal saída da adolescência que nunca tinha votado. Vinha a empregada doméstica e a próxima da fila era uma ministra do STF.

Ao acolher todos, sem distinção, a cadeira tornou-se um símbolo, um objeto-retrato da própria noção de igualdade enunciada no artigo 5º, o mais longo, e considerado por muitos juristas o mais importante da Constituição: "Todos são iguais perante a lei, sem distinção de qualquer natureza, garantindo-se aos brasileiros e aos estrangeiros residentes no País a inviolabilidade do direito à vida, à liberdade, à igualdade, à segurança e à propriedade [...]".

A empolgação com o espírito democrático da cadeira pode ter levado a um ou outro exagero nas linhas acima. Afinal, os entrevistados realmente se sucederam em ordem aleatória, mas em três estúdios de gravação no Rio de Janeiro, em Brasília e em São Paulo. Porém, mesmo em cidades diferentes, as cadeiras eram rigorosamente iguais, os ambientes davam a ideia de continuidade, e o que realmente importa é o valor simbólico dessa troca de ocupantes vindos das mais variadas esferas da vida. O que trazia todos até ali era a mesma vontade de defender a Constituição e explicar o impacto que ela teve na vida de cada um.

Só quatro, entre as dezenas de convidados, deram entrevistas em outras cadeiras. E são precisamente esses quatro que representam, ainda mais do que todos os outros, o espírito de igualdade estabelecido na Constituição de 1988.

"Art. 251: Todos têm direito de ir ao banheiro." Não, esse artigo não existe na Constituição, mas imaginar que ele talvez fosse necessário é um exercício poderoso sobre a igualdade.

Em geral, banheiros estão em toda parte. Qualquer estabelecimento de acesso público tem um. Sem falar no Carnaval, quando, infelizmente, a definição geográfica de banheiro se amplia, especialmente para alguns homens. Mesmo assim, todo mundo já passou na vida por alguma restrição momentânea aos imperativos biológicos e sabe o quanto isso é difícil.

Então vamos imaginar a seguinte situação: antes de 1988, não existia praticamente nenhum banheiro fora das nossas casas. Cada saída à rua devia ser rigorosamente planejada para que voltássemos a tempo, e não surpreende que, na maioria das vezes, decidíssemos simplesmente não sair. Alguns locais de trabalho muito específicos contariam com o "luxo" de ter um banheiro, mas até isso teria de ser levado em consideração na hora de procurar ou aceitar um emprego. De repente, surge uma lei que muda essa realidade. Não é para menos que, quando perguntada sobre o que representa a Constituição na vida dela, a primeira resposta da entrevistada Paula Teperino seja esta: "Representa a garantia de que eu vou encontrar um banheiro quando eu vou em algum lugar".

A situação aparentemente absurda que imaginamos nos parágrafos anteriores era a realidade de uma parte da população brasileira. Foi a Constituição de 1988 que garantiu o direito de ir ao banheiro para as pessoas com deficiência. O artigo 227 não só determinou a "[...] eliminação de obstáculos arquitetônicos [...]" como ordenou que fosse criada uma lei "[...] a fim de garantir acesso adequado às pessoas portadoras de deficiência". A lei específica (nº 10.098/2000) ainda levou doze anos para ser elaborada, mas, depois de aprovada, foi taxativa:

**Art. 11.**

IV – os edifícios deverão dispor, pelo menos, de um banheiro acessível, distribuindo-se seus equipamentos e acessórios de maneira que possam ser utilizados por pessoa portadora de deficiência ou com mobilidade reduzida.

Difícil imaginar uma aplicação mais concreta do princípio da dignidade da pessoa humana que norteia a Constituição. Paula teve paralisia infantil e cresceu numa sociedade em que a indignidade era a regra. Ela conta que a falta de banheiros adaptados era só um dos sintomas de um país que oscilava entre a indiferença e a hostilidade em relação às pessoas com deficiência: "Nós tínhamos muito o ideal de que as pessoas nos vissem. Nós éramos incompletamente invisibilizados. Acho que até hoje ainda somos. Talvez a gente não sofra um preconceito tão raivoso, mas ele é tão danoso como todos os outros preconceitos".

Um dos aspectos mais fascinantes dos 35 anos da Constituição é que, vez ou outra, podemos encontrar pessoas que ajudaram a escrevê-la. E não se trata só de uma questão cronológica, do prazer de ver em carne e osso testemunhas e agentes daquele momento histórico. O que mais fascina nesses encontros é saber que os autores não necessariamente eram deputados ou senadores. A maioria, aliás, nem fazia parte da política partidária, o que só evidencia o espírito aberto e participativo daquele momento. Brasileiros e brasileiras comuns, nossos irmãos e vizinhos, foram os principais autores da certidão de renascimento da nossa democracia.

Paula Teperino é uma dessas milhares de pessoas que podem ser chamadas de "constituintes sem mandato". A jovem procuradora federal era líder de movimentos das pessoas com deficiência e enviou aos parlamentares várias sugestões que foram aprovadas e hoje fazem parte da Constituição. As conquistas de Paula e de tantas outras pessoas que lutaram com ela são um exemplo do alcance, mas também dos limites da Constituição. Se nos artigos referentes às pessoas com deficiência os constituintes chegaram bem perto da nota máxima e garantiram praticamente todos os avanços possíveis naquele momento, mudar a realidade concreta das ruas revela-se uma tarefa bem mais complexa. Ela diz, com a serenidade de quem faz da luta permanente uma condição de vida: "Eu acho que o constituinte de 1988 cumpriu o papel dele. Ele entregou para as pessoas com deficiência daquela época tudo o que nós pleiteamos, mas é claro que não depende só da Constituição que os locais sejam acessíveis. Para isso, a gente precisa de leis estaduais e, principalmente, de leis municipais".

Rampas, elevadores, alertas sonoros, sinalização de solo: tudo isso é tão importante, e ao mesmo tempo é só o princípio. A acessibilidade, ou, em outras palavras, o direito de todos de ir a toda parte, é o pilar mais básico sobre o qual se constrói a inclusão e a garantia de todos os outros direitos das pessoas com deficiência.

Paula lutou a vida toda por acessibilidade. Redigiu cartas, manifestos, discursou. Porém, em silêncio, sintetizou tudo isso com um gesto: entrou em nosso estúdio e parou a cadeira de rodas exatamente onde ficava a cadeira anterior, aquela ocupada por tantas e tão diferentes pessoas. Foi um instante de forte emoção para toda a equipe de gravação. Materializada ali diante de nós estava a própria noção de igualdade desenhada na Constituição. Igualdade é construir caminhos diferentes que levem ao mesmo lugar.

Em seu livro *Um antropólogo em Marte*, o professor Oliver Sacks conta várias histórias que ilustram o papel paradoxal das deficiências. Ao mesmo tempo em que impõem algum tipo de impedimento, muitas vezes revelam poderes latentes. Um dos exemplos mais conhecidos e estudados é o aumento da capacidade de audição dos cegos, cujo córtex auditivo do cérebro se adapta para identificar mínimas diferenças na frequência sonora, permitindo um reconhecimento do ambiente ao redor sem o uso da visão. Nas palavras de Sacks, nosso cérebro é "um sistema adaptável altamente eficiente em termos de garantir a sobrevivência nas melhores condições possíveis".

Rodrigo Hübner Mendes leva essa ideia a um novo patamar. Ele diz que, assim como o cérebro de um indivíduo, qualquer grupo que conviva diretamente com pessoas com deficiência se torna mais flexível, se adapta, aprende a construir soluções que vão beneficiar a sociedade como um todo. Em escolas inclusivas, todos os alunos aprendem mais. Empresas inclusivas são mais produtivas. Uma Constituição inclusiva constrói um país melhor. Ele diz: "A Constituição eleva o direito da pessoa com deficiência para um novo nível, muito mais robusto e abrangente, tratando de questões de saúde, educação, trabalho. Acho que é um ponto de virada entre um histórico assistencialista, baseado em piedade, para uma nova visão, pautada por garantia de direitos e construção de autonomia".

A Constituição de 1988 é inclusiva no próprio modo em que foi escrita. Os direitos das pessoas com deficiência não estão confinados em um único capítulo, que corria o risco de ser esquecido ou ignorado. Artigos relacionados ao tema permeiam a Constituição como um todo, garantindo às pessoas com deficiência assistência à saúde, reservando a elas um percentual de cargos públicos e empregos em geral, proibindo a discriminação quanto a salários e condições de contratação, instituindo um salário mínimo de benefício mensal a quem não puder se sustentar, determinando a remoção de barreiras arquitetônicas, garantindo seu acesso ao transporte e dando preferência à inclusão na rede regular de ensino.

É como se, de repente, o país tivesse arrancado um véu e passado a enxergar pessoas onde antes preferia fingir não ver ninguém. O que grita na Constituição não são as deficiências, é a integridade do ser humano, capaz de atingir uma vida autônoma desde que os obstáculos colocados pelo meio em que vive sejam removidos. É um exemplo de como a letra fria da lei ganha vida sempre que põe as pessoas em primeiro lugar, como explica Rodrigo: "A gente tem que sempre ter como horizonte final um país onde uma criança com deficiência não tem seu futuro condenado por ter nascido com algum tipo de impedimento, e que possa enxergar, possa sonhar e realizar aquilo que ela deseja como uma história de vida".

Dirigindo o instituto que leva seu nome, Rodrigo Mendes se tornou uma referência mundial em inclusão, desenvolvendo programas que proporcionam educação de qualidade, na escola comum, para crianças e jovens com deficiência: "Quando temos a diversidade humana presente na sala de aula, geramos um desconforto construtivo na escola. Então a equipe precisa se reciclar, precisa buscar novos conhecimentos, precisa experimentar novas didáticas. Então, no final, aquela escola se torna mais interessante, ela se torna mais eficiente pedagogicamente para qualquer aluno".

Rodrigo ressalta que a palavra-chave é *convívio*. A proximidade física e cotidiana entre pessoas com e sem deficiência transforma a inclusão em um processo de troca, de enriquecimento mútuo, onde os papéis de quem inclui e quem é incluído se confundem, e todos são, ao mesmo tempo, agentes e beneficiários dessa experiência comum.

Pudemos aprender essa lição não só com palavras, mas na prática. Além de Rodrigo e de Paula Teperino, chegaram ao estúdio em cadeira de rodas a médica Daniela Bortman, que tem a história contada no capítulo sobre o equilíbrio dos três poderes; e ainda nosso companheiro de profissão, inspirador de todos nós, Osmar Santos, personagem da história do Brasil na reconquista do voto direto. Estivemos próximos a eles durante o tempo de uma entrevista. Com Rodrigo, especificamente, a conversa durou em torno de uma hora e meia. Esse curto período já foi suficiente para chacoalhar nossa rotina e nos estimular a criar: reconfiguramos as luzes do estúdio, para iluminar com perfeição a cadeira de rodas, mais alta que a cadeira que estava ali anteriormente; ajustamos o microfone de lapela, de modo a ser menos invasivo e se adequar melhor a quem permanece muito tempo na mesma posição; mudamos o ângulo de projeção da imagem nos telões, para que pudesse ser vista o tempo todo do ponto em que o entrevistado ficou.

Ao fim da entrevista, nosso espaço de gravações tinha evoluído: estava mais flexível, mais adaptado a circunstâncias diferentes, mais eficiente, pronto para novos desafios. A curta convivência com Rodrigo deixou nosso estúdio melhor, nossa equipe mais criativa. Imagine esse processo multiplicado por muitas pessoas em muitos ambientes e os benefícios da inclusão se tornam mais do que evidentes. Obrigado, Rodrigo.

É possível prever o futuro. E não estamos falando de bolas de cristal. A melhor ferramenta que a humanidade tem para descobrir o que ainda vai acontecer é a matemática. Se eu desenhar um avião, os cálculos vão prever com exatidão se ele vai ser capaz de voar ou se não vai sair do chão. As contas feitas pelos epidemiologistas permitem soar o alarme precoce contra doenças que eles sabem que vão nos ameaçar. E os números do IBGE mostram que, em um futuro não tão distante, o Brasil vai ser um país de pessoas idosas. É possível não gostar de matemática, embora ela seja tão útil, mas é inútil não gostar de envelhecer.

Durante boa parte da nossa história, a maioria da população foi formada por crianças e adolescentes. O retrato mais comum do nosso povo dividido por idades tinha a forma de uma pirâmide: base imensa que ia se estreitando continuamente até o topo. Cuidar das crianças significava cuidar do grupo mais numeroso da população. Atualmente, porém, a pirâmide virou caçamba. Os maiores grupos de brasileiros estão na faixa de 15 a 29 anos. Os idosos já são mais numerosos e mais ativos: são 7 milhões de trabalhadores com mais de sessenta anos. As projeções do IBGE mostram que, nas próximas décadas, a caçamba vai virar funil — larga no topo, estreita na base. Em 2060, a faixa etária com maior número de brasileiros irá dos 55 aos 69 anos.

O médico brasileiro Alexandre Kalache ainda era jovem quando decidiu encarar a velhice. Em 1975, quando tinha trinta anos e morava em Londres, começou a estudar o que ele chama de "Revolução Mundial da Longevidade" e não parou mais, como ele nos conta: "Não há nada mais revolucionário do que isso que está acontecendo. Nos últimos cem anos, a grande conquista social foi poder envelhecer como regra, e não como exceção".

Embora o aumento dos idosos na população seja um fenômeno notório, é incrível que, até hoje, o médico tenha de lutar para ser compreendido: "Quando a gente fala de direitos das pessoas, parece que tem um grupinho de pessoas com mais idade que está brigando por seus direitos. Eu não estou brigando pelos meus direitos. Daqui a pouco, eu vou embora. Quero que os meus filhos, os meus netos, quero que os jovens de hoje possam envelhecer com dignidade. Nós estamos — no gerúndio — envelhecendo. Essa não é uma briguinha de um grupo em relação ao outro. Você não é jovem para sempre, você é o velho de amanhã".

Portanto, além de ser hediondo como todo preconceito, o etarismo ainda tem um aspecto único e espantoso: não é um sentimento que se dirige contra o que é supostamente diferente, mas um preconceito contra o nosso próprio futuro. O preconceituoso de hoje é a vítima de amanhã.

Alexandre já foi diretor de Longevidade da Organização Mundial da Saúde, autoridade máxima no mundo em envelhecimento com qualidade de vida. Ele enumera as perguntas que cada jovem deve fazer a si mesmo, e que são um antídoto contra o etarismo: "Eu estou tendo as atitudes adequadas em relação aos idosos? Eu estou me preparando para essa velhice que é inevitável? Eu não estou em um processo de negação, de que velho é sempre o outro, não tem nada a ver comigo?".

A Constituição não compactuou com esse negacionismo etário e já nasceu com os olhos voltados para o futuro. Cuidou das pessoas idosas quando ainda éramos um país majoritariamente de crianças e jovens. Nas seis Constituições anteriores que o Brasil teve, o idoso era solenemente ignorado ou, no máximo, aparecia nos capítulos relativos à aposentadoria, visto quase como um fardo financeiro a ser carregado pelos mais jovens. Em 1988, a pessoa idosa aparece pela primeira vez como um ser humano completo, com direito a participar plenamente da sociedade:

> **Art. 230.** A família, a sociedade e o Estado têm o dever de amparar as pessoas idosas, assegurando sua participação na comunidade, defendendo sua dignidade e bem-estar e garantindo-lhes o direito à vida.

Esse novo olhar abriu as portas para o surgimento do Estatuto da Pessoa Idosa, que em 2003 veio garantir uma série de direitos. Prioridade nas filas, gratuidade nos transportes urbanos, vagas exclusivas em estacionamentos, preferência nos programas habitacionais do governo e na tramitação de processos, maior agilidade na restituição e isenção extra do imposto de renda são benefícios da vida prática que revelam uma aspiração muito maior, de cuidado integral das pessoas com mais de sessenta anos. Saúde, moradia, trabalho, lazer, cultura, cidadania — tirar todos esses direitos do papel é tarefa urgente no Brasil, um país que tem o desafio e o privilégio de envelhecer, como diz Alexandre Kalache: "O melhor que pode nos acontecer é envelhecer. Envelhecer é bom. Morrer cedo é que não presta".

*Bote fé no velhinho,*
*O velhinho é demais.*
*Bote fé no velhinho*
*Ele sabe o que faz.*

O jingle de campanha com jeito de marchinha de Carnaval ressaltava a idade como principal qualidade do político Ulysses Guimarães. Foi ao som da musiquinha e cantando esses versos que o candidato percorreu o Brasil nas eleições presidenciais de 1989. Um ano antes, ele tinha entregado ao Brasil a Constituição Cidadã.

O discurso que o dr. Ulysses fez na cerimônia de promulgação esteve à altura da importância do documento — e mais, até. Foi uma peça de oratória política tão bem construída que teve o poder de enriquecer a própria Constituição. Nas palavras dele, os avanços institucionais e civilizatórios da nova Carta nasceram acompanhados de imagens, de projetos, de esperanças. Foi como se um filme com as conquistas da democracia, presentes e futuras, se projetasse na mente de milhões de brasileiros: "Chegamos! Esperamos a Constituição como o vigia espera a aurora! Quando, após tantos anos de lutas e sacrifícios, promulgamos o estatuto do homem, da liberdade e da democracia, bradamos por imposição de sua honra: temos ódio à ditadura — ódio e nojo".

Em muitos momentos, o discurso foi interrompido por salvas de palmas prolongadas dos parlamentares, representando os aplausos de milhares de pessoas que tinham passado pelos corredores do Congresso, em Brasília, nos quase dois anos de trabalho da Constituinte. E o dr. Ulysses prosseguiu: "Há, portanto, representativo e oxigenado sopro de gente, de rua, de praça, de favela, de fábrica, de trabalhadores, de cozinheiros, de menores carentes, de índios, de posseiros, de empresários, de estudantes, de aposentados, de servidores civis e militares, atestando a contemporaneidade e autenticidade social do texto que ora passa a vigorar. Como o caramujo, guardará para sempre o bramido das ondas de sofrimento, esperança e reivindicações de onde proveio".

A voz da experiência cercava o novo documento de humildade e prudência, sem lhe tirar a energia: "Não é a Constituição perfeita, mas será útil, pioneira, desbravadora. Será luz, ainda que de lamparina, na noite dos desgraçados. É caminhando que se abrem os caminhos. Ela vai caminhar e abri-los. Será redentor o caminho que penetrar nos bolsões sujos, escuros e ignorados da miséria. […]. Que a promulgação seja nosso grito: 'Mudar para vencer!'. Muda, Brasil!".

O líder que fixava um novo ponto de partida para o Brasil já havia caminhado bastante. A cerimônia de promulgação, em 5 de outubro de 1988, foi na véspera do aniversário de 72 anos do dr. Ulysses. Naquele ano, segundo o IBGE, a expectativa de vida era de 65 anos (65,45, mais exatamente). Para os homens, era ainda menor, 62 anos (62,93). Se tomarmos o ano em que o dr. Ulysses nasceu, o contraste é mais chocante: brasileiros que vieram ao mundo em 1916 tinham expectativa de vida média de 34 anos!

Os índices de mortalidade infantil influenciam muito essas taxas, mas, de qualquer forma, demograficamente, Ulysses era um sobrevivente. Sem saber, ao ver o político discursar, o Brasil fisicamente se olhava no espelho. Naquele momento, o presidente da Constituinte era um símbolo do Brasil do futuro, mais longevo e mais ativo ao mesmo tempo. Essa própria energia foi lembrada e aplaudida no discurso: "Sentei-me ininterruptamente 9 mil horas nesta cadeira, em 320 sessões. [...] Foram 17 horas diárias de labor, também no gabinete e na residência, incluídos sábados, domingos e feriados".

Desde então, a "Revolução da Longevidade" avançou rápido no Brasil, como explica Alexandre Kalache ao falar sobre a expectativa de vida atual: "Desde a Constituição, nós ganhamos mais doze anos de vida. E de hoje a 2050, nós vamos passar de 15% da população com mais de sessenta anos para praticamente um terço dos brasileiros. É realmente revolucionário".

Não podemos deixar de ressaltar, ainda, que essa revolução mundial tem um componente "à brasileira", um desafio maior: os países desenvolvidos primeiro enriqueceram, depois envelheceram. O Brasil envelhece na contramão. A longevidade avança mais rápido que a economia, mais rápido que as leis. O Estatuto do Idoso de 2003 não bastou. Em 2017 surgiu outra lei, dando prioridades especiais às pessoas acima dos oitenta anos, até mesmo sobre as de sessenta. Quando teremos pedidos suficientes para uma lei que proteja os acima de cem? A questão não é simplesmente somar e, sim, multiplicar os fatores que levem a um envelhecimento mais saudável. Não é só aumentar o número de anos à vida. É trazer mais vida a esses anos.

Mais uma vez, é o princípio constitucional da dignidade da pessoa humana se manifestando. A ideia de que compensar desvantagens de um determinado grupo é algo benéfico para a sociedade inteira se ramifica e se reencontra. A rampa que ajuda a pessoa idosa com dores no joelho é a mesma que dá acesso a quem usa cadeira de rodas.

Se o artigo 5º é o maior da Constituição, a igualdade de todos que ele enuncia é maior ainda, tornando-se um princípio que inspira e dá origem a muitos outros direitos e garantias, como explica o ministro do STF Luís Roberto Barroso: "Talvez o valor mais importante da democracia seja o da igualdade de oportunidade entre as pessoas. Em um mundo desigual, a vida acaba sendo uma corrida em que uns começam muito na frente e outros começam muito atrás. E estes, para chegar ao mesmo lugar, têm que fazer muito mais esforço".

Garantir o direito das pessoas idosas é confirmar a igualdade de todos também na reta final da corrida. Proteger essa igualdade é proteger o Brasil do futuro. E se é assim que vamos ser, que sejamos cada vez mais parecidos com "o velhinho" Ulysses Guimarães: um país cheio de energia e de coragem, um país construtor de esperanças.

# 8

## Igualdade de gênero

*Pedro Bassan*

A Constituição é uma soma de realizações e aspirações, ponto de encontro do passado com o futuro. Alguns objetivos fixados por ela são ideais de muito longo prazo, projetos de gerações. Como seria bom se bastasse enunciar meia dúzia de palavras para mudar o Brasil, avançando aos saltos, mas a realidade é bem mais difícil. No aniversário de 35 anos da promulgação, a maior tarefa dos brasileiros ainda é a reflexão sobre as conquistas que estão por se materializar.

Dito isso, como é bom poder festejar o que já se conquistou. E, melhor ainda, nessa celebração relembrar que houve, sim, artigos que tiveram a força de virar uma página da história com sua simples existência. O inciso I do artigo 5º teve esse poder: "Homens e mulheres são iguais em direitos e obrigações [...]".

Quanta mudança em uma única frase! Ou melhor, em uma única palavra! As constituições anteriores já diziam que todos eram iguais perante a lei, mas, depois, o que se via na prática é que todos os homens eram iguais perante a lei. Por isso a luta pela inclusão da palavra *mulheres* foi considerada tão necessária, como relembra a socióloga e cientista política Jacqueline Pitanguy: "Essa frase é uma conquista. E é uma conquista nossa, uma conquista de último momento. Nós dizíamos: 'Não, não pode entrar de novo a palavra *todos*. Vamos ligar para os parlamentares para dizer que tem que ser *homens* e *mulheres*. Nós temos que existir. Nós temos que estar ali presentes com uma palavra'".

Graças a essa luta, simultaneamente foi enterrada toda uma estrutura legal arcaica de autoridade e opressão, e fixado um novo patamar irrevogável de igualdade. É até difícil explicar nos dias de hoje o grau de submissão que era imposto às mulheres, consideradas cidadãs de segunda classe, como explica o ministro do Supremo Tribunal Federal Luís Roberto Barroso: "Havia uma história de não participação feminina. E havia uma história de opressão. O homem era o chefe da sociedade conjugal. A mulher casada só podia trabalhar com autorização. Só podia celebrar contratos com autorização".

O Estatuto da Mulher Casada, de 1962, trouxe avanços, ainda tímidos, sem quebrar a barreira da subordinação, como explica Jacqueline: "O homem era o chefe da sociedade conjugal. Por exemplo, se no casal os dois trabalhavam e ele era transferido para outra cidade, cabia a ela seguir o marido. Da mesma forma, se ele achasse que o trabalho dela estava afetando a vida familiar, ela deveria pedir demissão. E havia sempre a preferência da família paterna sobre a família materna. Enfim, era uma situação clara de obediência".

Tudo isso não era fruto da aberração de algum preconceito social, era lei. Se hoje a igualdade de homens e mulheres perante a lei parece tão óbvia é porque a luta tinha começado bem antes. Em 1988, o Brasil estava maduro para uma grande mudança.


Uma foi freira. A outra era chamada de musa. A taxista tirava fotos de mãos dadas com a primeira-dama. A filha de um presidente da república conversava com a filha de outro presidente da república. A mãe de uma delas havia trabalhado lavando as roupas de um daqueles presidentes da república. Uma havia participado da luta armada contra a ditadura e agora tomava café com a apoiadora fervorosa da mesma ditadura. A esposa, irmã e filha de políticos apresentava os bastidores do Congresso para a professora que ganhava um mandato pela primeira vez.

É evidente que, para chegar até ali, todas faziam parte de uma certa elite política, com algum histórico de militância em correntes à direita ou à esquerda, mas é possível dizer que a bancada feminina na Assembleia Constituinte compunha um retrato bem representativo das mulheres brasileiras naquele momento. Mas... quantas eram?

Em 1986, ano da escolha do Congresso Constituinte, as mulheres formavam 54% do eleitorado, mas as 25 parlamentares eleitas eram menos de 5% do total de deputados e senadores. Elas não tinham nenhum cargo efetivo na mesa diretora e, no chão do plenário, quase desapareciam nesse universo masculino: eram 21 homens para cada mulher constituinte. Em certo sentido, esses números também eram um retrato fiel do Brasil naquele momento. O número reduzido de mulheres parlamentares guardava em si uma espécie de representatividade às avessas: era uma denúncia permanente do quão distantes as mulheres brasileiras estavam de qualquer esfera de poder.

Havia ainda uma questão, digamos, de dignidade arquitetônica: no fim dos anos 1980, o plenário não tinha banheiro feminino e as deputadas eram obrigadas a percorrer longas distâncias. O recado era gritante: aquele espaço de poder não esperava que mulheres estivessem ali.

Em conjunto, a bancada feminina foi reivindicar um banheiro. Essa questão aparentemente banal ganhou uma dimensão talvez nunca imaginada. Deputadas contam que ouviram diversas vezes dos homens parlamentares: "Elas querem direitos iguais, mas já chegam reivindicando o 'privilégio' de um banheiro".

Um direito básico tratado como um privilégio. Esse gesto adicional de exclusão foi o estopim para uma resposta conjunta e definitiva: mesmo pertencendo a partidos e correntes diferentes, as mulheres formaram uma das bancadas mais coesas da Constituinte. Naquele mundo de terno e gravata, elas não foram invisibilizadas porque estavam sempre juntas. Quem lembra é Rita Camata, a mais jovem eleita entre aquelas parlamentares: "Era uma bancada única. Não era só unida. Era igual uma formiguinha: você mexe com uma, mexe com todas. Todas nós tínhamos um único compromisso: sermos a representatividade da voz e do anseio da mulher — seja dona de casa, doméstica, empresária, executiva — que estava do outro lado e via nessa pequena bancada uma forma de expressar o que ela sentia de discriminação no dia a dia".

A bancada feminina se reunia, e os projetos de cada uma se tornavam as pautas de todas. Essa união de deputadas de direita, de centro e de esquerda em torno dos conceitos em comum revela também que a situação de submissão das mulheres no Brasil tinha chegado a um ponto insustentável. Para atuar em defesa do que acreditavam, muitas vezes algumas deputadas passaram por cima de orientações partidárias. Era impossível não abraçar aquela luta. Não havia voz feminina que pudesse ser contrária a uma agenda de conquistas, mas as vozes masculinas eram ampla maioria.

Mesmo com a bravura das deputadas, vencer a resistência para aprovar os avanços só foi possível graças ao barulho de bem mais do que 25 vozes.

Até hoje não se sabe o nome do gênio do marketing que ocasionalmente enveredou pela política, mas fica a esse deputado anônimo o agradecimento das mulheres.

Durante a Constituinte, a falta de representação no plenário era compensada nos bastidores do Congresso. Nos salões e corredores, não havia como fugir da realidade de que as mulheres eram a maioria da população. Eram atos, discursos, propostas, cartazes, cânticos, abaixo-assinados, faixas imensas. Elas estavam em toda parte, o tempo todo. Eram empregadas domésticas, trabalhadoras rurais, donas de casa, participantes de movimentos feministas de todas as regiões do país.

A luta política era encaminhada pelo Conselho Nacional dos Direitos da Mulher, cuja criação foi uma promessa de campanha de Tancredo Neves, honrada por José Sarney, e que se tornou uma espécie de canal oficial das reivindicações — oficial, mas não oficialesco. O Conselho tinha uma agenda própria e batalhava por ela. Literalmente, as conselheiras estavam todos os dias no Congresso. Acompanhavam as discussões de cada comissão, abordavam deputados, visitavam todos os gabinetes.

Jacqueline Pitanguy era a presidente do Conselho. Nessa função, foi uma daquelas "constituintes sem mandato" que ajudaram a escrever a nova Carta, convencendo, ou "gentilmente pressionando", os parlamentares. "Eles deviam achar a gente insuportável", ela diz, brincando a sério.

Essa suspeita foi confirmada em um dia qualquer de visita aos gabinetes. Ao avistar um grupo de mulheres vindo pelo corredor ao encontro de alguns deputados, um deles exclamou: "Ih, lá vem o lobby do batom!". Jacqueline relembra a cena: "Em um primeiro momento, isso nos revoltou muito porque ao longo da história as mulheres têm sido desmoralizadas por diferentes razões. Depois, nós pensamos: 'É... batom. O batom está na boca, a boca que fala, a boca que articula, a boca política'". Pronto! Estava criado um poderoso slogan que marcou a luta das mulheres e sintetizou o esforço conjunto de centenas de entidades espalhadas pelo país.

As demandas foram sintetizadas em um documento, a Carta das Mulheres Brasileiras aos constituintes. A repórter Beatriz Thielmann estava no Congresso quando a Carta foi entregue ao presidente da Constituinte, Ulysses Guimarães, e resumiu o espírito do momento na reportagem que fez naquele dia: "Para estas mulheres, esta é a hora de acabar com a discriminação. Elas querem que a mãe de todas as leis, a Constituição, também possa ser chamada de *palavra de mulher*".

Ler a Carta é quase ler a própria Constituição, já que 85% das propostas que estavam ali foram aprovadas. Os direitos conquistados em 1988 foram revolucionários. Hoje são praticamente fatos naturais da vida, parte integrante do dia a dia das brasileiras e brasileiros. Afinal, alguém consegue imaginar uma licença-maternidade menor do que 120 dias? E como pensar que a união estável não tinha nenhum reconhecimento oficial? Antes de 1988, em caso de separação, a mulher que não era oficialmente casada ficava sem direito à parte dela dos bens. E se o companheiro morresse, não tinha direito à herança. Os filhos também eram considerados ilegítimos se nascessem fora do casamento, perdendo uma série de direitos fundamentais. Culturalmente, em briga de marido e mulher ninguém metia a colher, até a Constituição dizer com todas as letras que o Estado deve coibir a violência dentro da família também, abrindo caminho para a Lei Maria da Penha.

A busca da igualdade ainda é um desafio imenso, especialmente no mercado de trabalho. As mulheres continuam ganhando menos que os homens, são minoria em cargos de liderança e seguem como as titulares da jornada dupla, ou melhor, tripla, acumulando tarefas no emprego, no cuidado da casa e dos filhos. Podemos dizer que ainda estamos no longo processo de pavimentação dos caminhos abertos, tanto que, 35 anos depois da promulgação da Constituição, o Congresso conta com apenas 17,7% de mulheres na Câmara dos Deputados e 16% no Senado.

E quando o assunto são agressões e abusos, o caminho é ainda mais longo. Em 2020, 17 milhões de brasileiras sofreram violência dentro de suas próprias casas, segundo uma pesquisa do Datafolha. Isso significa que uma em cada quatro mulheres acima de dezesseis anos no país foi vítima de abuso físico, psicológico ou sexual durante a pandemia.

Contudo, mesmo diante de tantos desafios, a vida como era antes de 1988 é praticamente inimaginável nos dias de hoje, como lembra o ministro Luís Roberto Barroso: "Houve avanços. Não o suficiente, acho que essa é uma luta ainda em curso, mas eu sempre gosto, de vez em quando, de parar e celebrar as conquistas, senão a vida vai ficando amarga. Acho que nós temos andado na direção certa, mesmo quando não na velocidade desejada".

A Constituinte é celebrada especialmente por ter sido uma época de avanços acelerados, mas é sempre bom lembrar que esses direitos não surgiram naturalmente. Foram conquistados graças à bancada feminina, ao Lobby do Batom e a tantas outras mulheres do Brasil inteiro, que consolidaram suas lutas durante aqueles vinte meses de Constituinte.

E em mais uma prova de como foi difícil mudar leis e mentalidades, no plenário, um homem também foi vítima de um ato escancarado de machismo.


O Regimento do Congresso Nacional, o decoro parlamentar, os próprios usos e costumes e a etiqueta de deputados e senadores tornam uma sessão legislativa um espetáculo um tanto monótono. Se o conteúdo não tiver especial relevância, a forma não garante a atenção das multidões. É até bom que seja assim. A sucessão de longos discursos, os apartes, a troca de gentilezas, ainda que de fachada, e as formalidades fazem parte do caminho que a democracia encontrou para civilizar os conflitos, controlar o dissenso e estimular o consenso.

Às vezes, os amortecedores democráticos não conseguem absorver plenamente os embates do mundo real. Infelizmente, é menos raro do que gostaríamos ver alguma troca de sopapos, e até mesmo tiros já houve em três ocasiões entre Suas Excelências.

Já a alegria é bem mais rara que a tensão. E raríssimo mesmo é ouvir gargalhadas. Pois essa é a história do dia em que o Congresso Constituinte riu por vários minutos, riso solto, prolongado, como se o plenário tivesse se transformado num auditório de *stand up comedy*. E o mais estranho é que o assunto era sério, seríssimo. O então deputado constituinte Alceni Guerra se lembra de cada detalhe porque ele era o motivo dos risos: "Eu ouvi uma sonora gargalhada no plenário e todo mundo olhando para mim. Eu perguntei: 'O que foi?'. E só então chamaram a minha atenção: 'Você não viu o que o Ulysses falou de você agora?'. Eu não tinha ouvido, por isso fiquei olhando para o presidente da Constituinte. Ele, por sua vez, ficou olhando para mim e fez mais uma piada. Eu me senti ultrajado, humilhado, quando o presidente Ulysses Guimarães leu a minha emenda".

É óbvio que desde o início a causa de Alceni tinha apoiadores, mas estavam todos encolhidos, com o ânimo abafado pela risada geral. Naquele instante, o placar moral entre os 559 constituintes era de 558 a 1. A votação seria um fiasco.

Por que Alceni não desistiu enquanto se encaminhava para discursar na tribuna? Ele nos responde: "O plenário não parava de rir. Insistentes gargalhadas. E quando eu estava subindo aqueles cinco degraus, eu disse para mim mesmo: 'Eu pensei a noite inteira nessa emenda e vou fazer o discurso'". -

Alceni tinha passado a noite inteira pensando porque era constantemente despertado pelo choro da filha. Ele tinha acabado de ser pai da menina Ana Sofia: "Na véspera do discurso, eu passei a noite cuidando dela. Eu levava Ana do berço para mamar no seio da mãe e depois a levava de volta. Até que, de madrugada, desisti, deixei ela no meio de mim e da Ângela, minha mulher. E isso me fez chegar um pouquinho atrasado na Constituinte, mas a tempo de fazer esse discurso".

Embora curto, o discurso de Alceni Guerra foi um dos mais marcantes da Constituinte. Em poucas palavras, conseguiu mudar completamente o ambiente do plenário. Não havia motivo para risos na história que ele contou na tribuna:

Catorze de dezembro de 1987 nasceu minha filha Ana Sofia. E, para infelicidade minha, minha mulher esteve à beira da morte e, depois, passou três semanas imobilizada no leito por um acidente anestésico.

Senhor presidente Ulysses Guimarães, não havia no mundo naquele instante nenhuma Assembleia Nacional Constituinte, nenhum emprego, nenhum patrão, nada, nenhuma força do mundo que me tirasse do lado dela e dos meus filhos.

E não poderia deixar passar essa oportunidade da Assembleia Nacional Constituinte para impor uma vontade que, tenho certeza, é de todas as mulheres e de todos os homens com inteligência neste país.

Alceni falava de improviso. Ignorou um discurso de seis páginas preparado pela assessoria dele dando a justificativa econômica do projeto. Falou como um homem brasileiro que havia acabado de ser pai. Começou a ver lágrimas entre os deputados no plenário e, quando percebeu que até o presidente Ulysses Guimarães estava emocionado, resolveu parar de falar.

E assim a criação da licença-paternidade foi aprovada pelo plenário com 397 votos.

Difícil acreditar que, cinco minutos antes, o projeto era motivo de chacota e não tinha a menor chance de ser aprovado. As piadas que provocaram o riso do plenário foram ditas pelo próprio presidente da Constituinte, quebrando não só o ritual da casa como a austeridade habitual de Ulysses Guimarães, que havia anunciado assim o tema da votação: "É uma homenagem ao homem gestante". Ulysses é interrompido por risadas antes de conseguir continuar: "Como justificativa da proposição, podíamos lembrar do que disse o grande talento de Chico Anysio: 'Há o dia da mãe. E o dia do homem é precisamente nove meses antes do dia da mãe'". E mais risadas ecoam pelo Congresso Nacional.

No final, Ulysses pediu desculpas a Alceni. A formalidade parlamentar foi novamente instaurada. Na gravação, o tom de voz de Ulysses mostra um profundo arrependimento, incomum para quem ocupa a cadeira principal da Câmara dos Deputados: "A Presidência perde perdão se eventualmente a manifestação que teve possa ter sensibilizado o nobre deputado Alceni Guerra". A licença-paternidade começou a mudar os homens brasileiros desde o primeiro minuto em que foi aprovada.

Embora tenha sido defendida na tribuna por um homem, a licença-paternidade foi mais uma vitória das mulheres na Constituinte, uma importante mudança conceitual no modo como o Estado enxerga a família e a criação dos filhos, como explica Jacqueline Pitanguy: "Ideologicamente, isso é fundamental, porque o que a gente queria era quebrar esse paradigma de que filho é só da mãe. Filho é da mãe e do pai".

A Constituição garantiu cinco dias de licença aos pais. Novas leis vieram ampliar esse prazo, que atualmente pode chegar a vinte dias, dependendo de algumas condições. Em caso de pais solo, o STF chegou a garantir uma analogia com o prazo máximo da licença-maternidade, concedendo 180 dias. A queda constante da taxa de natalidade no Brasil certamente vai levar a um debate sobre a ampliação desses direitos, como ocorre em muitos países do mundo em crise demográfica pela falta de nascimentos.

Desde aquele dia na Constituinte, em 1988, a mentalidade no país foi mudando e tirando o foco da mãe ou do pai. Leis e decisões judiciais atualmente enxergam as licenças como um benefício sobretudo do recém-nascido, que merece proteção integral.

Hoje, os benefícios da presença do pai nos primeiros dias de vida dos filhos são inquestionáveis. Cada ramo do saber acrescenta novos estudos e conclusões. A psicóloga Ana Sofia Guerra explica que, de acordo com sua área de atuação, "toda criança precisa ser adotada, até mesmo um filho biológico. Ou seja, um filho ser do mesmo sangue do pai não é suficiente para que uma relação seja estabelecida. O pai em alguma medida vai cuidar dessa criança, que está em um estado vulnerável, vai começar a se relacionar com essa criança e se responsabilizar por esse ser. O contexto de responsabilização de um pai passa muito por esses primeiros dias".

Eis um caso em que o conhecimento teórico se encaixa com perfeição na experiência vivida, ainda que não guardada na memória. A psicóloga Ana Sofia teve o pai ao lado desde os primeiros dias de vida, suprindo o cuidado da mãe que teve complicações no parto. Ela é a filha do então deputado Alceni Guerra. E que filha não se emocionaria lembrando que o pai é autor de algumas linhas da Constituição, e linhas com impacto direto em nossas vidas? "Sou filha desse homem que lutou", ela diz, " que não teve vergonha de subir no plenário e de falar que sim, queria a licença-paternidade, que os homens precisam dela. Sou filha do homem que teve a coragem de fazer isso."

O deputado constituinte que, com seu discurso, fez chorar tantos colegas no parlamento, recebeu o "troco": 35 anos depois, ele é que foi às lagrimas ao ver o depoimento da filha no telão do nosso estúdio: "Essa moça foi a minha inspiração para as centenas de milhões de vezes que os brasileiros homens puderam estar junto com sua família quando nasce um filho".

E graças a Alceni e Ana Sofia, o texto constitucional diz o seguinte:

> **Art. 7º.** São direitos dos trabalhadores urbanos e rurais [...]:
>
> XIX - licença-paternidade, nos termos fixados em lei.

Simples assim, como tantos outros artigos. Na Constituição, os direitos mais importantes não estão escritos em "juridiquês", nem contêm detalhes rebuscados da administração pública. É ler, entender e cobrar.

E é hora de repetir aqui aquele que talvez seja o mais simples de todos os artigos, e por isso considerado o mais importante: "Art. 5º. Todos são iguais perante a lei, sem distinção de qualquer natureza".

Na Constituição de 1988 não há nenhuma menção, zero, nada mesmo, à população LGBTQIAP+. Nenhum artigo faz referência à orientação sexual ou identidade de gênero, seja para coibir a discriminação ou para garantir algum direito.

O que significa isso? Teriam os constituintes imaginado um Brasil composto por uma população 100% hétero-cis? Muito ao contrário. É na defesa dos direitos das pessoas LGBTQIAP+ que sobressai um dos aspectos mais bonitos da Constituição Cidadã: ela é maior do que si mesma. Os princípios e valores que ela estabelece celebram a diversidade e são inclusivos desde a origem. Como todos são iguais perante a lei, ninguém, nenhuma minoria, nenhum grupo social vulnerável, conhecido ou que venha a surgir, está excluído das garantias que ela concede.

O jurista Gustavo Binenbojm diz que seria inimaginável pensar que a Constituição não confere proteção às pessoas ou grupos que não foram citados expressamente em 1988: "A Constituição é um documento jurídico vocacionado para ter longa duração. E as Constituições, para durarem, precisam ser documentos vivos. Seus valores são perenes, mas eles precisam ser constantemente atualizados aos novos desafios do mundo contemporâneo. Em geral, só quem consegue atualizar o direito, ainda que com algum atraso, é o Poder Judiciário, que tem as portas abertas aos cidadãos que reclamam seus direitos. Os juízes são chamados a tomar decisões aplicando a Constituição a essas novas situações".

Em 2011, os princípios da igualdade irrestrita entre todos e da dignidade da pessoa humana foram aplicados em sua plenitude para atender a uma demanda da sociedade que havia se tornado urgente: a união homoafetiva.

A decisão do STF pode ser qualificada, sem banalizar o adjetivo, como histórica. E não só pelas mudanças que provocou na sociedade brasileira. A solução jurídica encontrada e a fundamentação constitucional adotada pelo relator do caso, ministro Carlos Ayres Britto, levaram a Unesco a incluir o acórdão do STF no acervo do Patrimônio Documental da Humanidade. O programa Memória do Mundo dessa agência da Organização das Nações Unidas privilegia a inclusão de documentos que, de alguma forma, transformaram o mundo. No Brasil, a decisão transformou instantaneamente as vidas de Toni e David.

A sessão foi longa, teve cinco horas de duração. Muitas vezes a demora é fruto de divergências, do extenso debate de questões delicadas, decididas no último voto. Mas no dia 5 de maio de 2011, a decisão foi unânime. A votação se estendeu porque cada um dos dez ministros participantes tinha motivos diferentes para pôr fim a uma injustiça. Em comum, todos os votos se fundamentavam na Constituição.

Antes de citar artigos específicos, o ministro Luiz Fux chegou a dizer que "quase a Constituição como um todo conspira" para a equiparação da união homoafetiva à união estável, completando: "Por que o homossexual não pode constituir uma família? Por força de duas questões que são abominadas pela Constituição: a intolerância e o preconceito".

O voto do relator, ministro Ayres Britto, ainda ecoa: "Aqui o reino é da igualdade absoluta, pois não se pode alegar que os heteroafetivos perdem se os homoafetivos ganham. Quem ganha com a equiparação postulada pelos homoafetivos? Os homoafetivos! Muito bem. E quem perde? Ninguém perde".

O professor Toni Reis estava no plenário do STF e acompanhava cada voto com lágrimas nos olhos. Ele passou 21 anos esperando para ouvir aquelas palavras. Praticamente desde o dia em que conheceu o tradutor David Hared em uma estação do metrô de Londres.

Eles logo foram para Curitiba e passaram a viver juntos, mas as leis do mundo pareciam conspirar contra os sentimentos dos dois. Por ser estrangeiro, David não podia morar no Brasil sem ter um emprego. Em uma relação heteroafetiva, bastaria o casamento, impossível para eles no fim do século XX. Esse era um amor proibido por lei! David chegou a ser preso por estar em situação irregular no país. Toni quase arrumou um casamento de fachada para resolver a permanência do marido: David se casaria com a mãe de Toni! Sogra e genro seriam marido e mulher perante a lei.

Mesmo com tantas dificuldades, desde o início Toni sabia que ele e David estavam protegidos pelo espírito da Constituição: "Todos são iguais perante a lei. E aqui não tem nem mesmo uma vírgula que insinue que os homossexuais devem ser discriminados. A Constituição não é letra morta. A Constituição dá todos os subsídios para você ser um cidadão, e a gente tem que reivindicar isso".

Por todos esses motivos, no dia da vitória no STF, a alegria de Toni não foi só por uma vitória individual. O voto unânime confirmou a certeza que ele carregou no peito durante tanto tempo: o Brasil é um país onde todos têm direito constitucional de formar uma família.

Se a decisão de doze anos atrás fosse hoje, certamente o voto do relator teria uma linha a mais: ganham os homoafetivos, ninguém perde. E ganha também a sociedade como um todo ao ter integrantes mais realizados e felizes.

Toni e David assinaram a união estável quatro dias depois da decisão do STF. A partir de então, a vida deles passou a ser um espelho das conquistas e das vitórias coletivas nos tribunais. O Superior Tribunal de Justiça, cinco meses depois da decisão do STF, autorizou pela primeira vez o casamento de duas pessoas do mesmo sexo. Toni e David casaram-se. E como, em 2010, o mesmo STJ já havia reconhecido o direito de adoção aos casais homoafetivos, depois de sete anos de espera, Toni e David adotaram três filhos. Dois já estão na faculdade e o mais novo é líder estudantil no ensino médio do Paraná. Três jovens criados dentro de um lar, com todo o apoio psicológico e material que só uma família, em suas mais diferentes formas e arranjos, pode proporcionar.

Ao abrir hoje a Constituição, é possível ver as lutas do passado conversando com as do futuro. A união homoafetiva é filha da luta das mulheres pelo direito à união estável.

Não foi preciso citar textualmente na Constituição todos os grupos sociais com proteção assegurada e direitos garantidos, o que, aliás, seria impossível. Em 1988, os constituintes começaram abolindo o conceito ultrapassado de família de 1916, do homem de longos bigodes e das mulheres de saias até os pés, mas a maior obra da Constituição nessa área foi não engessar o conceito em preconceitos, permitindo que o tempo construa o reino do afeto, do apoio mútuo e da plena realização individual.

Palavras, ainda que com força de lei, não mudam a realidade da noite para o dia. Contudo, a ministra Cármen Lúcia nos lembra de que a Constituição é ponto de partida e de refúgio para todos os que precisam e querem lutar: "A violência continua, minorias são violentadas, discriminações persistem, mas contra todas as formas de preconceito, contra quem quer que seja, há o direito constitucional".

Seguindo essa receita, a melhor maneira de comemorar os 35 anos da Constituição é com o livro aberto — aberto para o futuro.

Renata Vasconcellos e William Bonner gravam trechos da série "Brasil em Constituição" nos Estúdios Globo.

Brasileiro lê a Constituição na comunidade Tavares Bastos, no Rio de Janeiro.

Jovem lê a Constituição em Foz do Iguaçu, no Paraná.

A equipe da série "Brasil em Constituição" reunida com moradores de Manaus em torno da sumaúma plantada por eles quando eram alunos de uma escola pública.

Equipe enfrenta estrada alagada a caminho da reserva indígena Jaqueira, no sul da Bahia.

Parte da equipe da série grava no Congresso Nacional, em Brasília.

Plataforma giratória criada para a gravação da passagem de Pedro Bassan no episódio sobre liberdade religiosa.

Aos noventa anos, Nair Jane chega ao estúdio para falar da luta pela inclusão dos direitos dos empregados domésticos na Constituição.

A procuradora aposentada e psicanalista Paula Teperino fala sobre a importância dos direitos das pessoas com deficiência garantidos na nossa Carta Maior.

Hoje professor, Risalvo de Souza assiste a trecho da reportagem gravada quando ele, ainda menino, montou uma escolinha no quintal de casa, em Petrolina (PE), para ensinar a crianças que não conseguiam vaga em uma escola.

O líder yanomami Davi Kopenawa com parte da equipe da série no estúdio em São Paulo.

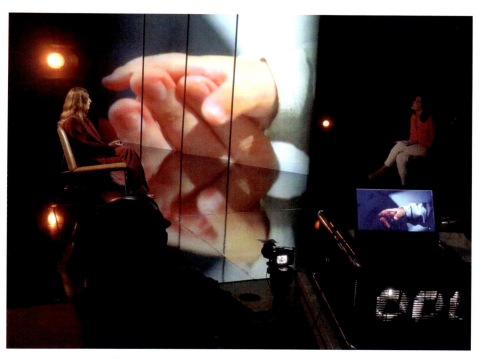

Graziela Azevedo entrevista a psicanalista Ana Sofia Guerra, que inspirou a inclusão da licença-paternidade na Constituição.

A jornalista Glória Maria com parte da equipe da série no estúdio do Rio de Janeiro, onde falou sobre racismo.

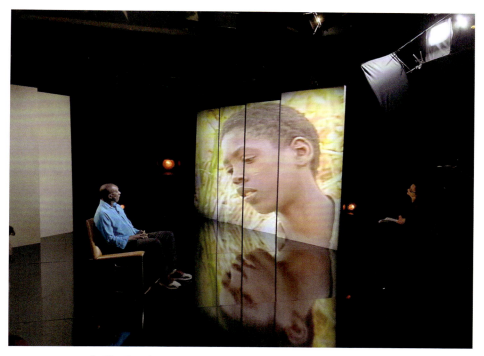

Hoje trabalhador da construção civil, Benedito Sérgio se vê no telão, aos quinze anos, quando cortava cana como boia-fria.

Parte da equipe reunida no estúdio do JN momentos antes da estreia da série.

# 9
## Racismo

*Pedro Bassan*

DIFÍCIL ENGANAR OS OLHOS de quem sempre soube para onde olhar. As fotos da avó, da mãe e das duas filhas deveriam aparecer de repente no gigantesco telão instalado no estúdio. Tínhamos preparado algumas surpresas para Glória Maria.

Como pudemos achar que isso era possível? É óbvio que foi Glória quem nos surpreendeu.

Estávamos preparados para uma entrevista delicada. As nossas gravações geralmente duravam horas. A luminosidade acolhedora do estúdio, a cadeira confortável, sempre a mesma, e o tema apaixonante — a Constituição — criavam as condições ideais para que a conversa tomasse vida própria. Sem a pressão do dia a dia, sem o aperto do horário de fechamento dos telejornais, levávamos à risca o ideal de nunca interromper o entrevistado, de extrair ao máximo tudo o que as mentes privilegiadas e as vidas ricas em histórias tivessem para nos oferecer.

Glória resistiria a essa maratona? Sabíamos do longo tratamento de saúde pelo qual ela estava passando. Talvez só pudesse estar conosco por uns poucos minutos. Talvez nem viesse. E ela não veio. Quem veio foi a Fênix.

Era assim que chamava a si mesma desde que o tumor no cérebro começou a lhe dar sustos, a provocar pausas no seu jeito acelerado de existir. De cada um desses momentos, ela renascia. Com vontade redobrada de ver o mundo, de encontrar novos desafios para responder com o temperamento agudo — às vezes pontiagudo —, afinal, não se quebram barreiras só com flores. A Fênix chegou ao estúdio disposta a falar, e falar longamente. Não sobre as dores do corpo, mas sobre uma outra dor, que era o próprio motivo de estar ali, uma dor que sentiu em diversos momentos ao longo da vida inteira.

"O racismo dói na alma. Quem não é preto nunca vai entender isso", disse a Fênix Glória Maria.


Juarez sentiu a dor física do racismo.

O preconceito é insidioso. Apareceu diante do professor talvez num dos momentos em que ele menos esperava. É verdade que Juarez caminhava em frente a um movimentado supermercado, um dos maiores de Bauru, no centro-oeste paulista. Mas aquele era um local típico do urbanismo à brasileira, projetado para dar todo o conforto a quem chega de carro e escondendo envergonhadamente todo acesso para quem eventualmente ouse ter a ideia de fazer compras a pé. Por isso, a calçada estava quase deserta. Como imaginar um ataque racista nesse local em que até mesmo as más intenções raramente trafegam? Só um caminhante vinha na direção contrária, mas estava armado de corpo e de espírito. Ao cruzar com o professor que passava tranquilamente, o homem se voltou abruptamente e gritou: "Macaco!". Naquele segundo em que cabem um milhão de pensamentos, até o calejado militante antirracista se espantou. Juarez já sabia que o ódio dispensa contexto, que os ataques irrompem de qualquer lado, a qualquer momento, mas aquele era o Dia da Consciência Negra, dia de orgulho e de festa, não podia terminar daquele jeito. O professor se voltou e gritou de volta: "O que você está dizendo? Me respeite, rapaz!". Juarez não ouviu a resposta porque ela não teve som. Contudo, também nem sentiu a lâmina perfurando suas costas. A dor só veio alguns segundos depois. Quando se desatracou do agressor, viu na camisa a mancha de sangue que não parava de crescer.

Quatro anos após os ferimentos, ao comemorar o aniversário da Constituição, o professor de jornalismo Juarez Xavier não se arrepende de ter cobrado satisfações do homem que o xingou: "Do racismo não se corre. Racismo se enfrenta".

Passados 35 anos da entrada em vigor da Constituição Cidadã, é difícil encontrar um dispositivo constitucional que tenha dividido tão profundamente a realidade brasileira em antes e depois de sua existência quanto o inciso XLII do artigo 5º: "a prática do racismo constitui crime inafiançável e imprescritível, sujeito à pena de reclusão, nos termos da lei [...]".

Foi uma ruptura. Os 245 artigos originais da Constituição, com seus incisos e parágrafos, promulgados em 1988, e todas as emendas que continuam a ser feitas, são a base de uma nova realidade, um ideal imaginado pelos constituintes que aos poucos vai se materializando e somando-se a novos desafios. O inciso que criminaliza o racismo foi muito além: não só concebeu um novo tempo como virou o jogo da história e rompeu séculos de legislação opressora dos negros e de outras minorias.

O Código Criminal do Império de 1830, por exemplo, determinava, em seu Capítulo IV, a punição aos escravizados pelo crime de insurreição:

> **Art. 113.** Julgar-se-á cometido este crime, retinindo-se vinte ou mais escravos para haverem a liberdade por meio da força. Pena — aos cabeças — de morte [...].

A Defensora Pública do Rio de Janeiro Lívia Casseres nos ajuda a entender a dimensão da reviravolta legislativa que a Constituição representou: "Historicamente, o povo negro brasileiro conhece a Justiça e as leis pela violação da sua dignidade, da sua cidadania. O direito autorizava a pena de morte contra pessoas escravizadas. Então eu diria que a Constituição de 1988 foi o primeiro documento que transformou isso. Foi o primeiro documento legal que finalmente se colocou do lado da população negra".

O ministro do Supremo Tribunal Federal Luiz Fux gosta de bater na mesma tecla ou, como guitarrista que é, tanger a mesma corda. Ele repete sempre que o maior fundamento da Constituição de 1988 é a dignidade da pessoa humana. A razão da insistência nessa mesma nota é que dela brota uma sinfonia inteira. Segundo Fux, combater o racismo é uma das aplicações naturais do princípio constitucional mais básico: "É preciso superar essa vergonha histórica da sociedade escravocrata. E quem mantiver esse resquício de uma sociedade que não pode mais existir no mundo tem que saber que será criminalizado. Isso é um bom meio de dissuasão".

O inciso XLII do artigo 5º, que criminaliza o racismo, é um dispositivo constitucional que sobressai não só pelo conteúdo, mas também pela forma. É, como dizem os juristas, um mandado constitucional de criminalização. Em outras palavras, mais do que uma aspiração, um desejo de mudança, é uma ordem disparada rumo ao futuro.

De um modo geral, os crimes são determinados pelo Código Penal, e não pela Constituição, que está no topo da hierarquia das leis. Portanto, se os constituintes se preocuparam em descrever minuciosamente alguns tipos de crime é porque quiseram dar a esses temas a máxima proteção possível da lei e proteger alguns valores de maneira especial, por exemplo, determinando a existência de crimes ambientais no artigo 225 ou impondo a criminalização da tortura, do tráfico de entorpecentes e do terrorismo no inciso XLIII do artigo 5º. A ordem constitucional para a punição do racismo é ainda mais direta e específica, sinalizando que os constituintes de 1988 aprovaram um nível elevadíssimo de proteção para esse tema. O inciso XLII fala em crime inafiançável e imprescritível.

A palavra "inafiançável" quer dizer que não se pode pagar para não ser preso. "Imprescritível" significa que, mesmo muito tempo depois do crime, e mesmo que o processo demore a costumeira eternidade nos nossos tribunais, o racista vai ser punido.

Outra indicação do rigor com que a Constituição Cidadã pretendeu combater o preconceito e a discriminação é que, além do racismo, somente a ação de grupos armados contra o Estado Democrático é também considerada imprescritível.

Deputados e senadores cumpriram rapidamente a obrigação de criar uma lei que punisse o racismo e determinasse as condutas que seriam consideradas racistas. No dia 5 de janeiro de 1989, três meses depois do discurso histórico de Ulysses Guimarães que promulgou a Constituição, entrou em vigor a chamada Lei Caó. O nome é uma homenagem ao jornalista, advogado e deputado Carlos Alberto Caó de Oliveira, autor tanto da lei quanto da emenda que incluiu o crime de racismo na Constituição.

Pronto. Agora, depois de mais de três séculos de escravidão, e quase simultaneamente às comemorações do centenário da abolição, o Brasil finalmente tinha uma Constituição e uma lei específica que puniam severamente o racismo.

Era só o começo da próxima luta.


O goleiro do Santos fez defesas incríveis e foi um dos principais responsáveis pela improvável vitória no campo do adversário, mas talvez nem ele se lembre de que tenha jogado tão bem naquela noite.

O esquecimento geral sobre as qualidades esportivas de Mário Lúcio Duarte Costa, o Aranha, é um preço que ele está disposto a pagar. Desde o início, percebeu que teria de enfrentar um adversário maior, mais constante, presente em muitos estádios, um adversário que esconde o jogo e muitas vezes aparece nos momentos mais difíceis, o racismo: "Desde pequeno eu percebi que as pessoas mudavam de calçada quando cruzavam comigo na rua, que a gente tem que se comportar de uma maneira diferente quando vai numa loja. Quando vai sair de casa, tem que tomar cuidado com a roupa que usa, não esquecer documento. Então você vai vendo que a pessoa negra, desde criança, vai se moldando para fugir do perigo. Nem a fama e nem o futebol me livraram do racismo".

O especialista em pedagogia do esporte e professor da Unicamp Alcides Scaglia diz que o futebol se caracteriza pela "suspensão momentânea da realidade". É o chamado "estado de jogo", uma condição psicológica ideal em que os atletas, e mesmo os torcedores, conseguem separar o que acontece dentro de campo dos problemas do mundo real. Nem sempre tal estado é atingido.

No caso do Aranha, a realidade insistiu em invadir o campo na forma de ofensas racistas que o perseguiram ao longo de toda sua vida de atleta. Naquele jogo das defesas incríveis, pela primeira vez ele conseguiu defender muito mais do que os chutes adversários: defendeu com veemência a própria dignidade: "Eu já tinha passado por episódios muito piores do que esse, mas foi a primeira vez que aconteceu comigo que eu tive condições de provar, de fincar uma bandeira ali, bater o pé, me posicionar".

Gritando e gesticulando mesmo quando a bola estava longe, o goleiro atraiu a atenção das câmeras, que registraram atrás do gol um grupo de torcedores adversários pronunciando repetidamente, entre outras ofensas, a palavra "macaco", de leitura labial incontestável até para leigos. Aranha foi até o árbitro e interrompeu a partida para relatar o que se passava. Naquele momento, o goleiro sabia qual lei jogava ao lado dele: "Durante muitos anos, muitas pessoas achavam que eram superiores pela cor da sua pele, por serem brancas, então foi necessário a gente cravar na Constituição que isso é crime, que você diminuir a vida de outra pessoa simplesmente porque o seu tom de pele é mais claro, isso não é certo, não é honesto, não é humano".

Goleiros ou não, os negros no Brasil sabem que desde cedo têm que aprender a se defender. É preciso ressaltar que, esportivamente, Aranha não teve nenhuma vantagem com aquela atitude. O Santos estava ganhando do Grêmio por dois a zero, não havia por que lançar incertezas e levar para os tribunais esportivos uma partida que estava a apenas três minutos do fim e, ao que tudo indicava, estava vencida. Em um primeiro momento, o goleiro foi até repreendido pelo árbitro e orientado a voltar ao gol, mas o "estado de jogo" havia se rompido. A história do Brasil escravagista gritava e quebrava o encanto do país do futebol.

O Grêmio foi multado e excluído da competição, a Copa do Brasil, em uma decisão que recebeu elogios até mesmo do então presidente da Fifa, Joseph Blatter, que declarou: "O futebol deve ser mais forte no combate ao racismo. O Brasil enviou a mensagem certa, banindo uma equipe do campeonato devido a abuso de torcedores".

Ainda na madrugada seguinte à partida, o Grêmio tinha pedido desculpas a Aranha, em uma nota em que o clube declarava "lamentar e repudiar o ato de racismo". Dizia também que "atos como esse são fruto de atitudes individuais e isoladas".

Punir indivíduos por atos racistas, isolados ou costumeiros, revelou-se bem mais difícil do que os constituintes de 1988 imaginavam. No caso das ofensas ao goleiro Aranha, quatro torcedores foram identificados e impedidos de frequentar os estádios por um ano. A punição bem mais suave do que a reclusão prevista na Constituição foi possível porque a conduta dos quatro não foi enquadrada na Lei Caó. Eles foram acusados de injúria racial.

Esse crime tem uma origem singular: brotou nas teses dos advogados de defesa dos primeiros acusados de racismo depois da Constituição Cidadã. O artigo 20 da Lei Caó previa a punição de ataques racistas escritos ou verbais, mas só se fossem praticados em meios de comunicação ou publicações. No caso de ofensas "presenciais", os advogados conseguiam caracterizar a conduta como injúria, um crime punido de forma muito mais branda, com possibilidade de fiança e prescrição. Essa tese foi se tornando majoritária nas decisões judiciais e, assim, para entrar nos tribunais, o racismo brasileiro se fantasiou de injúria.

Na Justiça brasileira são raras não só as condenações, mas também os processos com base na Lei Caó, e isso não é só uma questão jurídica ou processual. A punição mais suave da injúria alterou o próprio comportamento racista na sociedade. A ministra do STF Cármen Lúcia citou uma passagem de um artigo do jurista Guilherme Nucci, em que ele exemplifica a mudança: "Ninguém se atreve a impedir, fisicamente, a entrada de uma pessoa em um estabelecimento comercial em virtude de raça (seja como for a visão do agressor racista). É muito visível. Faz-se prova muito fácil. O melhor é injuriá-lo, veladamente, pois a própria vítima, humilhada, se retira".

Nem mesmo uma mudança no Código Penal em 1997, que criou a figura específica da injúria racial, agravando as penas, trouxe mudanças significativas. A defensora pública Lívia Casseres explica que o resultado foi um esvaziamento da Lei Caó: "Muita coisa que deveria ser tratada como crime de racismo acabou sendo tipificada ao longo dos últimos anos como injúria racial, e nesse sentido poderia prescrever. Era um crime com penas menores, que poderia ter uma resposta penal mais branda".

O entendimento de que injúria não é racismo prevaleceu por décadas nas decisões judiciais. Os juízes viam nas palavras racistas o poder de ofender, mas não de discriminar. E assim o Brasil mostrou ao mundo mais uma de nossas formas peculiares de acomodação social, o "insulto Frankenstein": quando emitido, é coletivo, relaciona diretamente o indivíduo ao conceito social de raça em que o agressor o classifica; porém, quando recebido, o insulto se descola da realidade social e passa a ser de caráter quase íntimo, uma questão de honra, valendo somente para o indivíduo que foi alvo do ataque. Sai da boca como um insultão e chega aos ouvidos como um insultinho.

Em outubro de 2021, 33 anos depois do discurso de Ulysses Guimarães que promulgou a Constituição, o crime de injúria racial foi finamente equiparado ao crime de racismo pelo STF.

Para mostrar como o caso é antigo, o motivo da discussão foi um cheque. Ao ouvir que o posto de gasolina, em uma região nobre de Brasília, só aceitava pagamentos em dinheiro ou cartão, Luíza Maria da Silva passou a ofender a frentista. "Negrinha nojenta, ignorante e atrevida", disse a cliente, segundo o Ministério Público. Luíza Silva teria completado as ofensas antes de ir embora: "Preto é bicho nojento". As investigações revelam, ainda, que a cliente passou a voltar ao mesmo posto para intimidar a frentista.

Qualquer pessoa que viva no Brasil sabe que tais palavras não são uma vergonhosa exceção, mas uma vergonhosa rotina. E a essa vergonha soma-se outra: por muito tempo, casos semelhantes quase sempre terminaram em impunidade. Vários fatores influenciam na contagem da prescrição, mas num caso de injúria racial era razoável dizer que se o julgamento em todas as instâncias não viesse em oito anos, o crime estaria prescrito e a Justiça não poderia mais aplicar punição.

O STF interrompeu esse ciclo em outubro de 2021. O caso do posto de gasolina foi simbólico exatamente porque era um entre tantos outros. Impossível separar uma injúria, qualquer que seja, de todo o processo sistemático de humilhação e inferiorização das minorias no Brasil. Foi o que enfatizou no julgamento o relator do caso, o ministro Edson Fachin: "Há racismo no Brasil. É uma chaga infame que marca a interface entre o ontem e o amanhã.

Aqui se afasta o argumento de que o racismo se dirige contra grupo social enquanto a injúria afeta o indivíduo singularmente. A distinção é uma operação impossível, apenas se concebe um sujeito como vítima da injúria racial se ele se amoldar aos estereótipos e estigmas forjados contra o grupo ao qual pertence".

Ou seja, segundo o STF, injúria racial é racismo, com todas as consequências dessa equiparação. É crime imprescritível e inafiançável desde a data desse julgamento, 28 de outubro de 2021, como detalhou a ministra Rosa Weber em seu voto: "As ofensas e os insultos decorrem da raça, da cor, da religião, da etnia, da procedência nacional, razão pela qual também o crime de injúria qualificada pelo racismo incide nas cláusulas constitucionais de imprescritibilidade e inafiançabilidade (art. 5º, inciso XLII, da Constituição Federal)".

Os advogados de Luíza Maria da Silva pediam a prescrição do crime. Em outras palavras, o STF disse que, enquanto durar a República, a vontade dos constituintes não prescreve. Aquelas dezoito palavras do inciso XLII que ordenaram a criminalização do racismo em 1988 protegem quem ainda não tinha nascido naquela época, ou quem já tinha sofrido muito por causa da cor da pele, e não pode sofrer mais.


Dona Maria nunca leu a Constituição. Dona Maria nunca leu a Lei Caó. Dona Maria nunca leu quase nada, e não por falta de vontade, mas por falta de possibilidades.

Segundo o IBGE, o analfabetismo entre os negros no Brasil é mais do que o dobro da taxa registrada entre os brancos. Dados de 2022 mostram que, entre a população de quinze anos ou mais, 3,4% dos brancos eram analfabetos. Entre pretos e pardos, a taxa sobe para 7,4%.

Quase 100% das explicações sobre essa questão se assemelham à de Maria dos Santos, auxiliar de serviços gerais no maior campus da Universidade Estadual Paulista (Unesp), em Bauru: "Eu não tenho estudo, né? Porque no tempo dos nossos pais… era roça, sabe? Trabalhar na roça, trabalhar de empregada. Minha vida foi dedicada ao serviço. Então, eu fui muito pouco na escola. Então, mal e mal eu sei 'fazer' o meu nome".

Naquele dia de julho de 2015, não era preciso saber ler para notar que algo estava muito errado em um dos banheiros da universidade. As pichações estavam espalhadas nas portas e paredes. Ao contrário do que costuma acontecer, dona Maria nem precisou de ajuda para entender o que estava escrito. Mais por autodefesa do que por coincidência, uma das poucas palavras que ela conhece é "macaco". Dos cartazes da universidade, ela também conhecia o nome do alvo principal dos ataques, o professor e militante antirracista Juarez.

"Ainda hoje eu sou um dos poucos professores negros da faculdade", conta Juarez. "Um dos poucos professores negros envolvidos com os coletivos, com as ações de políticas de afirmação dessa população. Então isso faz com que a gente acabe virando alvo privilegiado."

O professor, entretanto, não era o único alvo. O criminoso também escreveu ofensas contra as mulheres. "Negras fedem" era uma das frases que foram apagadas com produtos químicos fortíssimos e muito esforço da dona Maria.

Não é preciso vê-la trabalhando pesado nos banheiros, salas e corredores da universidade para se enternecer com a figura dessa faxineira franzina, já idosa. Ela distribui por toda parte aquele olhar doce que algumas pessoas têm, olhar que é um atestado da plena incapacidade de fazer mal a outros seres humanos. Juarez se emociona ao falar dela: "Eu via na dona Maria a figura que eu via da minha mãe, que trabalhava como empregada doméstica. O biotipo das duas era muito parecido: mulheres pretas, retintas e miúdas. E com uma força e uma autoestima extraordinárias. Talvez esse paralelo tenha feito com que eu sentisse mais esse caso".

O sofrimento do professor não foi só por isso. O que faz o caso de dona Maria ser mais doído é que ele transcende qualquer luta política, qualquer concepção mais ampla que façamos dos papéis de cada grupo em nosso país, no passado ou no futuro. O que um agressor anônimo fez com dona Maria ofende a humanidade e causa uma vergonha coletiva que não se apaga com produtos químicos ou faxina pesada. Juarez conta: ""Ela deu uma entrevista para a TV local e, muito emocionada, disse o seguinte: 'Me chamam de negra fedida, mas sou eu que limpo a sujeira dessas pessoas, não é?'. Na semana seguinte, alguém foi lá, emporcalhou o banheiro, e escreveu: 'Limpa de novo, negra fedida'".

A universidade montou uma comissão de investigação, mas nunca conseguiu identificar os agressores. Dona Maria segue trabalhando na universidade e segue sem saber ler e escrever. "Foi horrível. Até hoje eu fico revoltada. O que é que a gente faz com essas pessoas, gente?! Cada um que viva e deixe cada um viver em paz. Misericórdia, pra fazer uma coisa dessas uma pessoa tem que estar doente da alma".


Para falar do racismo e da intensidade da dor que ele provoca, tanto dona Maria quanto Glória Maria dispensam explicações psicológicas, sociológicas ou políticas e recorrem à alma, que falta ao agressor e se esfacela no agredido. A semelhança dos olhares da repórter que conheceu o mundo e da faxineira que mal saiu de Bauru nos faz pensar nos laços que unem essas duas mulheres de coragem.

Glória Maria não chegou a conhecer dona Maria, mas quem sabe, assim como o professor Juarez, não identificou nela a própria mãe, ou alguma outra ancestral. Ao ver a foto das mulheres da família projetada no telão do estúdio em que foi entrevistada, Glória pareceu já estar esperando esse reencontro porque, na verdade, elas nunca se separaram: "Não sei viver sem liberdade. Eu aprendi isso com a minha família, com a minha avó que veio da escravidão. E ela dizia: 'Você nunca pode permitir que tirem a sua liberdade, porque a nossa história é uma história de falta de liberdade. Nós fomos acorrentadas. Você não pode permitir que te coloquem correntes de novo'. A minha avó era sábia".

Foi com essas lições em mente que, em 1980, a repórter mestre em contar histórias fez história. Por ser negra, foi impedida de entrar em um hotel do Rio de Janeiro pelo gerente. Dali ela foi direto para a delegacia denunciar o fato, com base em uma lei quase esquecida e pouco invocada, a Lei Afonso Arinos.

Promulgada em 1951, não se questiona que tenha sido um avanço, mas um avanço tímido, insuficiente. Tanto que o gerente denunciado por Glória não sofreu nenhuma punição da Justiça. A Lei Afonso Arinos ainda tratava o

BRASIL EM CONSTITUIÇÃO 107

racismo como contravenção, ofensa menor, e não como crime que traz em si os resquícios de atitudes escravagistas, como explica Lívia Casseres: "O direito nunca foi capaz de enfrentar o racismo e de dar soluções para os problemas estruturais do racismo brasileiro. E a Lei Afonso Arinos era um exemplo muito evidente de uma lei que tinha um efeito puramente simbólico, uma lei que a gente pode chamar de uma lei para inglês ver".

A própria expressão "para inglês ver" está intimamente ligada à história da escravidão e do racismo. Era esse o apelido da primeira lei aprovada no Brasil, ineficaz, para proibir o tráfico negreiro. A existência da lei era só uma formalidade para tentar satisfazer a Marinha Britânica, que patrulhava o Atlântico.

Em 2023, finalmente, o Congresso brasileiro aprovou uma emenda que incluiu a injúria racial no corpo da Lei Caó, que tipifica os crimes de racismo. Agora, não há mais margem para dúvida jurídica: injúria racial e racismo são inseparáveis.

A lei da injúria racial não é mais para inglês ver, mas será que o combate ao racismo vai se tornar mais efetivo, ou o Brasil só vai arrumar alguma forma de acrescentar mais um capítulo à sua história de acomodações, conciliações e adiamentos perpétuos do desafio de olhar para si mesmo sem o filtro dos enfeites retóricos de embelezamento?

Glória Maria nos ensinou a estarmos prontos para todas as possibilidades. Entre alegrias e tristezas, barreiras e realizações, entre afetos e decepções, ela viveu e combateu. Ao fim da jornada, quiseram calcular a idade dela, que tolice. É impossível contar os anos de quem sabe viver intensamente, de quem enxerga cada dia como se fossem mil. Glória Maria achava que a vida não podia ser resumida em números, mas seu talento foi capaz de sintetizar a aventura de existir em poucas palavras: "A minha dor e o meu sofrimento valeram a pena se hoje tem toda uma geração que pode sofrer menos do que eu. A vida é pra ser vivida, e algumas vezes ela é bonita".

# 10
## Viva o sus

*Graziela Azevedo*

Quem melhor para representar a força da medicina, da ciência e da saúde pública do que aquele que já esteve muito perto da morte? Costumamos dizer que quem quase foi levado por ela e sobreviveu "nasceu de novo". E era um menino nascido duas vezes que estávamos procurando. A cena foi registrada em 2001, mas estava nítida na minha memória e intacta no acervo do jornalismo da Globo: uma mãe atravessa o longo corredor do hospital carregando o filho no colo. Enfermeiras e outras mães vão desejando boa sorte, o menininho de cachos dourados e um acesso venoso em uma das mãos é entregue a uma enfermeira do centro cirúrgico. Foi assim que o repórter Tonico Ferreira descreveu a sequência: "Parece que sobram força e coragem nessa hora. Mal a porta se fecha, Maria se dá conta de que uma nova batalha está começando".

A imagem seguinte mostra a mãe desabando em lágrimas. A história dela e do filho, que precisava de um transplante de fígado para sobreviver, foi contada por Tonico Ferreira em um *Globo Repórter* sobre o Hospital das Clínicas de São Paulo que fizemos juntos naquele início dos anos 2000.

Quando buscávamos brasileiros que se beneficiaram das conquistas da saúde na Constituição de 1988 para a série do *Jornal Nacional*, me lembrei daquela cena e daquela história. Como estaria o menino? Será que o transplante tinha dado certo? Será que a família ainda era usuária do SUS? A vontade de saber o que aconteceu com as pessoas que entrevistamos, conhecer os rumos que o destino deu para histórias que contamos, são uma constante na vida dos jornalistas, mas o dia a dia do ofício nos obriga a seguir o fluxo das notícias e dos fatos. Dessa vez, a oportunidade rara estava dada por um projeto de fôlego e foi agarrada por mim, pela editora Laura Nonohay e pela produtora Ana Rita Mendonça.

Mais de vinte anos depois daquela reportagem, a busca por Maria e Lucas começou pelos canais oficiais. Ana Rita entrou em contato com o Hospital das Clínicas e, enquanto aguardava retorno, tentou a via que pode ser mais rápida atualmente: a busca nas redes sociais. Encontrou Maria com seu nome completo vivendo em uma cidade do Centro-Oeste do país. Ela tinha uma pequena confecção. Foram alguns dias aguardando retorno da assessoria do hospital e tentando contato com Maria, que não atendia nem respondia mensagens. Ana Rita pediu então ajuda para os colegas da afiliada da Globo na região, que retornaram logo com uma informação que nos atingiu como um soco: a família inteira tinha morrido num acidente de carro. Foram momentos de muita tristeza e horas de desalento, mas tínhamos que seguir pesquisando, escrevendo e contando a história do surgimento do SUS, afinal, foi por isso que procuramos Maria e Lucas, o menino que para nós nasceu três vezes, e logo vou contar o porquê.

## FALA, DOUTOR

Admirado, experiente, um humanista em toda a profundidade e grandeza do termo, Drauzio Varella era, para nós, tudo isso e mais um tanto quando se sentou no estúdio para falar sobre o impacto do SUS para o povo e a medicina no Brasil. Médico, professor, pesquisador, escritor e o mais popular divulgador do seu ofício no Brasil, ele fez conosco uma viagem pelos tempos de dor antes da revolução na área da saúde que teve início a partir da Constituição de 1988. Comecei a conversa lembrando que na década de 1940, quando ele nasceu, a taxa de mortalidade infantil no país era de assustadores 146 para cada mil nascimentos. De cada grupo de mil crianças, 212 morreriam antes de completar cinco anos de idade! Ele explicou: "Uma pequena parcela da população apenas tinha acesso a água encanada e esgoto. Era tudo muito precário e nós tínhamos as chamadas doenças da infância. Todas as crianças pegavam sarampo, catapora, tosse comprida, difteria. Eu mesmo tive todas essas doenças, não havia vacinas. E foram as vacinas que tiveram grande impacto. O que acontecia é que as crianças pequenas também adquiriam infecções, em geral, gastrointestinais. Tinham diarreia, desidratavam e morriam, não tinham assistência médica e então a taxa de mortalidade infantil era tão alta. Na faculdade, os professores ensinavam a gente: olha, vocês perguntem quando forem atender uma mulher quantos filhos ela teve e quantos ela criou, porque isso já dá uma indicação das condições socioeconômicas. Era comum você ver mulheres que tiveram doze filhos e criavam seis ou sete, outra que havia tido cinco filhos, criava dois. Era normal perder criança, a sociedade aceitava isso como uma fatalidade".

Em maio de 1988, cinco meses antes da promulgação da Constituição, nossa querida colega Helena de Grammont comovia o país ao mostrar essa realidade duríssima que era lição nas escolas de medicina. Recuperamos, no acervo do jornalismo, as imagens de terras esturricadas, brasileiros miseráveis em casas de barro e brasileiras em camas precárias ofertadas por caridade. Helena descreve: "A situação é mais grave, desesperadora no Nordeste. Hoje, o índice de mortalidade infantil na região é de 122 crianças por mil nascimentos, quase o triplo do índice tolerado pela Organização Mundial da Saúde".

Em seguida, naquela antiga reportagem, ela faz a seguinte entrevista com uma mulher grávida e de rosto sofrido deitada numa maca:

— Quantos filhos a senhora já teve?

— Dezesseis "filho".

— E agora a senhora tem quantos?

— Tenho sete.

— Com esse que vai nascer?

— Sim, senhora. O primeiro morreu com dez meses, com diarreia.

— O segundo?

— Com diarreia também.

— O terceiro?

— O terceiro morreu com cinco anos, o médico não disse nem do que tinha morrido. Eu levei e, em 24 horas, morreu.

Situações dramáticas, especialmente para os mais pobres, mudavam tão devagar no Brasil que essa realidade dos anos 1980 não era muito diferente daquela vivida pelo menino Drauzio Varella na década de 1940. Ele conta que, mesmo morando no Brás, um bairro operário perto do Centro de São Paulo, só foi consultar um pediatra quando já tinha sete anos e acordou com os olhos muito inflamados. E ele prossegue em nossa entrevista: "A saúde era um favor, ninguém tinha obrigação de atender. Aqueles que tinham carteira assinada tinham direito à assistência médica pelo antigo INPS, pelo Inamps, que era o Instituto Nacional de Assistência Médica. Mas só eles é que tinham direito. Quem não tinha carteira assinada, que eram todos os trabalhadores informais, especialmente todos os trabalhadores do campo — e o Brasil era um país rural naquela época — não tinham direito a nada".

## A HORA DA VIRADA E O NASCIMENTO DO SUS

A insatisfação com a assistência médica como caridade crescia no país junto aos movimentos pelo fim da ditadura, pela volta da democracia e pelas eleições diretas. Foi nesse ambiente que aconteceu, em março de 1986, a Oitava Conferência Nacional de Saúde. Pela primeira vez desde 1941, a Conferência foi aberta à sociedade civil e mais de 4 mil profissionais de saúde, líderes comunitários e representantes de trabalhadores do campo e das cidades estiveram juntos em Brasília para discutir e traçar novos rumos para a saúde do país. Todos tinham se preparado muito para isso com discussões que, meses antes, aconteceram em todas as regiões do Brasil. Em nossas pesquisas sobre o tema, descobrimos um chamado para a Conferência até na novela *Roque Santeiro*, escrita por Dias Gomes.

Um dos presentes no grande encontro nacional foi Paulo Marchiori Buss, um jovem pediatra gaúcho que, como a maioria ali, sonhava com algo tão grandioso que parecia quase impossível para um país pobre e gigante como o Brasil: um serviço de saúde público e universal. Em 2022, convidamos Paulo Buss para lembrar a gestação do que viria a ser o SUS, o nosso Sistema Único de Saúde. Para a entrevista, preparamos o estúdio no Rio de Janeiro e projetamos no telão imagens de uma multidão diversa, alegre e determinada, reunida na Conferência. Buss, agora com cabelos brancos e após décadas de serviços prestados à saúde pública e à pesquisa na Fundação Oswaldo Cruz (Fiocruz), da qual foi presidente de 2000 a 2008, pôde se ver na tela em 1986 fazendo a seguinte declaração: "No momento em que estamos resgatando a dívida social, nós precisamos que esse resgate signifique também um resgate da saúde do povo brasileiro".

A lembrança trazida pela projeção emocionou profundamente o médico. Sentado no estúdio, com a voz embargada e os olhos marejados, ele declarou: "É muito emocionante. Eu nem sei que idade eu tinha... Mas eu acho que tinha uma paixão aí que é a mesma que acho que tenho até hoje pelo sus e pela força com que a sociedade brasileira conseguiu demonstrar ao mundo como uma sociedade que se articula, como nós conseguimos chegar a algo muito positivo. Acho que é uma linda lição. O sus é uma lição para o Brasil atual e acho que também para o mundo".

O médico fez uma pausa, pediu desculpas pela emoção e prosseguiu lembrando que aquela Conferência não foi uma utopia: "Era uma comunhão de sonhos e, ao mesmo tempo, tínhamos o pé no chão, porque a gente sabia que não era uma luta simples. E começou um grande movimento junto ao Parlamento, junto aos constituintes que votariam a Constituição".

As propostas da Oitava Conferência foram levadas para a Assembleia Constituinte e aprovadas! Na reportagem que preparamos para falar sobre o tema, a jornalista e apresentadora do *Jornal Nacional*, Renata Vasconcellos, deu destaque ao texto que provocou uma revolução no atendimento e que começa assim:

> **Art. 196.** A saúde é direito de todos e dever do Estado, garantido mediante políticas sociais e econômicas que visem à redução do risco de doença e de outros agravos e ao acesso universal e igualitário às ações e serviços para sua promoção, proteção e recuperação.

Para transformar a lei numa prática de impacto social foi criado o sus. O Sistema Único de Saúde nasceu na Constituição de 1988 e foi regulamentado dois anos depois, na gestão de Alceni Guerra, o ministro da Saúde na época. Não vou cansar aqui o leitor enumerando leis que foram sendo criadas para dar estrutura e recursos ao que antes simplesmente não existia. O próprio dr. Drauzio Varella explica o que precisa ser ressaltado: "Olha, era um sonho. Na época, a Constituinte foi precedida por uma série de discussões, uma série de conferências nacionais de saúde. Sérgio Arouca, que era um jovem carismático da Fiocruz, conduziu uma grande conferência dessas [...] e se começou a discutir a extensão dos direitos da saúde para a população inteira, mas parecia um sonho. Confesso que eu mesmo achei utópico naquela época. Lógico que eu defendia, mas eu achava muito difícil, achei que aquilo ia levar muitos anos e aí, pela pressão da sociedade, especialmente desses médicos engajados, eles conseguiram convencer os constituintes a colocar na Constituição brasileira que a saúde era um direito de todos. Aí, as pessoas às vezes comentam: 'Eles falavam isso sem saber de onde vinha o dinheiro, sem dizer de onde viria o dinheiro'. Não, falaram porque não existia esse dinheiro! Foi o surgimento do SUS que criou a obrigatoriedade de mantê-lo, porque estava na Constituição, tinha que ser implantado. E assim é que surgiu o SUS, na força, na pressão política e na pressão social dos dirigentes de saúde que conseguiram enxergar essa possibilidade. O único país com mais de 100 milhões de habitantes que ousou dizer que saúde era um bem de todos, e um dever do Estado. Isso é uma revolução! Acho que a minha geração viveu essa revolução e que não vai ser repetida com essa abrangência, acho que nunca mais. Porque nós fomos do zero, da falta de assistência médica, para a maioria da população, ao direito de assistência para todos. Olha que revolução filosófica, social".

No livro *Trajetórias das desigualdades*, a professora de Ciências Políticas da USP Marta Arretche cita dois dados que sintetizam essa revolução: "Entre 1980 e 2010, a taxa de mortalidade infantil no Brasil caiu de 69 para 16 por mil nascidos vivos, e a esperança de vida passou de 62 para 73 anos". A expectativa de vida para quem nasceu em 2019 era já de quase 77 anos (76,6) e a mortalidade infantil, de 11,9 para mil nascidos vivos.

A queda da mortalidade infantil se acentuou a partir dos anos 1990, enquanto a esperança de vida aumentou no mesmo período, o que significa mais vidas — e vidas mais longas. Outros direitos conquistados ou ampliados na Constituição, como educação e aumento da renda (por exemplo, educação básica obrigatória e salário mínimo para aposentados e pessoas com deficiência) têm impactos estudados e conhecidos na saúde, mas a criação do SUS — com a obrigatoriedade da construção de postos de saúde, hospitais e estratégias como a da Saúde da Família — proporcionou atendimento a uma maioria que até então não tinha acesso à saúde, um legado que permanece ao lado de planos e seguros privados que são definidos em lei como saúde suplementar, ou seja, o SUS é, como diz o médico Paulo Buss, o plano da maioria dos brasileiros: "Até hoje, o sistema privado dos planos de saúde em todas as suas modalidades cobre 27,28% da população, ou seja, 70,72%, vale dizer, mais de 150 milhões de brasileiros, dependem do Sistema Único de Saúde, e isso tem que ser dito e ressaltado porque esse sistema é que resolveu problemas de milhões de brasileiros nos anos de 1988 e 1990, quando se estabelece a Lei nº 8.080 e a nº 8.142, que marcaram a construção do SUS".

## UMA HISTÓRIA DE RENASCIMENTO

Maria tem um sobrenome grande, que ela prefere simplificar: Maria Dias. O filho foi batizado como Lucas Bispo da Silva. E foi uma tremenda confusão com nomes muito parecidos que nos levou a acreditar por algumas horas que a Maria e o Lucas que procurávamos tinham sido vítimas fatais de um acidente de carro. Quem desfez a confusão foi Markione Santana, a eficiente assessora de imprensa do Instituto da Criança (que integra o complexo do Hospital das Clínicas de São Paulo), que estava também na busca pelo menino então com dois anos de idade e que, em 2001, tinha passado por um transplante de fígado registrado pelo *Globo Repórter*. Maria e Lucas estavam vivos! Comemoramos muito a notícia e nos preparamos para uma longa viagem. Para encontrá-los, nossa equipe embarcou em São Paulo, desembarcou em Salvador, viajou de carro até um hotel em Santo Amaro da Purificação e de lá seguiu por mais meia hora até São Francisco do Conde. Detalhei esse trajeto para que o leitor imagine o que era a luta dos brasileiros que viviam longe dos grandes centros e dos poucos hospitais do país antes do SUS. Sim, as dificuldades ainda são grandes, especialmente no Nordeste e no Norte. Nos últimos trinta anos, viajei por todas as regiões do Brasil retratando a importância e os dramas da saúde pública e resumiria o que vi na necessidade de mais, mais SUS, mais recursos e melhor organização, gestão e distribuição das verbas entre municípios, estados e governo federal.

O médico Paulo Buss conhece profundamente essas carências e destacou o que considera o principal gargalo do sistema: "O SUS tem resolvido a atenção básica muito bem com o programa de Saúde da Família, com os centros de saúde, os postinhos de saúde, os agentes comunitários, a odontologia básica, a distribuição de medicamentos etc. Agora, o problema está na assistência intermediária, entre a alta complexidade e a atenção à saúde da família, que é a cirurgia de vesícula ou de hérnia que não são urgentes. Isso gera longas listas de espera, embora isso não aconteça só no SUS, mas também na rede privada e no mundo inteiro. Cirurgias de alta complexidade, como transplantes, são bem resolvidas no SUS. Então, é nessa área intermediária que precisamos colocar mais recursos e organizar a rede. E não tenha dúvida, esse é o desafio que o SUS vai enfrentar".

Confirmamos o que diz o médico ao chegarmos na cidadezinha do Recôncavo Baiano onde Maria e Lucas vivem com a família. O bebê que vimos no colo da mãe naquelas imagens feitas 22 anos antes era agora um rapaz bonito de cavanhaque bem desenhado e com o bronzeado de quem vive perto do mar. Nós nos abraçamos com a interessante intimidade que a reportagem proporciona. Meu colega Tonico Ferreira diz que uma das maravilhas do nosso ofício é essa possibilidade de entrar na vida das pessoas, fazer perguntas, obter respostas e estar com elas em momentos marcantes. Assino embaixo e atribuo a isso à intimidade que construímos com nossos queridos personagens da vida real. Isso tudo ficou traduzido no choro emocionado do Lucas e da Maria ao relembrarem a história da vida nova que ele ganhou. Parte dela nos foi contada pela Maria enquanto os repórteres cinematográficos Neto Lima e Emílio Mansur, e o técnico de áudio Edvaldo Simão registravam imagens de Lucas jogando uma pelada com os amigos na quadra pública de São Francisco do Conde: "A vitória está aí. É muito emocionante, hoje, eu ver meu filho dessa maneira, podendo jogar bola, uma coisa que ele não podia fazer e, desde pequenininho, sempre gostou. Muitas vezes ele até caía e hoje não, ele tá aí, junto com os colegas, batendo uma bola. Isso para mim é maravilhoso. Acho que desde que nasceu ele é um guerreiro".

Durante nossa conversa sob o sol forte da Bahia e de olho nos dribles do filho na quadra, Maria elogiou muito a resistência de Lucas para suportar os momentos difíceis da cirurgia e do tratamento realizados no Instituto da Criança, em São Paulo. Para ir da Bahia para a capital paulista, onde passavam longas temporadas, ela contava com o programa Tratamento Fora do Domicílio, um instrumento previsto em lei que envolve o fornecimento de passagens e hospedagem quando o tratamento ou cirurgia necessários não existem no lugar de origem do paciente — um direito que Maria nem sabia que tinha, uma descoberta de valor imenso que chegou para somar com a fé que ela nunca perdeu: "Muitas das coisas a que o Lucas teve acesso eu achei que só ia achar em um hospital particular, mas não. Graças a Deus, tudo o que eu achava ser impossível, ele realmente conseguiu através do sus, até passagem de avião para fazer o tratamento em São Paulo. Às vezes, eu me desesperava, pensando: 'Nossa, eu e a minha família não temos condições, como vou fazer?'. Só que aí as pessoas começaram a falar: 'Maria, é pelo sus'. Ele tem esse direito'. Aliás, até hoje, alguns médicos me perguntam: 'Mãe, como você conseguiu esse exame?'. E eu digo: 'Pelo sus'".

Estivemos no posto de saúde de São Francisco do Conde. Lá, Maria me contou que, antes da Constituição de 1988, antes do sus e antes do postinho existirem, ela perdeu um irmão ainda criança porque a medicina não alcançava quem morava no Brasil profundo. Com Lucas, que nasceu depois da Constituição de 1988 e da criação do Sistema Único de Saúde, tudo foi muito diferente. Ele foi diagnosticado no Hospital das Clínicas de Salvador e encaminhado para o Instituto da Criança. Enquanto escrevo estas linhas em 2023, a assessora de imprensa (a mesma que nos ajudou a encontrar o Lucas) me conta que o Instituto está chegando à marca histórica de mil transplantes de fígado em crianças. O Brasil já atingiu o recorde de 23.226 transplantes em 2014 e, mesmo com a queda ocorrida por causa da pandemia de covid-19, continuamos tendo o maior programa de transplantes gratuitos no mundo. Drauzio Varella diz que o sus tem ilhas de excelência reconhecidas internacionalmente como em cirurgias complexas — como os transplantes — e o programa de distribuição gratuita do coquetel que transformou a aids de doença mortal em moléstia crônica e tratável. Uma mudança que ele acompanhou muito de perto, como me contou: "Morria tanta gente que eu, juntando a minha clínica com os doentes do Carandiru (penitenciária de São Paulo), cheguei a perder de dez a quinze doentes por semana. Em 1995, nós tínhamos a mesma prevalência do HIV aqui do que na África. O Brasil juntou um grupo que deu ao mundo uma lição impressionante. O ministro da Saúde na época, o José Serra, não era nem médico, mas ele juntou um grupo de técnicos no ministério, médicos, epidemiologistas etc. de todos os partidos políticos e que propuseram o seguinte: nós vamos tratar todo mundo que tem aids. Os medicamentos eram caríssimos, custavam mais de mil dólares por mês, então, como eles iam fazer uma coisa dessas? O Brasil não tinha a menor condição, mas nós fomos atrás. E o governo brigou com as multinacionais para reduzir o preço da medicação. Houve medicamentos em que o Ministério da Saúde conseguiu redução de 90% do custo! E o Brasil começou a tratar todos. Era só chegar na unidade básica de saúde com a receita para receber os remédios. Ninguém perguntava quanto você ganhava por mês... nada. E é assim até hoje".

Drauzio Varella fez, ainda, uma comparação entre o que foi feito no Brasil e o que deixou de ser feito na África do Sul: "A África do Sul tinha presidente negacionista. Alguns até questionaram a existência do vírus, como está acontecendo hoje com as vacinas, né? E o que aconteceu? Nós distribuímos medicação; a África do Sul, não. Hoje 10% da população adulta da África do Sul é HIV positiva — 10%! Nós devemos ter uns 180 mil adultos no Brasil vivendo com o vírus. Se acompanhássemos as mesmas estatísticas da África do Sul, teríamos 18 milhões de brasileiros infectados. O impacto seria brutal. E não é só isso. Nós mostramos pro mundo o que deveria ser feito".

Durante a abertura do torneio de tênis de Wimbledon, na Inglaterra, em junho de 2021, uma cena correu o mundo e emocionou a todos nós que cobríamos e vivíamos o drama da pandemia de coronavírus: o estádio inteiro, de pé, aplaudiu durante longos minutos a criadora da vacina de Oxford contra a covid-19 e os profissionais do NHS, o sistema público de saúde britânico. Apesar das dificuldades de orçamento e das filas que o NHS enfrenta, ele é considerado um orgulho nacional, superando até a família real nesse quesito, segundo pesquisas recentes de opinião. O fato de o Brasil ter o maior sistema público e universal do mundo, com problemas conhecidos, mas também com ilhas de excelência — como nos já citados casos dos transplantes e do tratamento da aids, além das mais de 43 mil equipes de saúde da família e do Programa Nacional de Imunização —, deveria ser nosso orgulho nacional.

Na longa entrevista que nos deu no estúdio da série "Brasil em Constituição", o ministro Ricardo Lewandowski reafirmou essa ideia. Nos últimos trinta anos, a distribuição de obrigações e verbas entre governo federal, estados e municípios tem gerado discussões, acertos e desacertos que muitas vezes vão parar na Justiça. A descentralização e a cooperação entre presidente, governadores e prefeitos são exigências da lei. Os estudiosos da saúde pública dizem que o SUS ainda está em construção, as correções e avanços são e serão sempre necessários, como explica o ministro: "O Sistema Único de Saúde é um sistema extraordinário, paradigma e exemplo para o mundo todo, em que há uma conjugação de esforços muito bem-sucedida entre o governo federal, estadual e municipal — seja no que diz respeito à questão orçamentária da distribuição de recursos, porque todos contribuem, seja no que diz respeito à execução justamente das políticas públicas de saúde. Então, esse exemplo do SUS, infelizmente, sofreu nos últimos tempos um certo abalo, sobretudo na luta contra a pandemia, resultante da covid-19, mas esse exemplo, esse paradigma, deve ser o fio condutor da colaboração dos níveis administrativos de uma federação. Essa é uma conquista que nós devemos preservar, devemos lutar para que ela permaneça e, como eu disse, é um exemplo de entrosamento entre os três níveis político-administrativos da federação. É claro que precisamos de mais verba, não é? Precisamos pagar melhor os profissionais que lá trabalham, não apenas os médicos, mas os enfermeiros, os auxiliares de enfermagem, enfim, todos aqueles que contribuem para a manutenção do dia a dia do Sistema Único de Saúde. Temos que remunerar bem os profissionais, equipar bem os hospitais públicos, não deixar faltar remédios, vacinas".

Entretanto, as vacinas faltaram. Quando o Brasil já contava mais de 100 mil mortes por covid-19, em agosto de 2021, a Pfizer BioNTech ofereceu 70 milhões de doses de vacina ao país, mas a empresa ficou no vácuo da falta de resposta. Assim como cobri a epidemia da aids e o seu controle, cobri a pandemia de covid-19. Fiz a primeira reportagem no dia 23 de janeiro de 2020 no *Jornal Nacional* explicando as características do vírus que começava a assustar a China e preocupar o mundo. Ao todo, fiz mais de 130 reportagens sobre a doença, seu avanço no mundo, o desenvolvimento rápido de vacinas e o que deveria ter sido feito para evitar a marca de mais de 700 mil mortes a que chegamos no Brasil. Poderia ter sido ainda pior se não tivéssemos a Constituição, a Justiça como sua guardiã e o SUS. Foi esse conjunto de conquistas que, junto à ciência e à imprensa profissional, enfrentou o negacionismo, a desinformação, a ignorância e mesmo a crueldade dos inimigos da democracia e dos avanços do saber. Faltou oxigênio, faltaram luvas, seringas, leitos, mas os profissionais de saúde, os profissionais do SUS multiplicaram suas horas de trabalho, enfrentaram o medo de contaminarem suas famílias e se desdobraram diante das dificuldades. Fiz muitas entrevistas com médicos e médicas, enfermeiros e enfermeiras com aquelas marcas que as máscaras deixavam em seus rostos depois de horas ao lado dos pacientes.

No dia 17 de janeiro de 2021, a enfermeira Mônica Calazans foi a primeira a receber no Brasil a vacina contra a covid-19 desenvolvida pelo Instituto Butantã de São Paulo. No dia 26 de maio, chegou a minha vez e, como tantos outros brasileiros, chorei muito de emoção ao receber a vacina, chorei por tudo que vi e reportei; e de gratidão à ciência e ao SUS. Um sentimento que se multiplicou, como registramos em tantas reportagens, que se espalhou pelas redes sociais e que deveria ser lembrado sempre que for preciso defender e votar pelo SUS, como nos disse Paulo Buss, com o mesmo fervor que tinha quando era aquele jovem médico que nos anos 1980 ajudou a sonhar e a realizar o que parecia impossível: "A população tem um papel a cada quatro anos de decidir e, dependendo do interesse que as pessoas tiverem pelo SUS, elas poderão fazer do Sistema Único de Saúde o tema do seu voto, isso é um apelo que eu faço. Vamos melhorar o SUS! Viu como o SUS foi importante no controle dessa doença, dando acesso à vacina, ao atendimento primoroso que ali quem foi tomar a vacina teve? Isso pode acontecer em todos os atendimentos, mas vamos melhorar o orçamento e quem vota orçamento é deputado e senador, então, vamos escolher deputados e senadores nas eleições que sejam a favor de melhorar o orçamento do SUS, porque técnicas para melhorar a gestão dos hospitais existem, mas o subfinanciamento do SUS é algo crítico".

E foi na história do menino que "nasceu de novo" que encontramos o forte simbolismo que buscávamos, o da Lei Maior do país profundamente ligada à vida de um brasileiro. No estúdio em São Paulo, acomodada na mesma cadeira em que médicos e ministros se sentaram para serem entrevistados, uma mãe chamada Maria segurou firme um exemplar da Constituição de 1988 e falou: "Está no artigo 196: a saúde é um direito de todos e dever do Estado para que todas as pessoas, assim como eu, que não têm condições, possam ter o direito à saúde, a procurar um tratamento para que as coisas se tornem mais fáceis. Assim como temos deveres, temos direitos também, porque é lei e está aqui".

# 11
## Trabalho

*Graziela Azevedo*

Estamos em 1984. É madrugada, e um caminhão chacoalha pela estrada escura. Dentro dele, sessenta trabalhadores se apertam nos bancos de madeira e pelo assoalho. Os olhares são tristes e cansados. Vestem camisas, blusas, lenços, calças e saias sobrepostos para se protegerem do frio, do sol que virá e das cinzas do canavial queimado.

É o repórter Ernesto Paglia quem descreve parte das cenas que vimos no início de 2022. Era dele a preciosa reportagem guardada havia 38 anos nos arquivos da tv Globo e encontrada pela editora Wanda Alviano. Nossa volta ao passado, em uma arqueologia que exigiu assistirmos a horas e horas de vídeos antigos, tinha propósito: queríamos investigar o impacto da Constituição de 1988 na vida dos trabalhadores mais sofridos e carentes de direitos e, com isso, iluminar também os desafios do presente. Dentro daquele caminhão havia muitos deles, eram os chamados boias-frias, trabalhadores rurais que ficaram conhecidos pelas marmitas que comiam sem ter onde esquentá-las no meio dos canaviais, entre pés de laranja e outras plantações. Um deles nos chamou atenção ao aparecer em um canto do caminhão, amolando o facão, cortando cana e depois dando uma entrevista que nos tocou profundamente pelo desalento. Era um menino negro, com uma pequena cicatriz no rosto (guarde esse detalhe). Seu nome é Benedito Sérgio (guarde isso também). Ele tinha quinze anos, cortava cana desde os onze, perdera o pai e sustentava a família com seu trabalho. A câmera estava em close enquanto Ernesto Paglia conversava com ele:

—Você estuda?

— Não.

— Por que não estuda?

— Ah... de dia não dá pra estudar. E de noite não tem jeito, tem dia em que a gente chega tarde...

—Você trabalha de que horas a que horas aqui no canavial?

— Das sete da manhã até quatro e meia da tarde. Eu chego em casa umas cinco, cinco e meia. É isso.

— Não dá para ir à noite?

— Ah, tem dia que dá... Mas ontem mesmo não dava pra ir. Cheguei seis e pouco....

—Você sonha?

— Sonho!

— Sonha de noite? Com o que você sonha?

— Sonho perigoso.

— O que é sonho perigoso? Com namorada? Com moça?

— Não.

— O que é um sonho perigoso?

— Cair num poço.

—Você sonha sempre isso?

— Quase direto eu caio de cima do morro.

— De cima do morro, no fundo do poço?

— É.

— Sempre esse sonho?

— Quase todo dia eu sonho que caí dentro do poço.

— Que estranho, né? Por que será isso?

— Não sei não. Pesadelo.

—Você tem medo?

—Vixi!

—Você sonha com o trabalho?

— Sonho nada. Com trabalho difícil, a gente nem sonha.

Encontrar o menino daqueles dias duros e noites torturadas se tornou uma obsessão para mim, para a editora da matéria e um desafio para o produtor Fabrício Lobel. Onde ele estaria? Será que os direitos trabalhistas inscritos na Constituição quatro anos depois daquela entrevista teriam alcançado o menino? As respostas só viriam se — e quando — o encontrássemos, o que não costuma ser fácil quando não é a fama, mas as dores de um homem do povo que ficaram guardados. Nos arquivos daquela época distante, são muitas as entrevistas sem nome escrito em tela ou mencionado pelo repórter, mas Ernesto Paglia sabia da importância daquele momento do país e do protagonismo exercido por homens, mulheres e crianças do campo. Ficou conhecida como "o Levante de Guaíba" a greve que, em maio de 1984, paralisou colheitas e o corte de cana no interior de São Paulo em plena ascensão do Proálcool, o programa do governo que visava reduzir a dependência dos combustíveis derivados do petróleo. A greve depois se espalhou por Minas Gerais e outros estados. Só na região de Ribeirão Preto se calculava em mais de 100 mil os boias-frias que, com suor do rosto, fizeram a fama da "Califórnia Brasileira", mas que muito pouco colhiam para si daquela riqueza. Em meio a embates violentos com a polícia, uma morte e longos dias de tensão, os trabalhadores conseguiram muito do que pleiteavam: que os patrões — e não os próprios lavradores — comprassem os equipamentos de trabalho e proteção, que fornecessem condução sem custo, descanso semanal remunerado, ao menos um mês de salário para quem ficasse doente e registro em carteira de trabalho, entre outros direitos. As mulheres conseguiram (no papel) equiparação de ganho com os homens, mas as crianças seguiriam trabalhando e ganhando cerca da metade do que recebiam os adultos. A proibição do trabalho infantil só viria quatro anos depois com a promulgação da Constituição.

Benedito Sérgio. A busca pelo menino que cortava cana começou, claro, pelo seu nome nas redes sociais. Eram muitos os Beneditos Sérgios no

Brasil. Nosso produtor refinou a busca para a região de Ribeirão Preto e foi navegando pelas estradas digitais até chegar a Barrinha, um município do cinturão da cana, vizinho a Ribeirão. Havia um Benedito Sérgio na cidade. A rede social dele quase não era usada, praticamente não tinha postagens, mas havia uma foto! O homem tinha uma cicatriz no rosto — só que do lado esquerdo —, e a do menino que procurávamos era do lado direito. Na grandeza ou na miudeza, o trabalho de reportagem é investigativo por natureza. Uma análise mais detalhada da foto revelou que um escudo do time do Santos no fundo da imagem estava invertido. Bingo! A cicatriz estava no lugar certo, e o passo final para encontrarmos nosso menino/homem foi descobrir, ali mesmo na rede social, que uma irmã de Benedito Sérgio vendia produtos de beleza e, por isso, anunciava seu telefone na expectativa de aumentar a clientela. Vibramos com o primeiro contato e, alguns dias depois, pegamos a estrada rumo ao interior de São Paulo ansiosos pelo encontro.

Foi em um dia de muito calor, nas obras de uma casa num condomínio de Ribeirão Preto, que vimos algumas das conquistas da Constituição de 1988 se materializarem na vida de um trabalhador. Encontrei Benedito Sérgio, o Té, passando massa de cimento numa janela. Minha alegria foi retribuída por um sorriso enorme e pela generosidade dele em nos contar, às vezes chorando, as dores e conquistas dos últimos 38 anos.

Desde 2012 ele trabalhava na construção civil com carteira assinada, recebia equipamentos de proteção, como o capacete que estava usando em nosso primeiro encontro, tinha vale-transporte e alimentação, horário certo para iniciar e encerrar o serviço, férias remuneradas, décimo terceiro... direitos que foram chegando aos poucos, ecoando lutas de trabalhadores e sindicalistas do passado, o levante dos boias-frias de Guaíba e os embates durante os quase dois anos de elaboração da Constituição Cidadã.

Em um cenário em que projetamos a obra *Operários*, pintada em 1933 por Tarsila do Amaral, a juíza do trabalho Olga Vishnevsky Fortes lembrou algumas das mudanças que aconteceram em 1988: "A importância da Constituição é absolutamente clara, porque houve uma diminuição da jornada de trabalho semanal de 48 para 44 horas, houve o reconhecimento da licença-maternidade e paternidade, o reconhecimento das estabilidades como as dedicadas às gestantes, houve a consolidação da multa de 40% do valor

124 *Graziela Azevedo*

depositado no fundo de garantia por tempo de serviço na dispensa sem justa causa. Nós tivemos a possibilidade de fazer com que os sindicatos se desvencilhassem do jugo governamental, porque para existir o sindicato era preciso uma autorização do governo antes de 1988 e isso acabou".

Foi o professor de direito constitucional José Carlos Vasconcellos dos Reis quem explicou a relevância que direitos ganham quando são escritos na Constituição, a Lei Maior do país: "O artigo 7º da Constituição é um bom exemplo disso. Ele traz ali um longo elenco de direitos trabalhistas e, com isso, dá a esses direitos a estabilidade que é típica de uma norma constitucional. Alguns desses direitos não são novidade [...], mas o fato de eles terem sido incorporados à Constituição e fazerem parte de seu texto expresso dá a eles um relevo e uma estabilidade maior do que seria se estivessem previstos apenas em legislação ordinária".

O segundo capítulo da Constituição começa com o artigo 6º, que define o trabalho como um direito social. Logo depois, vem o artigo 7º, citado pelo professor José Carlos Vasconcellos dos Reis e que beneficia quem teve a chance de ter uma carteira de trabalho assinada e respeitada de 1988 para cá. Esse artigo, detalhado em 34 tópicos que os juristas chamam de incisos, não ocupa mais que duas páginas e é muito fácil de ler e entender. Difícil é vê-lo cumprido integralmente e disponível a todos em um país onde o trabalho informal e a desigualdade imperam com persistência. Em 2022 eram pouco mais de 35 milhões de trabalhadores com carteira assinada para quase 39 milhões de trabalhadores informais, segundo dados do IBGE. De qualquer forma, ninguém, nenhum dos especialistas e trabalhadores que ouvimos para a série, duvida dos avanços que a Constituição trouxe para muitos que ganhavam, ganham ou vão ganhar a vida trabalhando como empregados para empresas e pessoas. Nesse particular, os direitos trabalhistas são diferentes daqueles que devem ser garantidos e prestados pelo governo — como o acesso à educação e saúde. O Estado emprega muita gente, mas com exceção dos serviços públicos, quem gera postos de trabalho são pessoas e empresas privadas de todos os tipos e tamanhos. Logo, a concretização dos direitos trabalhistas depende de contratação e cumprimento das leis. Por isso muito se fala na necessidade de crescimento econômico, melhoria do ambiente de negócios e no desafio de lidar com as novas relações de trabalho nas plataformas digitais. Porém, antes de imaginarmos o que pode melhorar o presente e o futuro, vamos seguir relembrando o que o passado ensinou.

A luz alaranjada do fim de tarde fazia uma combinação linda com o caloroso abraço das duas netinhas que correram até a esquina para receber o avô na volta para casa. Nosso segundo encontro com Benedito Sérgio aconteceu na casa dele, em Barrinha. Atrás do muro de tijolos baianos ainda sem reboco, num alpendre de cimento rodeado por sofás, cadeiras, uma rede e uma mesa, ele contou que a casa própria foi construída com suas próprias mãos. Em uma temporada de desemprego, em que o facão da cana ficou encostado, ele e os vizinhos ergueram em mutirão cerca de cinquenta casas em um terreno doado pela prefeitura. São moradias simples erguidas em torno de uma praça. Muitas já têm acabamento e pintura, mas muitas ainda apresentam o exterior de tijolos nus. Ali no alpendre, chegando de sua jornada — agora oficial — como pedreiro, ele apresenta alguns dos sete filhos, a esposa, dona Cidinha, e fala do xodó com as duas netas e o netinho encantadores.

Muito do que vínhamos estudando e pesquisando sobre os avanços da Constituição de 1988 vai ganhando dimensão do real naquela casa e naquela conversa. Numa estante na entrada da cozinha, onde dona Cidinha mexe as panelas do jantar, estão fotografias dos filhos com diplomas escolares nas mãos e os troféus de um deles, que já morou até na Albânia, perseguindo o sonho de ser jogador de futebol profissional. Uma das filhas faz curso de auxiliar de enfermagem e tem planos de seguir para o curso superior e de especialização. Eu pergunto se algum deles teve que cortar cana como ele quando menino, e é com graça e orgulho que Benedito Sérgio responde: "Graças a Deus, esses aqui, se mostrar cana pra eles, eles 'pensa' que é pra fazer garapa!".

O riso cessa e uma emoção dolorida muda o semblante quando Benedito Sérgio se lembra da própria infância perdida nos canaviais. Conta que começou cortando as pontinhas da cana para ajudar a mãe. Aos dez anos, já usava o facão como se fosse gente grande. Um ano mais novo, o irmão de Benedito teve um pedaço do dedo arrancado pela lâmina. Para evitar problemas, o patrão registrou a carteira dos dois às pressas. Isso, na verdade, fazia pouca diferença naquele final dos anos 1970 e começo dos 1980, quando os trabalhadores rurais não tinham os mesmos direitos dos trabalhadores da cidade que já eram cobertos pela CLT (Consolidação das Leis do Trabalho). Benedito Sérgio sente hoje na pele a diferença. Ele diz que chega do trabalho menos cansado, uma realidade bem diferente da lida no corte da cana: "Lá eu chegava tudo preto de cana, aqui eu chego parecendo que vou desfilar... [risos]. Já é uma mudança. Chegava da lavoura só por Deus, chegava totalmente já acabado. Muitas vezes, eu chegava da lavoura e nem pra dentro de casa eu entrava. A primeira coisa que fazia era deitar no chão".

O cansaço vinha das toneladas colhidas, e o pretume nas roupas de Benedito Sérgio, da antiga técnica de queimar a cana para aumentar o rendimento e facilitar um pouco o corte manual que tingia as roupas e os corpos dos trabalhadores com as cores da cinza.

Também são dessa época as lembranças de uma outra trabalhadora que lutou por um novo tempo.

## NAIR JANE

É a linda imagem de uma mulher negra segurando uma carteira de trabalho ao lado do rosto sorridente que compõe o cenário da entrevista, dessa vez, especialmente montado para a dona do sorriso. De vestido estampado de azul, agasalhada por um casaquinho e um xale brancos como seus cabelos presos, ela caminha lentamente, apoiada na bengala, mas quando senta na cadeira no centro do estúdio, aquela fragilidade se desfaz na firmeza da fala e do olhar. A conversa conduzida por mim durou cerca de duas horas e terminou de maneira rara nesse tipo de trabalho: foi aplaudida por todos os profissionais que estavam no estúdio. Dona Nair Jane estava com noventa anos de idade quando nos emocionou relembrando sua história de luta por uma categoria que esperou muito para ser reconhecida como merecedora de direitos: a dos empregados domésticos. Uma antiga entrevista dela encontrada em nosso acervo tinha chamado a atenção, e decidi começar nossa conversa exibindo um trecho no telão. Nele, a jovem Nair Jane dizia: "A gente ouve dizer que a sociedade brasileira ainda não se adaptou ou ainda não se acostumou ou ainda não esqueceu os resquícios da escravidão, então, acha que a trabalhadora doméstica não merece esses direitos, não merece essas conquistas".

Quando retornamos para nossa conversa no estúdio, dona Nair Jane volta ainda mais no tempo para contar que vivia em um orfanato em Minas Gerais quando foi "escolhida" por uma família do Rio de Janeiro. Começou assim, aos nove anos de idade, a trabalhar como empregada doméstica: "Não tinha salário, não tinha nada, mas tinha roupa, tinha sapato, tinha comida".

Dona Nair Jane tem carinho pelos antigos patrões, não guarda mágoas daquele tempo em que o absurdo parecia normal e comum, mas se orgulha de ter despertado para a injustiça e para a luta contra o que hoje conhecemos como trabalho análogo à escravidão: "Senti que não queria ver outras companheiras como eu trabalhar sem salário durante onze anos. Eu achava uma injustiça aquilo e queria que a justiça fosse feita, mas sozinha também... Eu não podia".

Foi ao lado de outras trabalhadoras domésticas e lideranças que conheceu nos agitados anos 1970 e 1980 que dona Nair Jane chegou a Brasília durante a Constituinte. Eu assisti a esse pedaço de sua história em reportagens do nosso acervo e nas velhas fotos e recortes de jornal que em nosso segundo encontro ela espalhou sobre a mesa do Sindicato dos Trabalhadores e Empregados Domésticos de Nova Iguaçu, na Baixada Fluminense, no Rio de Janeiro. Em uma das fotografias, ela aperta a mão do deputado Ulysses Guimarães, presidente da Assembleia Nacional Constituinte. Em outra, ela lhe entrega a carta de reivindicações que, em parte, se tornaram direitos conquistados ou confirmados pela nova Constituição.


A Constituição de 1988 trouxe muitos avanços importantes para os direitos dos trabalhadores. Alguns que já existiam, como a licença-maternidade, foram ampliados — e outros foram incluídos, como o tratamento igual para trabalhadores rurais e urbanos.

Para quem limpava, cozinhava, cuidava das crianças e das casas de tantos brasileiros, a equiparação com outras categorias não veio de uma vez só. Para a categoria dos trabalhadores domésticos, ficaram assegurados alguns direitos em 25 incisos, entre eles, o salário mínimo, que não pode ser reduzido, o décimo terceiro e o aviso prévio.

Para os trabalhadores em geral, mesmo as garantias que vinham da CLT, a Consolidação das Leis do Trabalho de 1943, ganharam força ao serem escritas na Lei Maior do país.

Empresários e trabalhadores sabiam da importância do que estava sendo discutido ali e debateram muito as suas posições. Assim, se chegou ao meio-termo da indenização rescisória que deu origem à multa para a demissão sem justa causa.

A Constituição fortaleceu também as negociações coletivas, garantido autonomia e liberdade sindical. Os acordos prevaleceram sobre as divergências entre parlamentares de direita, de esquerda e de centro. Mesmo numa área naturalmente conflituosa, a Constituição de 1988 mostrou caminhos.

É o jornalista e ex-deputado constituinte Antônio Britto quem define e defende com muita firmeza o resultado daqueles meses em que lideranças de trabalhadores e empresários agitaram Brasília com discussões acaloradas: "Eu nunca converso com uma pessoa mais jovem do que eu — e hoje quase todo mundo é mais jovem do que eu — sem dizer: 'Não se engane… se não quiser dizer que o Brasil é melhor hoje do que era há trinta anos, diga que o Brasil é menos pior (sic), mas o Brasil melhorou, melhorou, sim'".

Britto participou intensamente daquele momento. Era deputado pelo MDB, partido que, de opositor à ditadura, se firmou como de centro naquele período. E foi dessa posição que ele viu a direita e a esquerda muitas vezes cederem e trocarem posições radicais ou intransigentes pelo consenso. Foi o caso da reivindicação de estabilidade no emprego que, num acordo entre as partes, deu lugar ao que hoje conhecemos como a multa rescisória.

O que pode dar um norte viável e seguro para a maioria em uma área em que trabalhadores e empresários, patrões e empregados, têm pautas por vezes tão distintas e posições conflitantes? É Carlos Ayres Britto, ex-ministro do Supremo Tribunal Federal quem lembra que, além de melhorar a vida de trabalhadores e trabalhadoras e as relações entre patrões e empregados, a Constituição de 1988 foi um passo importante também para modernizar o país: "É preciso realizar a democracia social de que fala a Constituição. No artigo 170, sobre a ordem econômica, a Constituição diz que a ordem econômica, fundada na valorização do trabalho e na livre iniciativa, tem por fim a própria economia, o próprio capital. O capitalismo brasileiro tem por fim assegurar a todos existência digna, ou seja, materialmente digna".

## APOSENTADORIA (IN)DIGNA

"Dagmar Borges Ramos foi diretora de escola e coordenadora regional de ensino, mas a aposentadoria que ela recebe hoje é de sessenta centavos, isso mesmo: sessenta centavos!" Essa chamada iniciava a reportagem do *Fantástico*. Duas moedas jogadas sobre uma mesa ilustram a reportagem de 1979 no Fantástico sobre uma professora aposentada do Espírito Santo. Quando me formei em jornalismo, em 1985, essa ainda era uma realidade para milhões de aposentados do Brasil. Fiz muitas reportagens sobre o drama de homens e mulheres que, depois de uma vida de labuta, não ganhavam o suficiente nem para comprar uma cartela de dipirona. Com essas lembranças em mente, procuramos registrar na série a grande mudança que foi a garantia de um salário mínimo aos aposentados escrita na Constituição Cidadã de 1988. No dia da votação, a voz grave e inconfundível de Cid Moreira anunciou no *Jornal Nacional*: "Para 7 milhões de aposentados, o dia de hoje da Constituinte vai entrar na história. As pensões dos aposentados vão ser calculadas com base no piso nacional de salário".

Imagens daquela sessão mostravam o plenário do Congresso Nacional lotado de aposentados que aplaudiam a conquista. Em um país e em um mundo onde a população vive cada vez mais, equilibrar o caixa da previdência não é fácil. Garantir uma velhice digna continua sendo um desafio, mas que seria ainda maior sem as correções feitas a partir de 1988.


Uma nostalgia orgulhosa tomou conta de nós, os jornalistas mais velhos da equipe que vivemos os quase dois anos de elaboração da Constituição. Já os colegas mais jovens se espantavam ao ver nos arquivos de reportagens antigas as mazelas de um Brasil recém-saído da ditadura, um país vergonhosamente carente de direitos, mas que seguia resoluto e esperançoso rumo a novos tempos. E que alegria ver que os telespectadores embarcaram conosco na emoção enviando pelas redes sociais mensagens como essas:

"Muito triste essa matéria do *Jornal Nacional*. É difícil acreditar que é/foi a realidade de muita gente."
(GABRIEL MOREIRA)

"Esse resgate histórico de personagens de quarenta anos atrás foi um tiro certo."
(F. TORRES)

"Que reportagem linda esta do rapaz que cortava cana. Chorando horrores com ele."
(@VANLOLSAN)

"Que reportagem linda e necessária sobre a Constituição no *Jornal Nacional*."
(NATÁLIA COELHO)

"Infelizmente muitos ainda trabalham em condições análogas à escravidão."
(DANIEL MARTINS)

A Constituição Cidadã foi um farol, mas a navegação pelas águas da nossa jovem democracia realmente deixou lições de vigilância. Em 2021, quase dois mil trabalhadores foram resgatados de condições análogas à escravidão no Brasil. As irregularidades foram da falta de qualquer tipo de contrato às jornadas excessivas sem água nem comida. Em 2023, o Ministério Público do Trabalho resgatou de uma só vez 207 trabalhadores que, em vinícolas de Bento Gonçalves, na Serra Gaúcha, eram explorados e submetidos a tratamento cruel. A Justiça determinou o pagamento dos direitos trabalhistas e de indenizações por danos morais a cada um deles, além da criação de um fundo voltado a projetos e entidades que combatem essas práticas que são "resquícios da escravidão", como alertou dona Nair Jane no início da nossa reportagem.

Se um passado terrível ainda assombra quando se revela em casos assim, um futuro que já chegou clama por medidas urgentes. Aproveito a entrada no tema que finalizou a nossa reportagem sobre trabalho para testar a mais recente, impressionante e comentada ferramenta da era digital. Pergunto a um *chatbot* de inteligência artificial quantas pessoas no mundo trabalham hoje para plataformas de serviço. A resposta foi a seguinte:

Infelizmente não há uma resposta exata para essa pergunta, pois o número de pessoas que trabalham para plataformas de serviços é altamente variável e depende de vários fatores, como a região geográfica, a natureza do trabalho e a disponibilidade de tecnologia. Além disso, muitos trabalhadores podem ter empregos de meio período e trabalhar para várias plataformas ao mesmo tempo, o que dificulta a obtenção de dados precisos. No entanto, algumas estimativas sugerem que milhões de pessoas em todo o mundo trabalham para plataformas de serviços incluindo motoristas de aplicativos, entregadores, trabalhadores de microtarefas e freelancers. De acordo com um relatório da Organização Internacional do Trabalho (OIT), publicado em 2020, cerca de 5% da força de trabalho global (ou seja, cerca de 190 milhões de pessoas) estaria envolvida em trabalhos de plataforma digital. No entanto é importante lembrar que esses números podem estar subestimados, já que muitos trabalhadores não se idéntificam como "trabalhadores de plataforma" e podem não estar incluídos em pesquisas e estatísticas oficiais.

Pergunto ao robozinho, que já mora em milhares de celulares pessoais e computadores corporativos, se ele vai tomar o emprego de muitas pessoas, como tememos muitos de nós. A resposta foi a seguinte: "Como assistente virtual, não sou capaz de tomar o emprego de ninguém. Minha função é ajudar as pessoas a realizarem tarefas simples e rotineiras, liberando seu tempo para se concentrarem em tarefas mais importantes e complexas. Além disso, as assistentes virtuais são uma ferramenta complementar à equipe e não substituem a necessidade de colaboradores humanos".

As palavras da assistente virtual não são convincentes para quem acompanha ou sente na pele o aumento da informalidade e as ondas de desemprego que já preocupavam os constituintes naquele final dos anos 1980. Foi por isso que previram no inciso XXVII do artigo 7º a "proteção em face da automação [...]".

Essa questão sobre o impacto das mudanças tecnológicas no mundo do trabalho foi abordada em uma entrevista com o professor de direito constitucional da usp Virgílio Afonso da Silva. Virgílio seguiu os passos do pai, o jurista José Afonso da Silva, que participou ativamente da Assembleia Nacional Constituinte de 1988 como assessor convidado. Como herdeiro da paixão constitucional, ele fala de um texto que pode resistir ao tempo quando bem interpretado ou atualizado: "Eu posso interpretar a proteção em face da automação da seguinte forma: qualquer automação é proibida, não pode substituir pessoas por máquinas. Para dar um exemplo concreto: eu não posso substituir o cobrador de ônibus por uma catraca eletrônica. Isso, durante muito tempo, foi a interpretação de muita gente em relação a esse dispositivo. Se nós temos que proteger as pessoas contra a automação, eu tenho que bloquear a automação, mas o mundo não para. Eu posso interpretar esse mesmo texto — que é uma garantia das pessoas contra automação — de outra forma, que é: a automação é um fato. Ou seja, a participação, a substituição de pessoas por máquinas em alguns trabalhos é simplesmente um fato contra o qual não adianta lutar. O que significa proteger as pessoas contra a automação? É fazer com que elas sejam treinadas, por exemplo, para fazer outras coisas, para conviver, para fazer essas próprias máquinas. É possível fazer uma série de coisas, investir em educação, investir em possibilidades de mudança de trabalho, além da possibilidade de lidar com essas máquinas, o que também cria novos empregos. Ou seja, o mesmo texto constitucional pode ser interpretado de mais de uma forma. Eu posso querer bloquear o mundo ou eu posso tentar compreender o mundo a partir desse texto. Às vezes, o desafio é mais fácil, às vezes é mais difícil".

A mesma discussão avançou com um recado aos legisladores da juíza do trabalho Olga Vishnevsky Fortes, que diariamente enfrenta nos tribunais questões novíssimas e ainda sem definições firmes da legislação trabalhista — seja aqui no Brasil ou em outros países. Nem as nações mais ricas, progressistas e igualitárias da União Europeia chegaram a um acordo sobre como garantir previdência e proteção ainda que mínima contra acidentes, doenças e jornadas estafantes para o trabalho em plataformas e outros meios digitais. A juíza ensina que nem toda relação de trabalho é uma relação de emprego, que necessita de quatro requisitos: onerosidade, habitualidade, pessoalidade e — o mais importante — subordinação: o empregado fica subordinado aos modos e meios de produção ou de trabalho do empregador. Existem contratos de trabalho que são onerosos, pessoais, habituais, mas em que não há subordinação. Olga tenta explicar de forma acessível a complexidade da questão: "Eu acho que é um desafio. Nós temos, por exemplo, o representante comercial. Ele é empregado? Não, mas existe uma lei específica para essa classe. Cabeleireira é empregada? Não, é parceira, mas tem uma lei específica para ela. Então, era preciso que surgisse uma lei sobre esse tipo de trabalho para garantir um patamar mínimo de proteção. Eu vejo a possibilidade de diminuição de encargos para o empregador para que haja mais empregos — ou pelo tomador, para que haja mais trabalho. Eu sou otimista, mas o governo tem que fazer a parte dele, que é regular essas relações. Então é preciso que o governo faça sua parte, o empregador, a dele, o empregado ou o trabalhador *lato sensu* também tenha um lugar na sociedade, não é? Eu acho que a democracia voltada para o social é o melhor caminho para a gente chegar a ter espaço para todos no mercado de trabalho, no futuro".

O ministro do Supremo Tribunal Federal Luís Roberto Barroso é uma das autoridades responsáveis por interpretar e, ao mesmo tempo, resguardar os princípios da Constituição. Na entrevista que nos deu para a série, ele lembrou a facilidade de adaptação prevista no próprio documento promulgado em 1988. "A Constituição precisou passar por muitas mudanças pela via da emenda para se adaptar a novas realidades mundiais. Esse é um fato. Nós temos estruturas democráticas e não há nada na Constituição que impeça que, por via de emendas, se façam as reformas e as adaptações necessárias. A Constituição brasileira só impede que se suprimam os direitos fundamentais."

O professor de direito constitucional José Carlos Vasconcellos dos Reis complementa: "Essa área é uma área tumultuada e conflituosa desde sempre. Eu acho que ela sempre vai ser tumultuada e conflituosa. Onde você tem interesses de classe envolvidos, evidentemente que o conflito vai ser permanente, e novos direitos sempre serão pleiteados de um lado, e por outro lado a relativização de certos direitos sempre será propalada, mas o fato é que esses direitos fazem parte da Constituição e isso lhes dá uma estabilidade típica de normas constitucionais. E essas normas constitucionais, naturalmente, podem ser adaptadas a novos tempos".

Em 2012, uma reportagem do *Jornal Nacional* alertava que, no Brasil, quando uma empresa contrata um trabalhador, ela assume um custo que representa o triplo do salário que ele recebe. O peso de encargos para empresas e pessoas que contratam é uma questão que desafia a imaginação econômica. Como ter recursos para tocar especialmente pequenos e médios negócios e garantir direitos básicos para uma vida digna para quem vive de sua força de trabalho?

Nem a Carta de 1988 — nem qualquer outra Lei Suprema do mundo — é capaz de dar todas as respostas. Porém, os mestres do direito ensinam que a Constituição é o ponto de partida. Busca corrigir injustiças do passado, proporcionar o debate como solução de problemas do presente e ser a base para a construção do futuro.

Foi com sua força e simplicidade que o pedreiro e ex-cortador de cana Benedito Sérgio, em nosso primeiro encontro lá em Barrinha, resumiu a lição dos debates entre trabalhadores, empresários e políticos durante a elaboração da Constituição: "Acho que quando senta todo mundo assim, igual 'tamo' aqui, agora, dialogando, sai alguma coisa, mas é a falta de vontade das pessoas de chegar e conversar, em especial dos que tão lá em cima, de fazer uma lei pra gente poder chegar lá e conversar sobre as coisas aqui, numa mesa redonda, igual futebol, tem de discutir só no bom sentido. Só na 'discutissão' é que vai sair alguma coisa boa. A luta continua. As 'pessoa', até vocês 'mesmo', que 'tão' fazendo essa matéria assim, mostra que vocês 'tão' na luta, que vocês não esqueceram".

Relembrar histórias do passado é também tarefa do jornalismo. Revisitar momentos decisivos para o país e ouvir as vozes de quem viveu e lutou as batalhas mais importantes do seu tempo, também. Só que fazer isso não é fácil e corriqueiro nesse acelerado século XXI, que nos empurra adiante como se só lá na frente estivessem as soluções para nossos dramas. Por tudo isso, foi um privilégio fazer parte de um projeto que mostrou a força e a resistência da nossa Constituição — e ver o quanto a Carta de 1988 é valorizada por quem teve a vida transformada por ela. Foi entre lágrimas que Benedito Sérgio reviu no estúdio as cenas em que ele, ainda menino, cortava cana naquela reportagem de 1984. Depois, com sua carteira de trabalho nas mãos, sentenciou: "Foi importante, viu? Porque foi uma mudança pra todos, né? Não foi só para a época. Está servindo pra agora também, né? Porque através daquilo lá, hoje a mudança no trabalho foi outra".

Já Nair Jane, a menina que saiu do orfanato para trabalhar como empregada doméstica e que lutou por sua categoria, chegou aos noventa anos para falar, com toda propriedade, sobre o que deve seguir resistindo às ameaças e ao tempo: "É um legado que nós ganhamos, que nós temos que fazê-lo prevalecer, não deixá-lo escoar pelo ralo. Democracia, Constituição sempre, sempre!".

# 12
## EDUCAÇÃO

*Graziela Azevedo*

NÃO HÁ MAIS TELHADO naquela que um dia foi casa e sala de aula. Partes das paredes são escombros espalhados pelo terreno seco do Sertão Pernambucano. O professor chega, seu olhar percorre o lugar e denuncia o resgate de lembranças antigas. Ele se abaixa, esfrega as mãos na mistura de terra e poeira e chora em silêncio.

Filho de um trabalhador rural que virou pedreiro e de uma dona de casa que nunca estudaram, Risalvo Novaes de Souza se encantou pela escola assim que conseguiu entrar em uma. A possibilidade de comer mais do que o pouco que tinha em casa foi o primeiro atrativo, mas tudo o que ia além da comida alimentou nele a paixão por aprender e ensinar: "É poder acreditar que a educação transforma, porque ela me transformou".

Foi esse homem transformado que voltou às origens para nos contar sua jornada. O começo da história estava nos arquivos do jornalismo da Globo, contada pela repórter Beatriz Castro: "Risalvo Souza tinha apenas doze anos quando surpreendeu o Brasil com uma ideia ambiciosa: criou uma escolinha improvisada no fundo do quintal de casa e virou professor de sessenta meninos e meninas pobres de Petrolina".

Sentado no estúdio da série "Brasil em Constituição", Risalvo reviu, emocionado, a reportagem. Lembrou dos pais analfabetos, de quando vendia sacolés na beira do rio São Francisco, das filas que a mãe enfrentou para conseguir vaga nas poucas escolas daquele interior nordestino e da satisfação que tinha ao dividir o que aprendia com crianças ainda mais carentes do que ele: "Eu sonhava em levar esperança. No fundo, eu acreditava na esperança de poder transformar as crianças, os meus amigos e os meus colegas para melhor... e ainda sonho".

Histórias como a do menino que superou barreiras e em 2022 era professor de artes em escolas públicas de São Paulo são emocionantes, inspiradoras e cheias de valor. Sozinho, e depois com ajuda dos que conheceram o menino-professor, Risalvo fez muito por sua comunidade. Mesmo assim, é justo que crianças pobres tenham que fazer tanto sacrifício para estudar? Será que ensinar e aprender deveriam ser atos quase heroicos? A resposta deveria ser o que a gramática classifica como um advérbio que indica recusa: NÃO! Essa resposta firme demorou a chegar, e o Brasil ainda está em recuperação por atraso na lição que outros países aprenderam muito antes: não há desenvolvimento sustentável com mobilidade e bem-estar social sem educação de qualidade e para todos, não apenas para alguns, como ressalta Priscila Cruz, presidente-executiva da organização Todos Pela Educação: "A gente ouve até hoje: 'Ah, quando eu estava na escola pública, ela era de qualidade, a gente tinha bons professores, a escola era linda'. Essa frase é uma falácia, porque essa escola atingia um contingente muito pequeno das crianças e jovens do Brasil. É aquele fenômeno da bolha. Em geral, essas pessoas estavam em uma bolha socioeconômica de maior poder aquisitivo, de maior renda. Então, naquela bolha, ela enxergava outras crianças que também estavam na escola, mas que também tinham uma renda maior — e não conseguia enxergar que a grande maioria das crianças e jovens estava fora da escola".

Muitas dessas crianças e adolescentes ausentes nas escolas estavam trabalhando. Já foi muito usado o argumento de que o trabalho educa e dignifica o homem, mas o trabalho só dignifica o futuro quando poupa as crianças. Durante séculos, elas não foram poupadas. É famosa a frase atribuída à sabedoria indígena de que "é preciso uma aldeia inteira para educar uma criança". Essa teia de cuidado social é mais uma lição demorada de se aprender. Desde a chegada dos portugueses, crianças foram escravizadas, submetidas a toda sorte de violência e aos trabalhos dos mais leves aos mais pesados e perigosos. Temos aqui mesmo neste livro exemplos do menino-trabalhador, o Benedito Sérgio, que desde os onze anos cortava cana para sustentar a família; e de dona Nair Jane, que aos nove anos foi levada de um orfanato para trabalhar em uma casa de família. A pesquisa da historiadora Esmeralda Moura, *Crianças operárias na recém-industrializada São Paulo*, é uma referência para especialistas em educação e infância. As informações levantadas por Esmeralda denunciam que, no começo do século XX, as crianças eram 40% da mão de obra nas fábricas têxteis do estado mais populoso do Brasil.[*]

A Constituição de 1988 virou páginas tristes da história de uma infância totalmente desprovida de direitos, mas ainda há muito a se fazer.

## UM SIM PARA UM NOVO TEMPO

"Em um país de 30,4 milhões de analfabetos, afrontosos 25% da população, cabe advertir: a cidadania começa com o alfabeto." Essa frase foi parte do discurso do deputado Ulysses Guimarães no dia da promulgação da Constituição de 1988 e não era só uma bronca do mestre, mas uma convocação para a ação. O presidente da Assembleia Nacional Constituinte estava cumprindo ali um compromisso com o futuro, uma promessa feita para os milhares de crianças e adolescentes que se mobilizaram e a todos os outros que esperavam por um novo tempo. Quando pesquisávamos os arquivos para a série "Brasil em Constituição", encontramos muitas cenas de crianças no Congresso Nacional que reivindicavam direitos que nunca tinham feito parte de constituições brasileiras. Em uma dessas cenas, André, um menino negro, representante dos que moravam nas ruas, entrega ao presidente da Constituinte uma placa feita em asfalto.

Esse foi o diálogo entre o jornalista, o menino André e Ulysses Guimarães naquele dia de 1987:

---

[*] MOURA, Esmeralda Blanco Bolsonaro de. Crianças operárias na recém-industrializada São Paulo. História das crianças no Brasil. São Paulo: Contexto, 2000. Disponível em: https://biblio.fflch.usp.br/Moura_EBB_1_1237735_CriancasOperariasNaRecem-Industrializada SaoPaulo.pdf. Acesso: 02 jun. 2023.

**André:** O asfalto é porque significa o lugar onde as crianças que não têm casa dormem.

**Repórter:** Você acredita que a Constituição vai melhorar a vida de vocês?

**André:** Se o coração do Ulysses for mole, né? Se ele tiver um coração mole...

**Ulysses Guimarães:** Eu vou levar essa placa como uma lembrança constante e vou fazer um esforço, todo o esforço, para que façamos o melhor diante da Constituição.

**Repórter:** André, você está satisfeito?

**André:** Estou.

**Repórter:** Você acha que ele tem coração mole?

**André:** Agora estou vendo que tem, né?

As crianças, claro, não estavam sozinhas. Educadores, assistentes sociais, professoras, jovens estudantes, pediatras, pais e mães vinham se articulando para colocar a infância num outro patamar e conferir às crianças a condição de sujeitos de direitos. Segundo o professor e presidente da Comissão Nacional Criança e Constituinte Vital Didonet, "A Constituição foi um trampolim para a gente dar um salto nesse terreno em que estávamos muito atrasados".

O professor Vital fala com a autoridade de quem colaborou para esse salto. Ele nos contou que a presença constante de meninos e meninas no Congresso Nacional criava ali um clima mágico que realmente tocou o coração de deputados e senadores. Só que apenas a candura infantil não bastava para promover uma mudança urgente, radical e profunda.

Para informar a sociedade sobre o que acontecia na Assembleia Nacional Constituinte, o Congresso criou um jornal que circulou de junho de 1987 a outubro de 1988. Foi nesse semanário que a Comissão Nacional Criança e Constituinte descreveu o retrato dramático da infância e da juventude naquele final de anos 1980: "Imagine cinco bombas de Hiroshima lançadas, a cada ano, sobre o Brasil, ou 400 mil mortos: essa é a soma de nossas crianças, entre zero e quatro anos de idade, que morrem anualmente por falta de condições mínimas de sobrevivência. Infelizmente, a dramaticidade da situação não para somente nos altos índices de mortalidade infantil. Os números são mais eloquentes do que as palavras: 67 milhões de crianças e adolescentes carentes, dos quais, 45 milhões em condições subumanas de vida, isto é, subalimentadas, subassistidas sanitariamente, subabrigadas, subempregadas etc. Há 12 milhões de abandonados, sendo que 7 milhões vivem nas ruas, sem quaisquer laços de família, de sociedade, de ninguém e de nada. Dos também 7 milhões de portadores de deficiência física, apenas cerca de 90 mil recebem alguma assistência. Dez milhões estão fora da escola (de cada cem crianças que iniciam os estudos, apenas oito concluem o 1º grau). Meninas de oito e nove anos prostituídas somam aproximadamente 3 milhões. Crianças de cinco e seis anos são exploradas acintosamente no trabalho do campo como boias-frias que trabalham como adultos, mas recebem como menores. Há 15 milhões de jovens e meninos em estado grave de subnutrição. Isso explica por que 80% dos rapazes convocados para o serviço militar são dispensados por falta de condições físicas. Junte-se a essas dolorosas estatísticas o confinamento ilegal, as violências, a indiferença, o ódio, toda sorte de doenças da pobreza e o extermínio pelo simples fato de serem crianças abandonadas. O que o Brasil está esperando do seu futuro?".

O momento de virar o jogo era aquele. O texto da Constituição estava na fase final de elaboração, e Vital Didonet, ao lado de seu grupo, fez marcação cerrada para tocar também o coração do relator da Constituinte, o deputado Bernardo Cabral, como lembra o professor: "O Bernardo Cabral já estava com o texto quase pronto para apresentar. Fomos lá falar com ele: 'Olha, Bernardo, a sociedade não está satisfeita'. Ele, porém, retrucou que não podia incluir todos os nossos pedidos, mas eu expliquei: 'Não se trata de tudo. Trata-se do essencial'. O deputado então pediu para a gente fazer uma lista dos nossos pedidos e nos ofereceu uma cadeira. Puxamos mais outra, porque éramos dois, eu sentei diante da máquina de escrever e ensaiamos uma redação".

Foi esboçado, assim, depois de muita discussão e muita luta, aquele que é um dos mais belos e completos artigos da Constituição Cidadã, como bem disse Priscila Cruz: "Se tem um artigo que é para emoldurar e colocar na parede é o 227".

**Art. 227.** É dever da família, da sociedade e do Estado assegurar à criança, ao adolescente e ao jovem, com absoluta prioridade, o direito à vida, à saúde, à alimentação, à educação, ao lazer, à profissionalização, à cultura, à dignidade, ao respeito, à liberdade e à convivência familiar e comunitária, além de colocá-los a salvo de toda forma de negligência, discriminação, exploração, violência, crueldade e opressão [...]

Esse artigo conferiu à criança e ao adolescente a condição de cidadão e estabeleceu que eles são prioridade absoluta, expressão que não foi usada em nenhum outro trecho da Constituição. Essa primazia dá a toda a sociedade a responsabilidade de buscar alternativas que concretizem esses direitos, não importando onde e em que situação estejam nossas crianças e adolescentes.

O professor de direito constitucional da USP Virgílio Afonso da Silva demonstra, em tom de convocação, a extensão atual dessa responsabilidade: "Logo após a promulgação da Constituição de 1988, nós tivemos a promulgação do Estatuto da Criança e do Adolescente, que também é uma lei muito avançada para sua época. Contudo, basta andarmos na rua, obviamente, para sabermos que ainda existe muito a ser feito".

QUE PAÍS É ESSE?

Nunca achei justo o título de "década perdida" dado aos anos de 1980. Sim, o país ainda vivia uma ditadura agonizante e suas nefastas consequências sociais e econômicas, mas era presente e pungente a disposição para mudar as coisas, e parte dessa energia explodiu ao som das guitarras e nas letras contestadoras do rock nacional. Em 1987, Renato Russo lançou com sua Legião Urbana a música que havia composto em 1978, período ainda terrível da ditadura militar. O disco vendeu mais de 1,5 milhão de cópias e a música-título, *Que país é esse* embalou uma geração ansiosa por transformação. Os jovens que lotaram as praças do país na campanha pelas eleições diretas em 1986 também se fizeram presentes no Congresso Nacional durante a Constituinte.

A jornalista Ana Beatriz Magno foi convidada a lembrar esse período depois que encontramos no acervo do Congresso uma imagem dela militando pela educação junto a outros jovens em Brasília, nesse mesmo 1987: "Eu estava começando na universidade, no centro acadêmico, e a gente tinha uma série de caravanas nacionais que iam ao Congresso pressionar pelo capítulo da educação. E esse era um ponto muito importante. Precisávamos de verba pública para a universidade pública, verba pública para escola pública. Era não só uma participação ativa, mas uma participação comprometida e responsável com esse novo Brasil, com essa utopia de um Brasil que respeitava a Constituição e que construía a Constituição. O grande barato da Constituição é que ela foi um processo de construção de uma nova ordem jurídica para o Brasil, uma construção coletiva. Eu acho que essa é a grande diferença".

A articulação política somada a essa energia transformadora dos jovens resultaram no capítulo III da Constituição, que trata da educação, da cultura e do esporte. Vale a pena destacar dois dos artigos que são a base conceitual para as regulamentações e leis que vieram depois para tornar o ensino fundamental obrigatório e gratuito:

> **Art. 205.** A educação, direito de todos e dever do Estado e da família, será promovida e incentivada com a colaboração da sociedade [...].

O artigo 206, em seu inciso II, detalha como o ensino será ministrado:

> II. liberdade de aprender, ensinar, pesquisar e divulgar o pensamento, a arte e o saber;

Como explica Priscila Cruz: "Quando a gente olha, nos anos 1970, pré--Constituição de 1988, tínhamos menos de 10% das crianças da faixa etária pré-escolar matriculadas. Sessenta por cento das crianças na faixa do fundamental estava fora da escola, e a gente tinha mais de 70% dos jovens da faixa etária do ensino médio longe das carteiras. Ou seja, muito mais da metade das crianças e jovens da educação básica não estudava. Essa carência de educação era invisível antes. Essas crianças e jovens não eram enxergados, eles não eram cidadãos de direitos. A Constituição Federal de 1988 acaba com isso e garante que a escola é para todos. Aí, os governos posteriores fizeram uma corrida muito positiva, uma boa corrida para matricular todas essas crianças e jovens na escola. Houve uma priorização maior em relação a vagas, a expandir essas vagas e garantir matrícula para todos — e uma preocupação menor — ou até mesmo uma maior dificuldade — de garantir qualidade para todos".

A mudança foi radical. O Brasil entrou no século XXI com o ensino fundamental universalizado, com praticamente todas as crianças de até catorze anos nas escolas. O censo escolar de 2022 registrou 47,7 milhões de estudantes em todas as fases da educação básica nas mais de 178 mil escolas do Brasil, mais de 80% dos estudantes em escolas públicas. A taxa de analfabetismo entre crianças e jovens é de menos de 6% e o trabalho infantil é crime.

Concretizar o que pregava a Constituição exigiu recursos. O artigo 212 já especificava valores mínimos da receita de impostos que deveriam ser aplicados na educação: governo federal entra com 18%, estados e municípios, com 25%. Para reduzir desigualdades econômicas entre municípios e estados com possibilidades muito diferentes de arrecadação foram criados o Fundeb (Fundo de Manutenção e Desenvolvimento da Educação Básica e de Valorização dos Profissionais da Educação) e o Fundef (Fundo de Manutenção e Desenvolvimento do Ensino Fundamental e de Valorização do Magistério). Os dois fundos redistribuem as verbas para que escolas de cidades mais ricas e com poucos alunos não levem vantagem sobre escolas de lugares mais pobres com muitos alunos. É uma matemática que soma os recursos e procura distribuí-los pelo número de alunos matriculados. Essa garantia de verbas, somada ao empenho de gestores e comunidades locais, vem criando exemplos de muito êxito, de bom ensino e ótimos resultados. Uma dessas vitrines é uma escola rural de Coruripe, no interior de Alagoas. Em 2017, a Escola Municipal Vereador José Wilson Melo Nascimento atingiu a nota 9,9 no Ideb (Índice de Desenvolvimento da Educação Básica) e foi eleita a melhor escola do Brasil.

Lamentavelmente, o endereço ainda condena muitos alunos a um ensino distante do ideal. Se a inclusão foi a grande batalha do passado, agora é o investimento em qualidade que precisa sair do papel e chegar a todos. É praticamente unânime entre especialistas a necessidade de valorizar e formar bem os professores, tornar a escola mais atraente para os jovens, ampliar o ensino integral e aumentar as vagas nas creches e pré-escolas. É preciso também equipar as unidades de ensino e tirar muitas delas literalmente da escuridão. Um levantamento da Agência Nacional de Telecomunicações (Anatel) realizado em 2022 mostrou que 35% das escolas do Acre não tinham energia elétrica. Cerca de metade das escolas dos estados no norte do país não possuíam acesso à internet de banda larga.

As carências ainda persistem de um lado e, do outro, o dinheiro vai para o ralo da corrupção. Em junho de 2023, uma reportagem de Maurício Ferraz no *Fantástico* revelou que verbas do chamado orçamento secreto da Câmara dos Deputados foram usadas para comprar kits de robótica superfaturados e em quantidades absurdas. Kits que no mercado custam cerca de 600 reais chegaram a ser comprados por 14 mil. Os criminosos agiram em pelo menos 46 cidades de Alagoas. Sobre o tema, o ministro do Superior Tribunal de Justiça Herman Benjamin nos disse, indignado: "Para mim, um dos piores atos de corrupção, e que deveria ser crime hediondo, é desviar recursos da educação, porque a um só tempo nós estamos prejudicando o presente, o futuro e o futuro remoto. E o estamos retirando das pessoas individualmente, da coletividade como um todo e das gerações futuras".

Alagoas tem bons e maus exemplos, como todo o resto do país. O esforço para avançar com os bons e eliminar os daninhos tem que ser amplo, geral e irrestrito. A educação tem impacto em todas as áreas, é alavanca para a economia, é melhoria na saúde, melhora a vida na cidade, no campo, ajuda na preservação do meio ambiente, pode ser vacina contra discriminações e preconceitos. O Brasil tem uma poderosa massa crítica de ótimos educadores, gente capaz de acertar o foco e enxergar os problemas reais. O que não podemos é perder mais tempo e desperdiçar energia, como alertou o ministro do STF Luís Roberto Barroso: "O maior problema, a meu ver, no Brasil hoje é a educação básica e que, nos últimos tempos, tem sido largamente negligenciada. Portanto, a não alfabetização da criança na idade certa; a evasão escolar no ensino médio; o déficit de aprendizado, porque a criança termina o ensino fundamental e o ensino médio e não aprendeu o que tinha que aprender; e a falta de atratividade da carreira de professor são exemplos disso. Agora, quem acha que o problema da educação no Brasil é identidade de gênero, escola sem partido ou saber se 1964 foi golpe ou não, está assustado com a assombração errada. Está atrasando o país".

A Constituição de 1988 deu régua e compasso, mas o futuro tem que ser traçado por todos. Priscila Cruz lembra que a vontade dos legisladores, dos constituintes, precisa ser concretizada e constantemente ampliada com demandas feitas pela sociedade e acolhidas pelo poder público: "A gente tem uma série de políticas que deveriam ser a grande obsessão da gestão pública — de todos os ministros da Educação, do presidente da república —, que é acordar e dormir preocupados e fazendo a sua parte para que a educação seja para todos, seja de qualidade, seja em turno integral... para que a gente consiga cumprir esses preceitos constitucionais".

O professor Risalvo Novaes de Souza, o menino do Agreste Pernambucano que fez da educação o seu caminho, tinha um livro especial nas mãos quando deu o recado final de sua entrevista: "A Constituição é um tesouro, um tesouro para a nossa democracia. Tudo o que a gente precisa para transformar está aqui".

# 13
## Assistência social

*Graziela Azevedo*

*A grande causa da humanidade, a grande causa brasileira, continua a ser
o enfrentamento da pobreza extrema e das desigualdades injustas.*

Luís Roberto Barroso, ministro do Supremo Tribunal Federal

Parecia impossível escapar do labirinto. Os jovens empurrados para aquele caminho intrincado, aquele percurso feito para a perdição e o extravio, tinham pela frente, além da arquitetura assustadora, um monstro devorador de gente. Na mitologia grega, o heroico Teseu conseguiu escapar do Minotauro graças a sua espada e ao amor e à engenhosidade de Ariadne, que lhe deu um novelo de lã para ser desenrolado e o guiar para a saída. Teseu matou o monstro e salvou muitos jovens.

Desde esse tempo muito antigo, o labirinto é usado na literatura, no cinema e até nos jogos de videogame como metáfora ou exemplo de percurso difícil ou impossível. Wesley muitas vezes se sentiu como o prisioneiro, o caminhante em busca de uma saída difícil de encontrar. Ele me contou dos muitos amigos que morreram ou se perderam pelos caminhos. O labirinto de Wesley era a pobreza e a violência do lugar onde nasceu e passou boa parte da vida, um bairro na periferia da Zona Sul de São Paulo, como ele nos conta: "Era uma casa pequena, na comunidade — um cômodo, dois. Eu dormia com meus pais e as minhas irmãs no quarto delas. Então, era bem apertado. Sempre foi muito difícil em período de enchente porque o que se conquista durante o ano vai embora com a água. Perdia até o que não tinha".

Era difícil recomeçar a caminhada e mais difícil ainda encontrar uma saída: "Toda criança em bairro de baixa renda não pensa, na verdade, que vai conseguir ser alguém na vida, que vai conseguir ter um emprego, uma casa decente, que vai conseguir constituir família".

Conheci Wesley Nery em 1997. Era um menino de treze anos, olhos castanhos muito vivos e uma imaginação que já voava. Ele tinha achado a saída! O novelo de lã dessa nossa história foi a assistência social, e a Ariadne do Wesley se chama Dagmar, fundadora da Instituição Casa do Zezinho, que descrevi na reportagem da época e que estava guardada em nosso arquivo: "No início dos anos 1970, Dagmar era uma educadora cheia de sonhos quando a realidade de crianças perseguidas por justiceiros bateu a sua porta. Meninos jurados de morte nunca pararam de chegar, e o que era promessa de uma só mulher acabou se transformando em uma grande rede de cooperação e solidariedade". Wesley jamais se esqueceu de como a contribuição de Dagmar e seu projeto foi importante em sua trajetória: "A Casa do Zezinho foi um porto seguro pra muitas crianças na época, inclusive pra mim. Eu sou eternamente grato à Casa do Zezinho. Se não fosse a Casa do Zezinho, não sei onde eu estaria ou até mesmo se estaria... Sou muito grato".

Reencontrei Wesley graças ao trabalho de busca dos colegas Wanda Alviano e Fabrício Lobel, dois de meus parceiros infalíveis da série "Brasil em Constituição". Durante anos, ele fez refeições, teve aulas de reforço escolar, praticou esportes e recebeu orientação na instituição da Tia Dag, como é conhecida a educadora social Dagmar Rivieri. Wesley se tornou um pai amoroso, um homem que segue grato e firme o seu caminho: "Faculdade pra mim foi um marco. Foi um desafio. Inclusive na minha casa, pro meu pai, na época, faculdade era coisa de gente rica. Foi a Casa do Zezinho que conseguiu uma bolsa de estudos pra mim. Era 70% de bolsa que eu tinha, era bem difícil pagar. Se não fosse a Casa do Zezinho, não teria conseguido. Hoje eu sou personal trainer, terminei minha pós-graduação em fisiologia de exercício e treinamento. Dou aula em três academias e... sonho realizado. A assistência social é a luz. Ou deveria ser a luz, né?".

## DO ASSISTENCIALISMO À POLÍTICA DE ASSISTÊNCIA SOCIAL

Quem estuda a história da Assistência Social no Brasil define a década de 1940 — mais especificamente o ano de 1942 — como um primeiro marco. Naquele ano, a primeira-dama Darcy Vargas criou a Legião Brasileira de Assistência, a LBA. O objetivo inicial era o de amparar as famílias de 25 mil pracinhas convocados para lutar na Segunda Guerra Mundial. Desses soldados, 467 morreram nos campos de batalha contra os fascistas. Aqui, padecimentos e mortes eram provocados por muitas outras mazelas, e logo a LBA passou a se ocupar de algumas delas. Antes dessa iniciativa, só a caridade e a filantropia socorriam algumas das vítimas da miséria, das tragédias climáticas, da saúde precária e mesmo de infortúnios a que a vida pode sujeitar qualquer um. A louvável intenção de fazer o bem deu grande projeção à primeira-dama. Como presidente da LBA, Darcy Vargas passou a ser chamada de "mãe dos pobres".

Em 1951, uma seca terrível que duraria dois anos castigou o nordeste do país, obrigando famílias inteiras a migrar. Eram os chamados flagelados, homens, mulheres e crianças que viam a falta de chuva lhes arrancar de uma só vez sustento, casa e chão. Muitos deles foram levados para extrair borracha na Amazônia, outros tantos desciam para tentar a sorte no Sudeste. Eram de 1951 as cenas que encontramos em nosso acervo. Nelas a primeira-dama assina um cheque e em seguida aparece junto aos necessitados enquanto o locutor explica: "Dona Darcy Vargas faz a entrega de um cheque de 500 mil cruzeiros. É o primeiro de uma série destinados aos socorros da legião de flagelados".

O modelo passou a ser adotado pelos estados e, quase sempre, a presidente da LBA era a mulher do governador. Não demorou para que ajuda e doações virassem moeda de troca por votos e que mesmo o dinheiro curto da assistência escoasse pelos ralos da corrupção. Atrelado à figura das esposas dos políticos, esse sistema acabou apelidado de "primeiro-damismo", como explica a assistente social e mestre em políticas públicas e saúde pela Universidade Federal do Rio Grande do Norte (UFRN) Késia Miriam Araújo: "Naquele momento, a gente não tinha muito uma discussão baseada na questão do direito, era muito o favor. As políticas eram muito fragmentadas, havia um tipo de relação política em que o cidadão se via de uma forma muito subalterna ao seu governante. A Constituição de 1988 é a grande mudança, ela traz a assistência para o campo da seguridade social, uma iniciativa que realmente devemos aplaudir".

Késia conhece a história da área em que atua e a realidade dos lixões, dos abrigos para crianças vítimas de violência e dos idosos extremamente pobres com quem costuma trabalhar. Em entrevista para a série, ela ressaltou que os constituintes reconheceram que pobreza extrema, deficiências físicas e outras condições dramáticas deveriam ter o amparo de uma política estruturada capaz de dar aos vulneráveis oportunidades e dignidade. Deputados e senadores entenderam que era preciso ir além da ajuda pontual, e isso ficou muito claro num discurso do deputado Ulysses Guimarães durante os trabalhos da Constituinte: "A governabilidade está no social. A fome, a miséria, a ignorância, a doença inassistida são ingovernáveis. A injustiça social é a negação do governo e a condenação do governo".

O apoio às palavras do deputado Ulysses Guimarães deu forma ao projeto de superação do assistencialismo e à criação de uma política de assistência social.

> **Art. 203.** A assistência social será prestada a quem dela necessitar, independentemente de contribuição à seguridade social, e tem por objetivos:
>
> I – a proteção à família, à maternidade, à infância, à adolescência e à velhice;
> II – o amparo às crianças e adolescentes carentes;
> III – a promoção da integração ao mercado de trabalho;
> IV – a habilitação e reabilitação das pessoas portadoras de deficiência e a promoção de sua integração à vida comunitária;

Virgílio Afonso da Silva, professor de direito constitucional da USP explica: "A Constituição é um ponto de partida e é complementada por uma série de outras leis, mas a assistência social deixou de ser vista como assistencialismo no sentido um pouco negativo da palavra. Ela faz parte de um mínimo, que tem que ser garantido a todo mundo para ter uma vida digna. Isso não é um simples assistencialismo. Isso é a garantia de que as pessoas possam exercer outros direitos, ou seja, elas não conseguiriam exercer outros direitos se não tivessem condições mínimas de uma existência digna. E a assistência social é pensada dessa forma e é para todo mundo. Não é assistencialismo, isso não é filantropia. Garantir vida digna para as pessoas é tarefa do Estado. São programas de ação que devem ser executados ao longo de décadas. Precisamos de uma série de políticas públicas para diminuir desigualdade, para diminuir pobreza etc. E essas políticas têm que ser baseadas nessas premissas básicas estabelecidas pela Constituição. Isso demanda envolvimento de todos".

As palavras do professor Virgílio ajudam a compreender os elos que constroem uma corrente de direitos. Sem comida, sem casa, sem educação, sem condições físicas e emocionais, muitos brasileiros ficam para trás, por mais esforçados e talentosos que sejam. A assistência social é o esforço para mitigar "as desigualdades injustas" e dar ao maior número de pessoas a chance de sair do labirinto.

Apesar da sua importância, a política de assistência social enfrentou dificuldades. A regulamentação só veio em 1993 com a Lei Orgânica da Assistência Social (Loas). Já a estruturação que distribuiu responsabilidades entre governo federal, estados e municípios só aconteceu de forma clara em 2013 com a criação do Sistema Único de Assistência Social (Suas).

Conseguir pautar a agenda política e econômica exige pressão social e articulação. Segundo Késia Araújo, a demora em estruturar o que pedia a Constituição de 1988 aconteceu pela dificuldade de mobilização de uma população muito fragilizada. O empenho de quem batalha pelos mais vulneráveis aos poucos foi se concretizando em serviços de acolhimento, orientação e apoio e nos programas de transferência de renda. Em 2001 foram criados o CadÚnico, cadastro para inscrição e controle de programas sociais, e o Bolsa Escola, que pagava um auxílio de incentivo à educação para famílias de baixa renda. Em 2004, foi criado por lei o Bolsa Família, que unificou e ampliou vários programas, condicionando o pagamento mensal à frequência escolar. Era a ideia de proteção social atrelada também ao complemento de renda para pessoas em situação de pobreza ou extrema pobreza. Um estudo do Instituto de Pesquisa Econômica Aplicada (Ipea) mostra que entre 2001 e 2015 houve uma redução de 25% na pobreza extrema, de 15% na pobreza e de 10% na desigualdade de renda. Ou seja, mesmo com valores modestos, o programa teve impacto social e aliviou sofrimento. Em 2021, a Emenda Constitucional 114 tornou o programa uma política de Estado e menos sujeita a mudanças de governo ao implementar:

> Parágrafo único. Todo brasileiro em situação de vulnerabilidade social terá direito a uma renda básica familiar, garantida pelo poder público em programa permanente de transferência de renda, cujas normas e requisitos de acesso serão determinados em lei, observada a legislação fiscal e orçamentária.

Alguns dos programas de assistência social ficaram mais conhecidos no pior momento da pandemia, como lembrou Késia Araújo ao citar o Auxílio Brasil, criado para amparar quem perdeu emprego ou renda durante o enfrentamento da covid-19: "Apesar de ser um momento muito dramático para todos nós, para a política de assistência, ele deu muita visibilidade para essa área. Muitas pessoas que nunca foram a um Centro de Referência da Assistência Social (Cras), que não sabiam nem que existia CadÚnico, que não tinham noção desse tipo de proteção foram amparadas pela política de assistência".

Aos poucos, riscos sociais como desemprego involuntário, eventos climáticos extremos, deficiências incapacitantes, velhice e doença em bolsões de pobreza vão sendo compreendidos como de combate necessário por uma sociedade que se quer mais justa e solidária, como prega a Constituição. Em 2022, pouco mais de 50 milhões de brasileiros eram assistidos pelos dois principais programas de transferência de renda do país, mas cerca de 3 milhões reclamavam a ajuda em filas enormes, no emaranhado da burocracia e na exclusão digital.

Além de darem conta de um número crescente de pessoas que perderam saúde e renda na pandemia, os programas de assistência também enfrentaram uma disputa que é permanente por recursos e que se agrava em cenário de crise política e econômica, como argumenta Késia Araújo: "A política de assistência social, como qualquer política social, enfrenta um grande desafio nessa relação com as políticas econômicas. Ela enfrenta o desafio muitas vezes da falta de equipamentos necessários, da falta de formação de profissionais… Cabe ao Estado proteger a população. Isso é assistência social, que é direito do cidadão, é dever do Estado. Não é favor. Essa provisão existe exatamente para ser utilizada em momento de necessidade".

E o mais básico passou novamente a ser falta ou incerteza para muitos brasileiros em 2022. Um levantamento feito pela Rede Brasileira de Pesquisa em Soberania (Penssan) mostrou que mais da metade da população vivia com algum grau de insegurança alimentar, sem comida garantida todo dia em quantidade ou em qualidade. Eram cerca de 33 milhões de pessoas sentindo as dores da fome no segundo ano de pandemia. A volta do país ao mapa da fome mostra a necessidade de que haja não somente mais investimentos na assistência social, mas que sejam focados e eficientes com mecanismos de controle que garantam a saída de quem não precisa mais do benefício e que assegurem o acesso de todos os brasileiros que necessitam. Para o ministro do Supremo Tribunal Federal Luís Roberto Barroso, o país deve reconhecer os avanços da política de assistência social impulsionados pela Constituição de 1988, mas a justiça social demandada pela Carta depende também de crescimento econômico sustentável e sustentado: "É bem verdade que nos últimos anos, sobretudo a partir do final de 2014, houve uma recessão e muita gente caiu de novo para o patamar da pobreza extrema, o que é dramático. E a pandemia agravou mais ainda essa situação. Porém, seria um equívoco imaginar, olhando em perspectiva, que nessas três décadas e meia nós regredimos. Pelo contrário, nós avançamos muito. Em matéria social, tivemos uma queda nos últimos tempos, o país precisa voltar a crescer para ter renda para distribuir".

## A HISTÓRIA DE UMA MÃE NA CONSTITUIÇÃO

"Ela é uma constituinte sem mandato." Foi assim, certeiro como sempre, que o querido Jô Soares apresentou em 2003 uma entrevistada especial de seu programa: Vanilda Faviero. Naquela noite, os telespectadores, especialmente os mais jovens, conheceram um pouco da história da mais aguerrida defensora do segundo mais importante programa de transferência de renda do país, o Benefício de Prestação Continuada (BPC). Ele ainda não tinha nome, mas já tinha uma mãe com um coração daqueles capazes de entender e acolher a necessidade de muitos filhos, no caso, milhões deles. Além da entrevista ao Jô, encontramos nos arquivos da Globo e do Congresso imagens e depoimentos dessa dona de casa do Paraná que viu em Flavinho, seu filho com deficiência, a necessidade de tantos outros. Em 1987 e durante os quase dois anos de trabalho da Constituinte, ela honrou o título de "constituinte sem mandato". Vanilda, mãe de sete filhos, fez mais de cinquenta viagens para Brasília, percorreu gabinetes de deputados, senadores e ministros e entregou ao congresso 48 mil assinaturas da emenda popular pela causa que defendia. Trabalho feito num tempo sem internet por uma senhora de vida simples e muita fibra, como ela contou: "Foi uma luta muito grande na qual eu me desprendi da família e dos bens materiais. Meu objetivo foi só um: fazer no país a lei que garante o salário mensal pros deficientes".

Em outra entrevista, Vanilda contou como fez seu apelo direto ao presidente da Assembleia Constituinte: "Cheguei em Brasília e quis ser recebida pelo dr. Ulysses. Aí ele me recebeu e perguntou: 'O que tanto a senhora quer falar comigo?' E na mesma hora eu disse: 'Senhor presidente, enquanto há tempo, me ajuda a fazer uma lei no Brasil que dá um salário mínimo pra pessoa portadora de deficiência. Aqui está meu filho, ele não pediu pra ser deficiente. É uma classe que existe, que sofre, que chora, que ri e tem alegria. Vamos ajudá-los'".

Entrevistei o advogado Francisco Faviero, o filho mais velho de dona Vanilda, no estúdio da série "Brasil em Constituição" em Brasília. Ali ele pôde rever entrevistas da mãe. Dona Vanilda morreu em 2015, mas testemunhou escrita e regulamentada a lei que ajudou a criar. Em 2021, cerca de 700 mil brasileiros ainda esperavam pelo benefício e quase 4,7 milhões de pessoas com deficiência e idosos com mais de 65 anos em situação de pobreza já recebiam o BPC. Sensibilizado, Francisco nos disse: "Me emociona muito estar prestando aqui essa homenagem para ela, que foi uma batalhadora, uma vitoriosa naquilo que se propôs a fazer. A gente tem uma situação em que ela, com o trabalho e com a maneira simples de caminhar e de fazer o lobby, sem nenhuma estrutura financeira, conseguiu esculpir seu desejo de mudança na Constituição". Em seguida, Francisco leu o artigo que representa as reivindicações de sua mãe e que ela ajudou a escrever:

**Art. 203.**

V - a garantia de um salário mínimo de benefício mensal à pessoa portadora de deficiência e ao idoso que comprovem não possuir meios de prover à própria manutenção ou de tê-la provida por sua família, conforme dispuser a lei.

Vestindo terno e gravata, Flavinho veio junto com o irmão para a entrevista. O inspirador e querido filho de dona Vanilda quase não fala e anda com as dificuldades impostas por uma severa paralisia cerebral. Companheiro inseparável da mãe em sua batalha, ele ouviu atento a entrevista do irmão e reviu as imagens e entrevistas de dona Vanilda. Ao fim da gravação, fiz o convite que ele aceitou prontamente. Flavinho sentou-se por alguns minutos na mesma cadeira em que seu irmão, ministros e especialistas se sentaram para falar da história e da importância da Constituição de 1988. Sem dizer nada, apenas com seu sorriso orgulhoso, ele emocionou a todos. Estava ali um filho feito cidadão por sua mãe, a constituinte sem mandato.

# 14
## Abrindo as portas da Justiça

*Graziela Azevedo*

*O povo sabe o que quer, mas também quer o que não sabe.*
Gilberto Gil

Numa casa simples e muito bem-arrumada na periferia de Londrina, uma senhora vive o outono da vida. Ela já criou os filhos, viu netos nascerem e segue cozinhando, lavando, cuidando da casa e convivendo com o marido, a quem carinhosamente chama de "bem". Essa mulher tem uma existência conhecida pelos seus, tem um nome pelo qual é chamada, uma marca de nascença na testa e uma longa história de vida. Só que, para ser vista pelos olhos do Estado, existir apenas não basta, é preciso ser uma cidadã, aquele ou aquela que existe de fato e, necessariamente, de direito — e isso a senhora de Londrina não era, como ela mesma nos contou: "Eu sou Maria Helena. Tenho 71 anos. Com treze, saí de casa, fugida com meu marido. Não tinha tempo para mim. Eu tinha tempo só para os filhos. Esqueci que eu não tinha documento. Até a moça que trabalhava em cartório, até ela falou assim: 'Nossa, a senhora não existe para o governo'".

A não existência de dona Maria Helena para o Estado tinha implicações com as quais ela lidava com mais ou menos sofrimento. Quem não tem documento não pode viajar de ônibus ou avião e, por isso, ela nunca conseguiu visitar as filhas que moram no Rio de Janeiro e em Campinas, no interior de São Paulo. As portas dos serviços públicos também estão fechadas para quem não existe no papel e, como milhares de brasileiros, dona Maria Helena precisaria muito de ao menos um desses serviços durante a pandemia da covid-19: "Eu falei para o meu marido: 'Bem, eles vão começar a vacinar as pessoas da nossa idade. Como é que nós vamos fazer?'".

A resposta para a angústia de dona Maria Helena chegou, mas antes vamos entender como a Constituição de 1988 fez a diferença na vida de pessoas como ela.

## A JUSTIÇA QUE ENXERGA

Invisíveis. É assim que ficam conhecidos os brasileiros que não possuem documentos e, por consequência, não podem exercer vários direitos. O IBGE estima que são cerca de 3 milhões de pessoas indocumentadas no país e que cerca de 2% das crianças não são registradas logo após o nascimento, como manda a lei. Pobreza, abandono paterno e as grandes distâncias até o cartório mais próximo são algumas das razões para a existência de brasileiros sem cidadania, mas até esses a Justiça passou a ter condições de enxergar a partir das ferramentas criadas ou aperfeiçoadas pela Constituição Cidadã. Ainda que dinheiro e poder façam balanças penderem e mais portas se abrirem nos palácios de Justiça, para o professor de direito constitucional da USP Virgílio Afonso da Silva, esse é mais um dos temas em que há um AC e um DC muito claros: um "Antes da Constituição de 1988" e um "Depois da Constituição de 1988": "O acesso à Justiça no Brasil mudou drasticamente nos últimos trinta anos. Mudou de várias formas, talvez a principal delas tenha sido a criação das defensorias públicas. A gente continua tendo muitos problemas, mas, em perspectiva, o acesso à Justiça hoje não dá para ser comparado com o que era antes de 1988. A Justiça era para muito poucos naquela época".

A defensora pública Lívia Casseres, que atua no Rio de Janeiro, faz uma analogia muito boa para que possamos entender melhor a importância dessa porta que foi aberta para tantos brasileiros: "A Constituição de 1988 foi a primeira que trouxe o modelo de defensoria pública, que é um modelo ímpar, um modelo brasileiro. Nenhum outro lugar do mundo tem um modelo de assistência jurídica tão completo, porque se estende não só aos acusados de crime, mas também a outras áreas, como a civil, de família, agrária, militar, trabalhista. Assim, a defensoria brasileira trabalha em todas as áreas do direito. Isso é uma configuração única no planeta. Eu digo no dia a dia que a defensoria é o sus do acesso à Justiça. E ela é aberta para toda e qualquer pessoa, porque, sem acesso à Justiça, sem assistência jurídica, os direitos que estão escritos lá no texto são só letra morta, né? São apenas uma folha de papel".

Um dos compromissos da Constituição de 1988 foi dar a todos os brasileiros acesso à Justiça, independentemente de origem, escolaridade ou classe social. Para isso, foi preciso criar, ou melhorar, os meios para que qualquer cidadão pudesse lutar pelos seus direitos. Para tornar a Justiça mais simples e rápida, foram criados mecanismos importantes, como o que está previsto no artigo 98, que diz: "A União, no Distrito Federal e nos Territórios, e os Estados criarão [...]: juizados especiais [...]".

O Código de Defesa do Consumidor, que mudou radicalmente a relação dos brasileiros com os setores do comércio e de serviços, foi criado com base no que determinava a Constituição no artigo 5º, inciso 32: "O Estado promoverá, na forma da lei, a defesa do consumidor".

As defensorias públicas, além de estarem na parte dos direitos fundamentais, são também promovidas como garantia de cidadania, como determina o artigo 134: "[...] a promoção dos direitos humanos e a defesa, em todos os graus, judicial e extrajudicial, dos direitos individuais e coletivos, de forma integral e gratuita [...]".

Esses três instrumentos, contudo, não foram os únicos a promover acesso à Justiça. A Constituição de 1988 aumentou a independência e as responsabilidades do MP, que deve fiscalizar o poder público e mover ações de interesse coletivo que vão desde a proteção ao meio ambiente e à saúde até a garantia de diversos direitos também individuais previstos em lei.

O professor de direito constitucional da Unirio José Carlos Vasconcellos dos Reis, além de duas palestras para a equipe da série "Brasil em Constituição", me deu uma entrevista de três horas (um recorde na minha carreira) sobre o impacto que o documento elaborado em 1988 teve na vida dos brasileiros, no funcionamento do país, das nossas instituições e da democracia. Além de um Ministério Público autônomo e fortalecido para atender aos reclames e necessidades da sociedade, ele destacou que a própria Constituição passou a ter um leque muito maior de defensores. Entidades de classe com representação nacional, partidos políticos, o Conselho Federal da Ordem dos Advogados, mesas diretoras dos parlamentos, governadores e o presidente da República passaram a ter legitimidade para questionar atos e leis que contrariam ou ferem a Constituição. Antes de 1988, esse questionamento só podia ser feito por um único servidor público, como explicou o professor. "De acordo com as constituições anteriores de 1967 e 1969, nós só tínhamos um legitimado ativo para propor Ação Direta de Inconstitucionalidade, que era o procurador-geral da República, naquela época um cargo de confiança do presidente. Então você pode imaginar o quão tímida era, o quão pequeno era o volume de ações de inconstitucionalidade que chegavam ao Supremo Tribunal Federal. A partir de 1988, você tem, sim, uma participação muito mais intensa, muito mais aberta da sociedade. Você tem muito mais portas abertas à sociedade e ao cidadão do que havia antes de 1988."

A deusa Themis, da mitologia grega, é conhecida como a representação da Justiça. É comum vê-la segurando uma balança e uma espada que representam equilíbrio e força na aplicação das leis. Em muitos lugares, Themis é esculpida ou pintada com uma venda nos olhos, simbolizando não a impossibilidade de enxergar, mas sim imparcialidade para julgar. Pesquisando sobre a Justiça para nossa série, encontramos no acervo do jornalismo da TV Globo reportagens que mostravam uma Justiça literalmente vendada, incapaz de olhar para o povo. Numa delas, de 1979, Cid Moreira dizia: "A Justiça, já se sabe, é cega. Para a maioria dos brasileiros, no entanto, além de cega, ela é surda e muda, capaz de ouvir e ser ouvida apenas através dos iniciados na linguagem legal. Sempre que se fala em procurar a Justiça, o cidadão brasileiro imediatamente imagina que deverá contratar um advogado, pagar honorários altíssimos e esperar meses para que a decisão seja reconhecida".

Embora ainda esteja longe do ideal, essa situação mudou bastante a partir de 1988. Além de novos e aperfeiçoados instrumentos, o país passou a ter a obrigação de garantir gratuidade para taxas, serviços e advogado para aqueles que não têm condições de pagar. Nos anos 1990, fui testemunha do sucesso dos Juizados Especiais que nasceram com o nome de Tribunais das Pequenas Causas. Neles é possível mover ações de pequenos valores ou sobre delitos leves sem custo e, em muitos casos, sem a necessidade de advogado. O ministro do Supremo Tribunal Federal Luiz Fux também testemunhou a mudança, como lembrou em sua entrevista para a série: "Aquilo representou um passo muito importante porque ali começou a primeira onda de acesso à Justiça, porque os juizados especiais se situavam muito perto dos bairros. Então, as pessoas podiam comparecer pessoalmente, fazer suas reclamações, independentemente de acompanhamento de um profissional específico. É uma Justiça simples, é uma Justiça barata, porque não tem custo, e uma Justiça célere, que é tudo o que hoje se pretende da Justiça: que a Justiça seja rápida e menos onerosa".

Talvez dona Maria Helena precise desse tipo de serviço para colocar em ordem uma vida inteira sem documentos, mas os olhos das defensoras públicas do Paraná e da imprensa já a enxergaram. De invisível, ela virou notícia no *Jornal Nacional*! No dia 17 de julho de 2021, a repórter Patricia Piveta contava, lá de Londrina, que dona Maria Helena conseguiu ser vacinada depois que a história dela chegou à Defensoria Pública do Paraná. Era a Justiça abrindo portas, era a Constituição de 1988 se fazendo presente, era o que procurávamos.

A falta de documento impediu que dona Maria Helena viajasse até um de nossos estúdios para nos dar a entrevista como queríamos, mas esse exemplo precioso do nascimento de uma cidadã não seria perdido. Especialmente para ela, o produtor Daniel Targueta junto com o repórter cinematográfico José Henrique Castro e equipe montaram no quintal de sua casa uma réplica do nosso estúdio. Lá, dona Maria Helena contou, emocionada, que seu primeiro documento foi a carteirinha de vacinação, conseguida graças a uma defensora pública: "A Justiça abriu a porta para a minha primeira dose da vacina, me ajudou a adquirir os meus direitos. Graças a Deus, eu não fiquei no esquecimento".

No dia em que contamos no *Jornal Nacional* a história de dona Maria Helena e das portas da Justiça que se abriram graças à Constituição de 1988, os telespectadores, mais uma vez, mandaram mensagens que nos encheram de alegria e orgulho:

"Que história linda dessa senhora, imagina ficar quase uma vida sem receber direitos básicos, porque não tem documento!"

(Juu Menezes)

"Tô amando esse quadro da Constituição Federal que o *Jornal Nacional* tá fazendo. É superinstrutivo. Hoje estão falando de juizados, defensorias, coisas que muitas vezes quem precisa usar nem sabe que existe."
(Giovana @Lastfridaynaight)

"'A defensoria pública é o sus da Justiça,' Interessante essa frase."
(Bruno Souza)

"A matéria sobre a defensoria pública no *Jornal Nacional* tá top demais."
(Red Vilhenetis)

"O *Jornal Nacional* falando do acesso à Justiça e, claro, mencionando a defensoria pública e sua missão. Pode parecer inacreditável, mas até bem pouco tempo, os cursos de direito nem sequer mencionavam a existência da defensoria pública em suas cadeiras teóricas."
(Alexandre Mendes)

"Série de reportagens espetacular sobre a Constituição no *Jornal Nacional*. O foco hoje é no acesso à Justiça com a defensoria pública e os juizados especiais, as duas melhores coisas da Justiça no Brasil."
(Igor Freire)

## QUANDO O FREGUÊS GANHOU RAZÃO

Na mesma reportagem, um outro tema chamou a atenção dos telespectadores. Um deles escreveu o seguinte em uma das redes sociais do jn:

"E pensar que, sem o Código de Defesa do Consumidor, as pessoas compravam um produto e se conformavam se tivesse defeito, se conformavam se o alimento estivesse estragado. 'É problema meu se eu não vi'. Chocado vendo esse episódio sobre direito do consumidor."
(@britodowagner)

Era realmente chocante! E, para mostrar esse passado sem direitos para os consumidores, recorremos mais uma vez ao arquivo de reportagens da Globo e a uma grande especialista no assunto. Resgatamos também a história de uma jovem cidadã que batalhou para que esses direitos que vinham chegando não ficassem apenas no papel. Nesse caso, "resgate" é realmente a palavra certa, como você, caro leitor, vai descobrir já, já.

Marilena Lazzarini é formada em engenharia agronômica pela USP, mas se tornou conhecida por ser uma das pioneiras da luta para que o consumidor fosse tratado também como um cidadão. Não era fácil fazer essa defesa antes da Constituição de 1988 e da criação do Código de Defesa do Consumidor em 1991. Conheci Marilena em 1986 quando ela era delegada da extinta Sunab (Superintendência Nacional de Abastecimento), um órgão criado para controlar os preços e a distribuição dos mais variados produtos. Naquela época, o Brasil vivia o desespero da hiperinflação e dos planos mirabolantes e frustrados para contê-la. A Sunab, sediada em São Paulo, ficava atrás de uma portinha na rua da Consolação, na região central da cidade, onde Marilena e sua pequena equipe tinham muita vontade, mas pouca estrutura e quase nenhuma lei que desse amparo à defesa de uma população sujeita ao aumento desenfreado dos preços e à má qualidade de produtos e serviços. Marilena foi testemunha e agente da mudança e, por isso, foi convidada a dar seu depoimento: "As pessoas reclamavam. Não é que elas não reclamassem seus direitos. E nós conseguimos resolver muitas dessas reclamações graças apenas à imprensa. A imprensa era a nossa grande aliada, porque na legislação vigente naquela época, em nenhuma lei, nem na Constituição, havia a palavra consumidor. O consumidor não era um personagem nas nossas leis, então era muito difícil fazer essa defesa. A Constituição Federal é a mãe do Código de Defesa do Consumidor. O Código existe porque a Constituição determinou aos legisladores que o formulassem. O artigo 5º diz que 'o Estado promoverá, na forma da lei, a defesa do consumidor'. Foi a primeira vez que a palavra consumidor entrou na legislação brasileira — e mais importante, na Constituição Federal. Acho que as pessoas que não viveram aquela época não têm noção disso".

Fomos ainda mais atrás no tempo para mostrar esse desamparo. No trecho de um *Globo Repórter* de 1979, encontramos o seguinte diálogo entre o repórter e consumidores em restaurantes e lojas:

— Se a comida que o senhor tá comendo lhe fizer mal, o senhor processa alguém?

— Não, absolutamente.

— Por quê?

— O azar é meu se estiver estragado.

— Se a roupa que a senhora está comprando estiver com defeito, a senhora processa alguém?

— Não, claro.

— Por quê?

— Porque fui eu que escolhi. É engano meu, que não prestei atenção no que eu estava comprando.

— Não processa ninguém?

— Não.

E foi também no acervo do jornalismo da Globo que encontramos um outro personagem dessa pré-história dos consumidores desprovidos de direitos. Uma reportagem de 1993 da colega Neide Duarte para o *Fantástico* contava a saga de uma jovem que, mesmo antes do Código de Defesa do Consumidor, já brigava como podia contra a falta de higiene e a má qualidade de serviços e produtos. Ela foi uma das primeiras moradoras de São Paulo a acreditar, divulgar e exercer os direitos que chegaram com as mudanças proporcionadas pela Constituição Cidadã. A reportagem começava assim: "Quando Cristina viu a paisagem da porta da sua casa, percebeu que tinha muito trabalho pela frente. Desde os dezoito anos, ela luta pelos direitos do consumidor na periferia de São Paulo. Hoje, aos 22, Cristina conseguiu fechar ou multar quarenta avícolas, quinze padarias, oito mercearias, dois supermercados e ganhar a inimizade de muitos comerciantes da região. Sozinha, ela representa para toda a população da área onde mora um departamento inteiro de defesa do consumidor. E a jovem Cristina dizia: 'Se o povo continuar calado, é impossível. Se a população continuar calada, é uma situação irreversível'".

Maria Cristina é uma testemunha perfeita dos efeitos da Constituição e do Código de Defesa do Consumidor no cotidiano dos brasileiros. Jornalista e bacharel em direito, Rafael Carregal, o editor do episódio a respeito do acesso à Justiça da série "Brasil em Constituição", também achou que Maria Cristina seria uma personagem importante — e não sossegou na busca por ela que, para nosso azar, tinha mudado de sobrenome ao se casar. A informação de que ela morava na periferia de São Paulo, a maior cidade do país, também não ajudava muito. Mesmo assim, sem saber o nome do bairro, Rafael, que trabalha na Globo do Rio de Janeiro, disparou mensagens para vários líderes comunitários da periferia da metrópole paulista. Fico imaginando a reação de quem recebeu (em 2022!) a mensagem de um jornalista perguntando se alguém conhecia uma pessoa chamada Maria Cristina que havia cerca de trinta anos brigava em defesa dos consumidores. Sem obter resposta, Rafael se angustiava, via e revia a antiga reportagem em busca de alguma outra pista, até que resolveu ampliar uma das imagens e viu o número da delegacia onde a jovem registrava muitas de suas reclamações. Ligou para a DP e recebeu mais uma ducha de água fria porque registros tão antigos não estavam mais disponíveis. Porém, agora sabíamos que a delegacia era de um bairro da Zona Sul paulista. Estávamos mais perto! Rafael voltou à carga e postou na internet mensagens sobre sua busca em comunidades da região. Dias depois: bingo! Um amigo do irmão de Maria Cristina reconheceu a imagem da jovem batalhadora e fez a ponte.

Maria Cristina Cury hoje é designer de moda inclusiva, se empenha em fazer roupas adequadas para pessoas com deficiência ou fora dos padrões — o que demonstra que aquela consciência social da juventude nunca se perdeu, apenas se deslocou. Para a entrevista dela, projetamos em nosso estúdio aquela velha reportagem da jovem que fiscalizava a higiene e a qualidade dos produtos de seu bairro e que batalhou para que consumidores brigassem pelos direitos recém-adquiridos. Na nova reportagem, ela declarou: "Me emociona mesmo ver que eu fui um tijolinho em uma construção que acabou dando certo, que hoje está mostrando para o país que funciona. Se nós pararmos para pensar, a Constituição e o Código de Defesa do Consumidor foram avanços tremendos para a democracia. Você passou a ter direito, coisa que você não tinha. Isso é cidadania. Você está consumindo o tempo inteiro. Você vai tomar café, você tem um pão que você pode reclamar, o leite que você pode reclamar. Antes, sem o Código, você não podia fazer nada disso. Você tinha que consumir tudo isso sem poder reclamar. O Código de Defesa do Consumidor foi um complemento para a melhora diária da vida das pessoas".

A proteção aos consumidores, o direito de buscar os próprios direitos, de ter os conflitos mediados pela Justiça, de ter garantido o devido processo legal e a reparação de danos: caso nada disso estivesse escrito na Lei Maior, talvez a Justiça estivesse ainda mais distante da maioria dos brasileiros. Como disse Maria Cristina, foi assim, tijolinho por tijolinho, que brasileiras e brasileiros do povo, lideranças de diversos setores e os constituintes construíram não um país cor-de-rosa, mas as bases de um Brasil que possa ser a casa de todos.

# 15
## Indígenas

*Graziela Azevedo*

> *Essa Constituição Federal significa nossa arma. É arco e flecha para defender nosso direito, para defender a nossa povo... Defender a nossa lugar aonde que nós mora, vivemos.*
>
> Davi Kopenawa, xamã e líder Yanomami.

Nem Venezuela, nem Brasil. Apenas a floresta imensa, a terra-mãe de todos. Antes de existirem as fronteiras, antes de os dois países ganharem nomes e novos habitantes, os antepassados de Davi Kopenawa já habitavam essas terras. O xamã e líder político Yanomami nasceu por volta de 1956 às margens do rio Toototobi, na região conhecida como Demini, na fronteira dos dois países criados pelos não indígenas. Kopenawa ainda vive na região, na aldeia Watoriki, que, vista de cima, é um círculo cor de terra clara que acompanha o formato da grande casa tradicional de seu povo, cercada por uma linda e impressionante massa verde de árvores, ladeada por um morro liso de pedra. Quando tivemos a honra de receber uma das mais conhecidas lideranças indígenas do mundo em nosso estúdio, nos sentimos transportados pelas palavras dele, ditas exatamente assim: "Todos os povos indígenas *chama* nossa terra mãe, onde que nós nascemos e vivemos, crescemos, conhecemos as montanhas, lugar bonito. Conhecemos as cachoeiras, a beleza da floresta. E a terra, ela cuida de nós. É por isso que nós somos ligados com a força da natureza. Somos ligados com as 'floresta', as 'montanha' e a terra, e aos rios e uma energia muito forte. E não podemos deixar 'a' nosso lugar abandonado. Tem que ficar sempre e permanecer aonde nós nascemos, aonde nós vivemos".

A natureza em harmonia com seus mais íntimos habitantes... é assim que a terra descansa, que a natureza está protegida. Quase 20% da vegetação nativa do Brasil têm os indígenas como principais guardiões. De 1990 a 2020, enquanto áreas privadas perderam mais de 20% das matas originais, em terras indígenas, a perda foi de 1%, como aponta um estudo do MapBiomas. Em 2019, a plateia que lotava o festival de música Lollapalooza ouviu do líder indígena Davi Guarani palavras que lavaram a alma do seu povo: "Falam que é muita terra para pouco índio, mas é pouco índio protegendo a vida pro mundo inteiro sobreviver".

É pela terra, pela natureza e seus seres em carne e espírito, por suas crenças, cultura, modo de vida e pela sobrevivência de seus povos que lideranças como o xamã Davi Kopenawa lutam há muito, muito tempo, como ele mesmo relembra: "Eu comecei a lutar em 1972, quando passa a estrada Perimetral Norte. Eu já estava grande assim... com treze, catorze anos. Eu comecei a olhar as máquinas derrubando essas 'árvore', raspando a pele da terra, as pedras explodindo com bomba... Eu achava muito estranho, muito perigoso. Vi a chegada da primeira estrada na terra Yanomami e depois chegou a doença".

O que Kopenawa e os indígenas viam e sentiam como destruição e morte, o governo comemorava como progresso. Uma propaganda de 1972 do governo militar que encontramos em nosso acervo nos chocou. A imagem mostrava o ditador-presidente general Emílio Garrastazu Médici fumando e sorrindo enquanto assistia à derrubada de árvores por máquinas na Amazônia. Em *off*, o locutor, em tom ufanista, dizia: "Brasília viu nascer a decisão de luta contra a maior de todas as barreiras: o verde! É hora de roncar motores, conquistar espaço".

O contraste entre duas maneiras tão distintas de pensar, estar e interagir com o mundo — a dos povos ancestrais e a de parte dos não indígenas no poder — está no centro de conflitos históricos. Protegida pela distância dos principais centros colonizados e pela força de sua natureza, a Amazônia foi a última fronteira de uma batalha por liberdade e sobrevivência. Ela começou em 1500, no litoral, quando os portugueses avistaram o monte muito alto e redondo a que chamaram Pascoal... Batalha que nunca mais parou. Um pequeno apanhado de frases de reportagens do jornalismo da Globo entre os anos de 1970 e 1980 revela violências, abusos e arbítrios cometidos contra os povos indígenas desde a chegada dos europeus:

"Das tribos do passado, nem os descendentes sobreviveram. As tribos Tupi e Aymoré já foram extintas."

"Na hora de medir a reserva e separar o que era dos índios, um ex--funcionário da Funai teria ficado com parte da terra. Tanto que ele deixou o órgão e agora é fazendeiro."

"Além de invadir a reserva indígena, eles derrubam os castanhais de onde o índio retira a castanha, uma das principais fontes econômicas para o sustento da tribo."

"Eles entraram atirando e, no tiroteio, morreram o vice-cacique, dois índios e um pistoleiro. O fazendeiro e quatro pistoleiros foram presos oito dias depois, acusados de homicídio."

## TUTELADOS

O xavante Dzuruna Butsé passou a infância e a adolescência na aldeia Namakura, no estado de Mato Grosso, onde quase não tinha contato com os brancos. Assumiu o lugar do pai, o cacique Apoena e, como tantas outras lideranças, teve que sair de sua aldeia para defender as terras e os direitos de seu povo. Durante a ditadura militar, nos anos 1970, ficou conhecido pelo nome brasileiro, forma de tratamento assumida por muitos indígenas para facilitar a interação. Ele aprendeu o português para tornar o diálogo possível e descobriu um jeito engenhoso de evitar mentiras e tentar garantir o cumprimento de promessas. Mário Juruna e seu gravador de fita cassete se tornaram conhecidos nos gabinetes de Brasília que ele percorria incansavelmente para

BRASIL EM CONSTITUIÇÃO  169

denunciar o envenenamento de rios, o roubo de terras e a violência contra os indígenas. Para fazer isso, Juruna precisava de autorização — e nem a importância e a fama que alcançou o pouparam do humilhante regime de tutela. Ao entrar em contato com o advogado indígena Eloy Terena e com o pesquisador Marcelo Zelic, o produtor da série "Brasil em Constituição", Fabrício Lobel, recebeu informações e documentos que mostram que foram muitos os abusos cometidos sob a justificativa de que os indígenas eram tutelados. Eles não tinham direito de ir e vir, de circular entre as aldeias e as cidades. Para tudo dependiam de autorização oficial, uma guia de trânsito, e nem isso garantia a liberdade. Em 1980, sete anos antes da instalação da Constituinte, Mário Juruna ganhou as manchetes do Brasil e do mundo quando o governo militar negou seu pedido de ir à Holanda para participar como jurado do Tribunal Bertrand Russel, que julgou crimes contra indígenas de várias partes do planeta. Em nossos arquivos, encontramos reportagens e entrevistas sobre o episódio e uma em particular nos chamou a atenção: Mário Juruna, com uma expressão constrangida, aparece ao lado do coronel Nobre da Veiga, que presidia a Funai (Fundação Nacional do Índio) naquele período da ditadura, e declara os motivos da negativa da autorização para a viagem: "Ele não teria a representatividade de todas as 120 tribos brasileiras. O Mário Juruna é um tutelado e só pode fazer as coisas, executar qualquer ato jurídico, mediante a tutela da Funai".

A tentativa de proibir a viagem chamou a atenção do mundo, e Mário Juruna foi à Holanda graças a uma vitória alcançada na Justiça. Outras viriam com a Constituição.

## VOZES INDÍGENAS NA CONSTITUINTE

Escravizados, desterrados, despojados de suas crenças e suas línguas na longa história de perseguições e mortes. Os momentos de trégua para os indígenas são poucos. O mais marcante deles aconteceu durante a Constituinte. Em Brasília, entre importantes lideranças dos nossos povos originários, um jovem se destacou e se tornou símbolo daquele momento ao discursar no parlamento pintando o rosto com o preto do jenipapo para defender os direitos de seu povo (passagem contada com detalhes em outro capítulo deste livro). Ailton Krenak nasceu em Minas Gerais, na região do rio Doce, hoje

170 *Graziela Azevedo*

profundamente afetada pelo desastre ecológico causado pelo rompimento da barragem da Samarco/Vale em 2015, no município de Mariana. Na Constituinte, Krenak chegou preparado para os debates. Na longa entrevista que nos deu, ele falou das discussões anteriores em universidades e do apoio dado aos indígenas por entidades como a Igreja Católica, através das Comunidades Eclesiais de Base; da Associação Brasileira de Imprensa, da Ordem dos Advogados do Brasil e de associações formadas por antropólogos, geólogos, entre muitas outras: "Toda essa gente foi capaz de entender, naquele momento da história do Brasil, a importância de garantir os direitos dos povos indígenas. É por isso que esses direitos foram impressos na Constituição. Não foi um gesto solitário meu que fez isso, obviamente, mas em todo o momento da história tem alguém que simboliza aquele momento, que representa aquele momento. Os debates da Constituinte foram a hora de resolver as divergências. Tinha questões gravíssimas, mas ninguém se escondeu delas. E a direita estava lá. O latifúndio estava lá. O ruralismo estava lá. Os lobbies também estavam explícitos ali, só que ninguém ficava despistando".

Para a entrevista de Ailton Krenak durante a série, projetamos no estúdio lindas imagens não só da conhecida cena em que ele pinta o rosto, mas também de indígenas de diversas etnias sentados nas galerias e ocupando o parlamento com suas falas, danças e cantos. Comentei com Krenak sobre uma entrevista na época em que outra liderança, Marcos Terena, dizia que, para os indígenas, a Constituição de 1988 é um livro sagrado. Krenak concorda com Terena: "Para muitos desses que estão de cocar, aparecendo nessa imagem, eles levaram tão a sério esse pacto que é como se fosse um ritual que inaugurava a relação dos povos indígenas com o Brasil. Então, nesse sentido, Marcos Terena está correto de dizer que para um homem, um ancião como Raoni e muitas outras lideranças tradicionais que estavam lá, aquilo era um sentido sagrado — sagrado como ritual. Era um ritual. E se os brasileiros, em geral, tivessem autoestima, eles iam honrar essa Constituição como um documento sagrado".

Os confrontos e debates renderam os artigos sobre os direitos indígenas que foram aprovados pelos constituintes por 497 votos contra apenas 5! A Constituição Cidadã mudou radicalmente a maneira com que os indígenas brasileiros são legalmente encarados. Até 1988, eles eram tratados oficialmente como incapazes, pessoas desprovidas de direitos que precisavam ser tuteladas pelo Estado. Só seriam reconhecidos como cidadãos de fato depois de assimilarem a língua e os costumes dos colonizadores, como nos explicou Krenak: "A pedra no meio do nosso caminho era que havia um projeto de emancipação que a ditadura queria propor para a gente que dizia o seguinte: eles são *igual* a nós, está vendo? Os índios são igual nós. Vamos tomar a terra deles, sentar o pé neles e eles vão para a favela".

A Constituição de 1988 rompeu com essa ideia de assimilação, ouviu as vozes que saíram das matas e criou as bases para que os indígenas pudessem usufruir de seus direitos, como demonstra o artigo a seguir:

> **Art. 231.** São reconhecidos aos índios sua organização social, costumes, línguas, crenças e tradições, e os direitos originários sobre as terras que tradicionalmente ocupam, competindo à União demarcá-las, proteger e fazer respeitar todos os seus bens.

As mudanças trazidas pela Constituição tiveram grande impacto. Os indígenas, que eram menos de 210 mil em 1980, em 2022 somavam uma população estimada pelo IBGE em mais de 1,1 milhão de cidadãos — livres para viver e reivindicar, como confirma o segundo artigo que eles ajudaram a escrever:

> **Art. 232.** Os índios, suas comunidades e organizações são partes legítimas para ingressar em juízo em defesa de seus direitos e interesses, intervindo o Ministério Público em todos os atos do processo.

Quase quatro anos depois, a promessa de demarcação de terras tradicionais indígenas contida na Constituição coroou a luta do líder Yanomami. Vitória que ele sempre fez questão de dividir com sua grande amiga e ativista da causa Yanomami, a fotógrafa suíça naturalizada brasileira Claudia Andujar. Um decreto assinado pelo presidente da república, Fernando Collor de Mello, demarcou os 96 mil quilômetros quadrados da reserva Yanomami, a maior do país. Na cerimônia, Kopenawa deu lanças de presente e recebeu do presidente a caneta com que assinou o documento.

## OS INDÍGENAS HOJE

É com sua força e com a Constituição que os indígenas do século XXI continuam sua luta. Além da interrupção das demarcações de territórios tradicionais, os indígenas viram, especialmente a partir de 2018, o afrouxamento da fiscalização contra invasões, o garimpo, o desmatamento, a caça e a pesca ilegais. Tudo isso resultou em uma tragédia humanitária de fome, doença e morte que chamou a atenção do Brasil e do mundo, sobretudo após o assassinato do indigenista Bruno Pereira e do jornalista britânico Dom Philips, no Vale do Javari, no Amazonas, em junho de 2022. Na sequência dos assassinatos, muitos outros crimes foram sendo revelados.

Samara Pataxó é uma representante da nova geração que transita entre seu povo e os não indígenas para, entre outras trocas e ensinamentos, manter vivo o espírito da Carta de 1988 e os direitos ali reconhecidos, como ela nos contou: "Eu já nasci já com uma Constituição escrita, com direitos ali, minimamente garantidos aos povos indígenas, e então, com certeza, a Constituição é um marco, e eu tive consciência disso desde muito cedo".

A ativista teve uma outra indígena como inspiração para se tornar advogada. Joenia Wapichana foi, em 2008, a primeira advogada indígena a fazer uma sustentação oral em um julgamento no Supremo Tribunal Federal. A causa que defendeu foi a da demarcação e a preservação da terra indígena Raposa Serra do Sol, em Roraima. Assim como Joenia, Samara também fez uma sustentação oral no STF em 2021 contra a tese do marco temporal.

Samara Pataxó morava em Brasília, onde atuava como assessora do Núcleo de Diversidade do Tribunal Superior Eleitoral, quando nos deu uma entrevista para a série "Brasil em Constituição". Chegou ao estúdio que montamos na capital federal vestindo terninho azul e coloridos adereços de seu povo, os Pataxó do sul da Bahia e, entre outras declarações, ela explicou: "A gente tem que respeitar uma liturgia jurídica, um modo de se vestir formal da profissão e, no caso, eu sou uma profissional, mas eu não deixo de ser uma mulher indígena. Eu venho de uma geração de jovens que foram preparados para ingressarem no ensino superior, se tornarem profissionais e poder trazer um retorno para as nossas lutas, para as nossas demandas".

Usando terninho como Samara ou pintados com a tinta do jenipapo, do urucum, ou usando celulares, os indígenas são uma diversidade de povos que falam 274 línguas no Brasil, têm sua cultura, suas crenças e conservam costumes ancestrais. São povos que escolheram outras maneiras de viver e se relacionar com a terra. Esses são direitos que a Constituição garantiu com a força do (re)conhecimento, como nos explicou em entrevista o ex-ministro do STF Ayres Britto: "A Constituição chegou a dizer: 'são reconhecidos aos índios as suas terras, as terras de propriedade da União, mas de usufruto exclusivo dos índios'. Eles têm lições para nos dar em matéria de preservação do meio ambiente. Se eles nos catequizassem em matéria de meio ambiente, nós estaríamos muito bem. É preciso entender que a cultura do branco, à luz da Constituição, não é para substituir a cultura do índio. Não é uma troca, é uma soma. O país enriquece com esse somatório de culturas".

Integrada à vida na capital do país, Samara Pataxó defendeu sua identidade indígena e explicou que circunstâncias não mudam o que se é — e que integração não é sinônimo de assimilação: "Em relação a essa questão do indígena de terno, do indígena que fala português, do indígena que tem smartphone, ou do indígena que tem carro, enfim, a gente combate, porque isso é um preconceito, você julgar o indígena pelo que ele tem ou pela posição em que ele está. Por exemplo, nós somos brasileiros, falamos português, se você aprende uma outra língua estrangeira, você aprende inglês, espanhol, francês, você não deixa de ser brasileiro porque você aprendeu uma outra língua. A mesma coisa acontece com o indígena. A gente fala nossas línguas maternas, mas dominamos bem o português ou falamos alguma outra língua estrangeira. Eu não deixo de ser indígena porque eu falo outra língua além da minha. Em relação ao consumo, ao que a gente veste, ao que a gente utiliza, há indígenas hoje que bombam nas redes sociais ou estão na televisão, enfim... Se você utiliza, por exemplo, algum produto importado, se você come uma comida de um outro país, você não deixa de ser brasileiro só porque você comeu uma comida japonesa ou só porque você usa algum produto importado de algum outro país. É esse ponto que muita gente usa para deslegitimar ou para dizer que somos indígenas de mentira, e acaba sendo incoerente. Por que só vocês têm esse direito? A gente também não tem? Não compete a terceiros dizer quem nós somos, né? Nós somos quem nós somos: povos indígenas, povos originários e somos nós que vamos dizer quem nós somos. E estamos aqui para também informar as pessoas a respeito de quem somos, onde estamos e onde queremos chegar".

Ailton Krenak lembrou a importância da ruptura que a Constituição de 1988 promoveu com as ideias contidas no Estatuto do Índio, editado pelo governo militar em 1973 e que em seu artigo primeiro dizia: "Esta lei regula a situação jurídica dos índios ou silvícolas e das comunidades indígenas com o propósito de preservar sua cultura e integrá-los, progressiva e harmoniosamente, à comunhão nacional". De acordo com Krenak: "O Estatuto do Índio era uma pretensão de que essas pessoas, com o tempo, iam se tornar brasileiros. Com o tempo, eles iam sair das aldeias, ir para as escolas, ir para o mundo do trabalho, renunciar a sua identidade cultural, sua identidade étnica, renunciar a sua língua. Então, a identidade indígena, ela confronta a hipocrisia de gente que fala que é brasileiro, mas que trai a origem de ser brasileiro, que não compartilha de verdade um sentido de nação, de brasilidade. Então, lá no tal do Estatuto do Índio, que imprimia esse significado discriminatório, ele se referia a nós como silvícolas. Vá no dicionário e procura para ver o que que é silvícola [selvagem]. Nós não somos uma ararinha azul, um lobo-guará. Nós somos seres humanos e representamos, hoje, 305 etnias, o que eu acho maravilhoso porque, apesar de terem tentado desaparecer com a gente antes da Constituição, não conseguiram. E, portanto, a gente atravessou a linha vermelha do desaparecimento".

## ADIANDO O FIM DO MUNDO

Foi por uma estrada de areia que, no dia 1º de junho de 2022, nossa equipe chegou até a Reserva da Jaqueira, a dois quilômetros da costa no extremo sul da Bahia. Trata-se de uma área de 827 hectares de Mata Atlântica onde vivem 34 famílias da etnia Pataxó. Ultrapassar o portal de madeira pintada com o nome da aldeia e motivos indígenas é como mudar de sintonia. Somos logo envolvidos pela natureza e pelo som das crianças brincando que se mistura aos cantos dos pássaros e de um grupo que ensaia músicas tradicionais. O incenso feito com resina da árvore da amescla queimada em brasas para limpeza espiritual perfuma constantemente o lugar. Um dos motivos de nossa ida até a aldeia foi a história de resistência e retomada da cultura desses descendentes dos indígenas que tiveram os primeiros contatos com os portugueses que ali perto desembarcaram em 1500. Os indígenas conhecem a longa história de violência e extermínio que aconteceu a partir da colonização, mas a que ficou mais presente na memória e nas narrativas contadas pelos mais velhos é conhecida como o Grande Fogo — ou o Fogo de 1951. O episódio, que marcou profundamente os pataxós, aconteceu ali perto, na Aldeia Barra Velha, conhecida como Aldeia Mãe. Ela foi criada pelo governo para enclausurar os indígenas e se transformou num local de massacre.

O cacique da Reserva da Jaqueira, Syratã Pataxó, nos contou a história: "Na década de 1950, o Estado brasileiro decide aldear o povo Pataxó — que até então era considerado um povo nômade [...]. A gente entendia que a terra não tinha um dono, você tinha a liberdade de transitar de um lugar para o outro. Então, era dessa forma que nós *vivia*, caçando, coletando semente, vivendo também dos mariscos que nós *encontrava* no litoral. E, a partir dessa década, o Estado decide aldear — colocando *nós* em uma área reduzida e tira nossa autonomia, nossa liberdade de viver. Para aquele povo que sempre teve sua liberdade, isso foi visto como uma afronta. E a gente não aceitou que nós fomos colocados em uma determinada área que não dava condição de sobreviver. Então, as *liderança começou* a se mobilizar pra não aceitar esse projeto de genocídio contra nosso povo e, infelizmente, o Estado veio com a decisão de que podia exterminar nosso povo: 'Ou vocês aceitam essa maneira ou então, nós temos que calar vocês'. Como naquele tempo as coisas *acontecia* e não tinha tanta repercussão como tem hoje, foi um ato que ficou na memória de muitos anciões. Tacaram fogo em nossos kijemes, que são nossas casas tradicionais, humilharam os homens na frente das mulheres. Abusavam das mulheres, das crianças. Uma violência muito terrível, né? Muitos anciões *relata* com muita tristeza que *teve* que sair de perto de seus familiares, *teve* que dividir a família pra não morrer. Parentes foram pras cidades também. Por muito tempo, tiveram que ficar isolados e esquecer de suas raízes, sua essência".

A partir do massacre de Barra Velha ou Fogo de 1951, os pataxós se espalharam entre o sul da Bahia e o norte de Minas Gerais. Muitos resistiram em pequenas aldeias, sempre na esperança de terem novamente suas terras devolvidas e famílias reunidas. Parte dos parentes do cacique Syratã ficou na aldeia Coroa Vermelha, de onde ele saiu para estudar e para onde voltou para ajudar as mulheres da família no projeto de retomada da cultura Pataxó e da criação de uma nova aldeia. A Reserva da Jaqueira ganhou esse nome por causa de uma história que contei na série "Brasil em Constituição": era um dia de ventania muito forte e uma jaqueira não resistiu, tombando com as raízes à mostra. Os pataxós chegaram a achar que era o fim, que a árvore estava morta, mas o tempo foi passando e surgiu um broto, depois outro, aí um galho, depois outro. Hoje, a jaqueira, localizada no centro da aldeia, é uma parte viva da história, mais um símbolo de um povo que resiste.

Syratã Pataxó compartilhou essas histórias conosco em uma entrevista realizada ao lado de uma fogueira enquanto fumava seu cachimbo. O sol de fim de tarde ia tingindo o céu de vermelho e a calma tomava conta da aldeia. O produtor Fabrício Lobel, o repórter cinematográfico Willy Murara, o técnico de áudio Edvaldo Simão e eu gravamos também a rotina da aldeia, vimos crianças aprendendo o patxohã — a língua da retomada, assim chamada pelo empenho de resgate pelas novas gerações da língua do tronco linguístico macro-Jê que estava se perdendo — e registramos a construção de um espaço para a cerimônia do Aragwaksã, que reúne os Pataxó de várias aldeias todo mês de agosto para celebrar casamentos, cantar, fazer a corrida de toras e reafirmar tradições. A maioria ali se veste e se pinta de forma tradicional. É assim que recebem os visitantes interessados em conhecer a aldeia e seu povo, e contribuir com o etnoturismo que traz recursos para a aldeia.

Durante a entrevista, Syratã Pataxó explicou os diversos significados dessa retomada: "Fomos forçados a deixar de falar nossa língua, de praticar nossos costumes, nossas pinturas, de utilizar nossa medicina tradicional, então a gente precisava de ter um espaço mais específico onde nós *pudesse* também ensinar nossos filhos a ler a cultura do nosso povo. A partir daí, entra esse cenário de retomada de nossos *espaço* de origem. Quando a gente veio pra cá, essa aldeia foi fundada por três mulheres, que são a minha mãe e as minhas duas tias. Elas que foram as idealizadoras da Reserva da Jaqueira. Elas *foi* convidando os jovens pra *vim* pra cá, pra poder fortalecer a cultura, aprender a língua, os cânticos, as *reza*. Não dá pra se falar de povos originários e esquecer que o território é sagrado, o território é vida. Sabemos que nós somos uma vida, mas além de nossa vida existe outros que dependem de nós. Hoje já são 23 anos que nós *vive* aqui e, durante esses 23 anos, a gente olha pra essa floresta e são poucos que não *acredita* que nós conseguimos avançar. Nós temos matas aí, enormes, paus-brasil... E a gente não tinha mais a madeira do pau-brasil, a gente não tinha. Hoje a gente tem pau-brasil adulto aqui já, plantado por nós. Animais que a gente quase não via... A nossa cultura, ela não é estática. Ela tá em evolução também. Nós não somos um povo do passado. Nós precisamos do passado pra fortalecer o futuro e o presente no qual nós estamos hoje".

Poucos dias depois de deixarmos a Reserva da Jaqueira, os conflitos entre os Pataxó, grileiros e fazendeiros se agravaram a cerca de 90 quilômetros dali, na região do município de Itabela. Em janeiro de 2023, Sonia Guajajara, ministra do recém-criado Ministério dos Povos Indígenas, formou um gabinete de crise para investigar as mortes de dois jovens indígenas e discutir as demarcações e retomadas das terras reivindicadas pelos pataxós no sul da Bahia.

*Ideias para adiar o fim do mundo* é o título de um dos livros de Ailton Krenak, adaptação de duas palestras proferidas por ele em Portugal. São ideias que precisam ser conhecidas para ampliar os horizontes de todos nós que estamos vendo e sofrendo com as mudanças climáticas, pandemias e eventos extremos causados pelo aquecimento global, fruto da forma abusiva com que tratamos a natureza. A contribuição que indígenas como ele deram à Constituição de 1988 vai, por isso, muito além da conquista por direitos. A proteção dos indígenas, seu território, sua cultura e modo de vida é uma chance a ser agarrada para que a Terra continue sendo uma entidade viva como os povos ancestrais a tratam e reconhecem. A Organização das Nações Unidas declarou o período de 2021 a 2030 como a Década da Restauração do Ecossistema, uma tarefa tão gigantesca quanto a contribuição dos indígenas. Krenak nos falou sobre a importância de áreas de preservação, parques e, claro, das terras indígenas: "Quem conhece a Avenida Paulista, em São Paulo, e conhece ali o Museu de Arte de São Paulo, o Masp, sabe que na frente dele tem um parque que tem o nome de Trianon. Por que será que tem um bosque ali? E que continua tendo pássaros e que continua tendo vida, digamos, silvestre, ali, naquele ambiente que podia estar devastado pelo concreto e pelo cimento? Porque foi destinado a um tipo de uso diferente de uma praça, um estacionamento. Os territórios indígenas guardam uma qualidade diferente, por isso que eu dei o exemplo desse parque — que é o de serem preservados para o tipo de vida que aquele povo tem — um povo que vive da natureza, que vive daquele ecossistema, que tem um conhecimento profundo sobre aquele ecossistema, que reproduz o ecossistema, não dana com ele, pelo contrário: regenera e reproduz".

O xamã Davi Kopenawa leva a sério a Constituição de 1988 como o "arco e flecha para defender *a* nosso direito, para defender *a nossa* povo, defender *a nossa* lugar", como nos disse em entrevista. É necessário e urgente que também levemos a sério o que dizem os indígenas, como alertou o antropólogo Eduardo Viveiros de Castro no prefácio do maravilhoso livro *A queda do céu*, escrito por Kopenawa e o antropólogo francês Bruce Albert. A obra foi lançada em 2010 na França, editado em inglês pela Universidade de Harvard em 2013 e lançado no Brasil em 2015. Em 2021, Davi Kopenawa foi eleito integrante da Academia Brasileira de Ciências "como reconhecimento por sua contribuição na expansão dos conhecimentos científicos, no sentido plural".

Sentado em nosso estúdio, usando um lindo cocar com penas verdes, amarelas e vermelhas, Davi Kopenawa carregava a força e o drama do povo Yanomami acossado pela fome, as doenças, a poluição dos rios e a violência mortal trazidas pelo garimpo ilegal. Kopenawa espera que suas palavras sejam também "uma flecha para tocar coração da sociedade não indígena", como costuma escrever em português nas dedicatórias que faz em seu livro. Segundo ele nos disse: "Nós estamos segurando a onda do mundo. É por isso que vocês estão vivos e por isso que nós estamos vivos ainda. A força da natureza está segurando nosso perigo. Acabou o meu povo, vai acabar a nossa terra, nosso planeta".

# 16
## MEIO AMBIENTE

*Pedro Bassan*

FOI UM GRANDE DESAFIO, para não dizer um risco imenso. Os carros passavam zunindo e alguns buzinavam raivosamente, donos que eram daquelas avenidas desde que elas só estavam desenhadas nas ideias de Lúcio Costa. O calor do Planalto Central não ajudava, e o jovem deputado chegou ao Congresso bem mais suado do que de costume. O silêncio perplexo dos porteiros foi encarado como uma espécie de gesto de boas-vindas. Já no Salão Verde, o lenço deu conta das gotas que escorriam pelo rosto e chegavam ao pescoço e à nuca, mas o colarinho permaneceu visivelmente ensopado, e as manchas escuras na camisa não eram nem um pouco condizentes com a formalidade daqueles corredores. Mesmo em desacordo com a etiqueta do parlamento, o jovem deputado não se escondeu. Queria mais era ser visto. As marcas de suor tinham a força de um veemente discurso.

Ao que se tem notícia, Fábio Feldmann foi o primeiro deputado a chegar de bicicleta à sede do Congresso Nacional. Por mero acaso, alguém pode até ter feito isso antes, mas, naquele dia, as pedaladas ao longo do Eixo Monumental de Brasília tiveram a força de um gesto político inovador, como conta o ex-deputado: "Andar de bicicleta naquela época parecia muito excêntrico. Hoje a bicicleta é meio de locomoção".

Atualmente o próprio Congresso já chegou a criar frentes parlamentares em defesa dos ciclistas e das bicicletas formadas por mais de duzentos deputados. No entanto, Fábio tem consciência de que, não só o meio de transporte, mas as ideias dele como um todo pareciam meio excêntricas quando foi eleito pela primeira vez, no final dos anos 1980, para um mandato que incluiu os vinte meses de trabalho da Assembleia Nacional Constituinte.

A própria noção de meio ambiente ainda não tinha contornos bem definidos para a maior parte da população. Só mesmo alguns fatos mais gritantes chamavam atenção.

A transformação dos rios Tietê e Pinheiros em "águas mortas" dentro da maior cidade do país impulsionou a discussão sobre a qualidade de vida nas metrópoles. As imagens da caça às baleias, proibida no Brasil só em 1986, nos despertaram para a crueldade contra os animais. A tragédia de Cubatão, conhecida como "a cidade mais poluída do mundo", soou o alarme da poluição industrial. No fim dos anos 1970 e início da década de 1980, dezenas de bebês nasceram na cidade da Baixada Santista com anencefalia — ou seja, sem o cérebro.

Contudo, a compreensão do tema pelo público não especializado ia pouco além desses aspectos mais chocantes da realidade. Os danos ao planeta eram o subproduto de indústrias gananciosas ou de vilões sem coração que perseguiam os animais. Basicamente, o meio ambiente era um problema dos outros.

Ambientalismo, biodiversidade, patrimônio genético, impacto ambiental, desenvolvimento sustentável, mudanças climáticas, pegadas de carbono, compensação de $CO_2$, direito animal e outros conceitos que hoje são triviais na discussão sobre o meio ambiente ainda não existiam ou eram restritos aos estudiosos.

Nos discursos eleitorais, temas ambientais — ou ecológicos, para usar a palavra mais em moda na época —, eram no máximo notas de rodapé. Falar dos riscos à natureza não dava votos. Tanto que, entre os 559 constituintes, só um havia sido eleito com a defesa do meio ambiente como bandeira principal.

Diante de todo esse cenário, como foi possível então que, em 5 de outubro de 1988, no dia da promulgação da nova Constituição, o presidente da Constituinte Ulysses Guimarães tenha incluído em seu discurso a seguinte frase: "É consagrador o testemunho da Organização das Nações Unidas, de que nenhuma outra Carta no mundo tenha dedicado mais espaço ao meio ambiente do que a que vamos promulgar"?

Que reviravolta se deu ao longo dos vintes meses necessários para convencer os parlamentares e a própria população de que o meio ambiente precisava ser protegido — e em um nível dos mais elevados — pela Constituição?

Isso, porém, foi mais que uma reviravolta. Nas palavras da cientista social e pioneira das lutas ambientais Samyra Crespo, olhar para aquele momento do passado é contemplar quase um milagre: "Analisando aquele período, a gente acha surpreendente que exista um capítulo inteiro da Constituição dedicado ao meio ambiente!".

Hoje em dia, tragédias ambientais são vistas sobretudo como tragédias humanas. Essa ligação íntima e essencial entre a Terra e seus habitantes também é fruto da mudança de mentalidade que brotou com as letras da Constituição. É evidente que ela e todas as leis que proporcionou não bastaram e não bastam. Os problemas e desafios ambientais estão no noticiário todos os dias, em todo o Brasil, mas é consenso entre os ambientalistas que, sem a Constituição, os desafios seriam ainda maiores.

Essa é a história de como, em 1988, por caminhos improváveis e andando de bicicleta, a luta pelo meio ambiente ultrapassou e chegou à frente do próprio tempo.


O cenário é o mesmo — o Congresso Nacional —, mas o clima é de zoeira, zoeira boa, entusiasmo de escola, barulho de crianças e adolescentes. O assunto também é o mesmo, meio ambiente, mas virado do avesso, mostrando seu lado mais bonito. É o planeta visto não pelo lado da ameaça, dos riscos, da ganância e da inconsequência, e sim iluminado pelo olhar da esperança, pelos sorrisos voltados para um futuro melhor.

Naquele dia, a algazarra dos trezentos estudantes pode ter incomodado a solene rotina de alguns deputados e senadores, mas os parlamentares tinham mais é que ficar felizes. O barulho que ecoava pelos corredores era a própria materialização sonora de um dos artigos da Constituição:

**Art. 225.** [...] incumbe ao Poder Público:

VI - promover a educação ambiental em todos os níveis de ensino e a conscientização pública para a preservação do meio ambiente;

Os meninos e meninas que se reuniram em Brasília foram selecionados entre participantes de projetos ambientais em escolas públicas de todos os estados do país.

A visita ao Congresso foi no Dia da Criança. A Constituição também era uma criança com onze anos de existência naquele 12 de outubro de 1999.

Dezenas de estudantes subiram à tribuna e discursaram no auditório Petrônio Portella, entre elas duas meninas que falavam com a firmeza de quem viveu o que tinha para contar. Elas nasceram envolvidas por uma paisagem rara, um lugar do planeta em que as lições de ecologia estão sempre ao alcance dos olhos, basta saber enxergar. Eram as representantes de Manaus, onde tinham crescido juntas, desde cedo aprendendo que meio ambiente não é floresta, não é rio, não é cidade: é tudo isso concebido e vivido inseparavelmente.

As duas amigas tinham só catorze anos, mas as palavras delas carregavam a força das águas do maior rio do mundo, quintal do bairro onde viviam. Explicavam para os estudantes do Brasil inteiro que quem quer cuidar da Amazônia começa cuidando da própria rua. Uma delas dizia: "É o nosso entorno, né? Você não precisa morar do lado de uma floresta ou próximo ao rio para cuidar. Você pode desperdiçar menos água quando estiver tomando banho, escovando os dentes ou fazendo qualquer outro serviço diário de casa. São pequenos cuidados que você vai tendo que vão fazer uma grande mudança".

O projeto ambiental que as levou até Brasília tinha esse espírito: grandes mudanças com pequenos gestos. O contraste do discurso maduro com as carinhas de criança das estudantes era o que mais cativava quem ouvia. A outra representante do Amazonas declarou: "Tudo o que você faz na sua vida vai ter uma consequência. Vai muito além de você se sentir bem. É saber que o outro também está bem. Nós queremos que as pessoas tenham orgulho do lugar onde elas moram e a gente quer conservar isso para as futuras gerações. Então nós convidamos você a fazer o mesmo".

Como elas falavam bonito! Se esse grupo de estudantes ficasse mais tempo em Brasília, que discursos você preferiria ouvir: os da meninada ou os dos adultos que habitualmente ocupam as tribunas do Congresso? Para sorte dos políticos, a agenda dos pequenos ambientalistas na capital do país durou só uma semana.

Na conclusão do evento, alunos representantes de todos os biomas do Brasil elaboraram a Carta de Princípios de Proteção à Vida entregue em mãos ao então presidente Fernando Henrique Cardoso em uma cerimônia nos jardins do Palácio da Alvorada. FHC foi simpático, disse que nos próximos anos gostaria de ver um grupo ainda maior reunido ali para defender os recursos naturais do Brasil e deu aos jovens uma missão: "Cada um de vocês vai voltar ao seu estado e passar a ser um multiplicador de informação, ensinando mais gente a cuidar do meio ambiente".

As palavras de um dos estudantes ficaram gravadas na memória como uma espécie de mensagem final. Em mais um discurso caprichado, síntese de todas as experiências vividas e aprendidas naquela semana, o menino disse: "A carta que nós entregamos diz sim à cidadania, à educação, à informação e à conscientização. E para a agressão ao meio ambiente, todos nós dizemos um não! Hoje somos uma sementinha. No futuro, seremos árvores".


A Constituição não é mais criança. Chega aos 35 mais robusta, maior, fortalecida por emendas, contemplando demandas sociais que nem existiam na época em que foi elaborada. As crianças e os adolescentes que participaram da viagem a Brasília também cresceram. Como saber se aquelas sementinhas brotaram mesmo? Onde estariam hoje as árvores prenunciadas pelo pequeno craque da oratória que discursou no Congresso? Será que os dias de aprendizado em Brasília valeram alguma coisa, criaram adultos com uma consciência ambiental verdadeira? Teria sido só um passeio, uma bolha de conhecimento que se desfez nos primeiros vendavais do mundo real? Ou aquela foi uma viagem marcante, capaz de mudar o curso de vidas inteiras?

Para descobrir essas respostas era preciso reencontrar os participantes do evento. Mas como, se até aquele momento eles eram para nós carinhas sem nome? Em nossas reportagens, todos eram considerados representantes de um grande grupo, e não ficou registrado como cada um se chamava.

Só existia uma pista. Aquelas crianças faziam parte de um projeto cujo nome caía como uma luva no que cada uma delas representava: Protetores da Vida. Como num trabalho de detetive, os detalhes foram a chave para que pudéssemos, 23 anos depois, reencontrar pessoas que fizeram parte daquela multidão de jovens.

Quem tem filhos sabe o trabalho que dá acompanhar, vigiar e proteger algumas unidades de pequenas pessoas. Imagine a responsabilidade de tomar conta de três centenas de estudantes de dez a catorze anos de idade durante uma semana inteira! O primeiro e acertado passo foi vestir todos com camisetas de um amarelo bem chamativo para que cada integrante do grupo pudesse ser visto de longe. Em letras bem grandes, todos traziam estampado no peito o nome do projeto: PROTETORES DA VIDA.

A produtora Adriana Caban começou a busca a partir dessa única informação. Felizmente, as representantes do Amazonas naquela viagem não só continuaram trabalhando em defesa do meio ambiente como resolveram dar continuidade ao projeto de Brasília adotando o mesmo nome.

A missão dada pelo presidente da República foi cumprida à risca pelos jovens de Manaus. Em 2001, dois anos depois daquele encontro no Palácio da Alvorada, o pequeno grupo de alunos da escola estadual Estelita Tapajós tinha se multiplicado: eram 4 mil jovens de várias escolas diferentes. Conscientizando ribeirinhos e pescadores a manter a água limpa, os Protetores da Vida cumpriam um papel relevante na cidade. O que era visto inicialmente quase como um passatempo da criançada do bairro atraiu a atenção da sociedade como um todo e também da imprensa. Naquele ano, uma reportagem sobre os igarapés de Manaus informava em rede nacional que a poluição tinha diminuído 30% depois que os Protetores da Vida passaram por ali.

Na mesma reportagem, uma menina inteligente e falante aparecia conversando com os moradores das palafitas. Ela dizia: "Cada cidadão tem que ter essa consciência. A campanha é de preservação dos mananciais de água doce no Brasil". Era uma das participantes do encontro de Brasília! Graças ao acervo da Globo estava sendo possível seguir a trajetória de uma adolescente brasileira, pioneira na defesa do meio ambiente. Agora o nome dela estava registrado e bem guardado: Bruna Freitas. Depois desse reencontro na tela, faltava procurar por ela no mundo real.

Obviamente não seria tarefa fácil. Mesmo que Bruna ainda morasse em Manaus, era bem provável que houvesse várias pessoas com o mesmo nome na capital do Amazonas. E pelo Brasil, então? Era mais fácil contar as árvores da floresta.

Ao longo da vida de repórter, algumas vezes já tive oportunidade de agradecer o momento de inspiração que leva mães e pais a batizarem os filhos com nomes originais, que os tornem distintos na multidão de homônimos formada pela maioria de nós. Pois Adriana Caban compartilhou esse sentimento ao descobrir que a outra estudante de Manaus que estávamos buscando se chamava Lionela Correa. Opa, nossas chances começaram a melhorar! Melhor ainda foi descobrir que a professora que comandava o projeto se chamava Marlete Tupinambá. Aí ficou bem mais fácil!

Com a ajuda dos companheiros da Rede Amazônica, achamos a professora Marlete, que nos passou o contato das duas ex-alunas. Então descobrimos que, na vida adulta, elas permaneciam ligadas à preservação do meio ambiente, ajudando uma nova geração a trilhar o mesmo caminho que percorreram: as amigas de infância escolheram ser professoras.

Lionela estava temporariamente morando em São Paulo, fazendo doutorado na USP. Encontramos com ela e a família num parque da zona oeste da cidade, sala de aula perfeita para as lições que ela queria transmitir à filha de oito anos, como ela conta: "Eu passo essa consciência para minha filha. Felizmente ela é de uma geração que já cresce com essa preocupação com o próprio ambiente, por exemplo, de não desperdiçar água, não é? Então ela já cresce com esse cuidado que eu não tinha na idade dela. Eu ganhei a partir da educação ambiental que eu tive na escola, mas minha filha está começando bem mais cedo do que eu".

Bruna vive até hoje em Manaus, não muito longe do bairro onde nasceu e cresceu. Ela lembra com uma nitidez impressionante dos detalhes da viagem à Brasília e considera que aquela semana foi um marco na formação que recebeu ao longo da vida: "Nós começamos a perceber que podíamos mudar a realidade, que nós tínhamos o poder nas mãos como alunos, como cidadãos. Então, a partir daquele momento nós começamos a fazer as pessoas pensarem um pouco na sua comunidade, do global para o local, dizendo para eles que tudo o que fizessem ali iria ter um impacto positivo ou negativo até as futuras gerações, até os filhos e os netos deles. Ao voltarmos, nós tivemos essa missão de passar para outros alunos, de convidar outras escolas para participar conosco. Nós levamos o projeto adiante durante praticamente todo o ensino médio, e o trabalho se perpetuou".

Bruna também contou que a volta da viagem foi marcada por um gesto: "Um grupo de alunos plantou uma árvore na praça do bairro".

Confesso que, de cara, não dei muita importância a esse gesto, mas, caros brasileiros não amazônidas, quando alguém que vive em meio à maior floresta tropical do mundo disser que plantou uma árvore, não tratem essa afirmação como um fato corriqueiro.

No alvorecer do século XXI, os alunos da professora Marlete se juntaram na Praça do Amarelinho, no início da orla do mesmo nome, às margens do rio Negro. O momento está registrado em uma única foto, marca daqueles tempos em que ainda era preciso revelar o filme. Na imagem, estão Bruna, Lionela e mais umas vinte pessoas, entre alunos e professores. Todos formam um semicírculo ao redor de um galho já alto, porém mirrado, cuja aparência frágil parece destiná-lo a ser arrastado no primeiro temporal.

Era a muda de uma sumaúma. E ao digitar esse nome, bate uma vontade irresistível de repetir em caixa-alta, isso mesmo, uma SUMAÚMA!

Existem árvores, e existe esse monumento da floresta. Segundo a Embrapa, a sumaúma pode atingir até sessenta metros de altura, e o tronco pode chegar a dois metros de diâmetro, exigindo várias pessoas para envolvê-la em um abraço. Na Amazônia, ela é imensa até mesmo entre as gigantes da selva. Naquele meio em que nosso olhar mal consegue distinguir quais são os galhos que pertencem a cada árvore, a sumaúma se destaca acima da imensidão verde. Os exemplares da espécie são um ponto seguro de referência para barqueiros e guias. Chamada de "escada do céu", a árvore-rainha é sagrada. Muitos povos acreditam que a copa da sumaúma, alta e aberta, tem o poder de sustentar o firmamento.

Se a árvore é marcante assim na floresta, imagine numa praça. Em vinte anos, o galho mirrado cresceu, ganhou imponência e majestade. Em que outro lugar é possível ver uma só árvore dando sombra a uma praça inteira? Quem chega a Manaus pelas águas contempla a Orla do Amarelinho e se sente recebido e abraçado por aquela folhagem gigantesca. A sumaúma plantada pelos Protetores da Vida é marco que não demarca, integra, entrelaçando a cidade grande com a floresta na outra margem do rio.

Quando o menino lá em Brasília disse que os Protetores da Vida eram sementes que no futuro seriam árvores, não podia imaginar que as palavras dele iriam se concretizar de maneira tão literal, mas a proteção do meio ambiente consiste nisso mesmo: tomar as decisões certas hoje e deixar que o tempo produza os resultados concretos. A sumaúma de Manaus é fruto visível e palpável de uma outra semente, plantada no momento certo: a Constituição.

Era um tempo de boa vontade.

O capítulo do meio ambiente talvez seja o que melhor traduza o espírito em que toda a Constituição foi elaborada. Havia oposição em vez de polarização, e havia, sobretudo, a busca do consenso.

Em 1988, os recursos naturais não eram considerados nem de esquerda, nem de direita, e sim, riquezas do Brasil, mas o então deputado Fábio Feldmann acha que a proteção do meio ambiente foi incluída na Constituição por uma outra razão: "Havia um clima na Constituinte de deixar um legado para o Brasil". Ele explica, ainda, que a Constituinte queria ser contemporânea, abraçar novos temas e demandas. E, naquele final dos anos 1980, o mundo estava começando a enxergar a dimensão dos danos ao planeta causados pelo ser humano. Portanto, defender o meio ambiente na Constituinte era estar no lugar certo, na hora certa.

Além de ser o único eleito com base em propostas ambientalistas, Fábio era estreante no Congresso e um dos parlamentares mais jovens, com 31 anos. Ele conta que foi logo apadrinhado por deputados mais experientes, em segundo ou terceiro mandato, e assim formou-se uma frente parlamentar em defesa da ecologia com cerca de 160 deputados. O grupo incluía políticos de praticamente todos os partidos, de líderes da esquerda ao monarquista Cunha Bueno, passando por integrantes do Centrão, como Raimundo Bezerra e Ricardo Izar, e incluindo o maior líder da bancada evangélica, Fausto Rocha.

Os reticentes, que não se convenciam pelo discurso, se rendiam aos fatos. Os parlamentares foram visitar os ecossistemas mais ameaçados e ver de perto a riqueza de diferentes biomas, da Mata Atlântica ao Pantanal.

E assim foi brotando uma consciência em nossos legisladores: se a Constituição é um espelho da realidade, o Brasil precisa olhar para ela e enxergar a própria beleza, protegida por direitos e garantias inovadores. Nasceu aí o Capítulo VI da Ordem Social — "Do Meio Ambiente" — criando, por exemplo, o estudo de impacto ambiental. O que hoje parece essencial, simplesmente não existia, como relembra Fábio: "Imagina que até a Constituição de 1988, era possível fazer um empreendimento de grande porte como o Brasil fazia, uma hidrelétrica na Amazônia, por exemplo. E aí o governo federal praticamente tomava conta daquele território sem falar com ninguém, administrava tudo da forma que queria. E aí, então, foi criada a avaliação ambiental, que é democrática. Com todos os problemas, hoje é preciso ouvir a sociedade antes de uma grande obra, e isso está garantido no capítulo do meio ambiente. Hoje é uma medida adotada no mundo inteiro, e nossa Constituição, de certa maneira, antecipou isso".

Além disso, a Constituição proibiu a crueldade contra os animais, acabando com práticas abomináveis como a Farra do Boi; determinou a criação do Sistema Nacional de Unidades de Conservação, organizando todo o nosso patrimônio de Parques Nacionais, Estações Ecológicas e outras formas de preservação; criou a figura do crime ambiental — antes, quem degradava o ambiente ficava praticamente impune, segundo um Código Florestal que raramente era cumprido.

Pode-se argumentar que faltou legislar sobre as mudanças climáticas; que o conceito de desenvolvimento sustentável poderia estar ali definido; que as energias alternativas deveriam ter recebido estímulo maior; mas esses eram temas ainda mal debatidos ou praticamente inexistentes na época. De um modo geral, o capítulo do meio ambiente da Constituição brasileira foi inovador e inspirador, tanto que serviu de modelo para várias constituições escritas posteriormente, especialmente na África e no Leste Europeu.

E na hora de jogar sementes, os constituintes foram visionários e escolheram o terreno mais fértil: as escolas.

Se a Constituição de 1988 não trouxesse desde a promulgação o capítulo dedicado ao meio ambiente, podemos imaginar que o tema certamente teria vindo à tona mais tarde, e seria incluído por alguma emenda ao longo do século XXI, dada a importância que o assunto veio ganhando no mundo.

Essa constatação só reforça e valoriza o pioneirismo dos constituintes. Graças à inclusão da educação ambiental em todos os níveis já no texto original, desde o início dos anos 1990 a realidade de muitas crianças foi iluminada por uma visão de mundo muito mais completa, por todo um campo do conhecimento que até então não era transmitido aos mais jovens, pelo menos não de forma sistemática e obrigatória.

Graças à existência da educação ambiental no Brasil num tempo em que o mundo ainda mal falava sobre isso, ganhamos uma geração na corrida para salvar o nosso entorno. Vidas foram transformadas. Vidas como as de Bruna e Lionela, que reconhecem o valor de cada lição recebida: "Se hoje eu tenho uma preocupação maior com meu meio ambiente, com o meu entorno, com a minha sociedade, com as próximas gerações que virão e que estão vindo, com certeza foi graças a esse direito garantido em Constituição", conta Lionela. "Porque foi a partir disso que a gente teve acesso a essa educação, a esse olhar mais crítico, a esse olhar mais preocupado, esse olhar mais consciente. Então acho que isso teve um impacto importante na minha vida e acho que de todas as pessoas que tiveram acesso a esse direito, não é? E fez uma mudança tremenda assim na nossa comunidade, no nosso estado, nosso país".

O ministro do Superior Tribunal de Justiça Herman Benjamin diz que a educação não é mero apêndice da luta ambiental, e sim um pilar fundamental na construção de um mundo em equilíbrio: "Um dos impactos do texto ecológico da Constituição foi exatamente dizer 'Isso não é coisa menor. Não é preocupação de hippie'. Aqui nós temos um valor central do Estado brasileiro. Esse é o aspecto de legitimação, que é absolutamente importante, porque empodera as pessoas. Empodera o discurso das pessoas, mas também a ação das pessoas".

E esse poder nasce com o conhecimento, nas palavras do ministro: "Uma nação de ignorantes é exatamente o oposto de uma nação de defensores do texto constitucional. Evidentemente é uma mudança legal, mas é uma mudança também de percepção. É algo que veio para ficar. E a educação é realmente fundamental nesse descobrir para ficar".

Em uma tarde de sábado, 23 anos depois, a turma do Colégio Estelita Tapajós se juntou outra vez. A ideia era reproduzir a foto antiga, aquela tirada no dia em que a muda foi plantada na praça. Não foi igual, foi melhor. A alegria do reencontro foi multiplicada pela visão da árvore que hoje certamente ultrapassa os trinta metros de altura. Em vez do semicírculo, um abraço imenso os uniu em torno do presente que eles deram ao bairro, a Manaus, ao planeta. A árvore real abraçada pelas sementinhas que viraram árvores dos Protetores da Vida.

Mais do que uma foto de amigos, foi o retrato de que a Constituição já formou gerações mais conscientes. O Brasil ainda está longe de garantir uma proteção plena e uma exploração equilibrada dos recursos naturais, e não precisamos nos alongar aqui sobre queimadas, desmatamentos e garimpos ilegais, notícias de todos os dias. O que em 1988 era novidade, hoje é necessidade. Os princípios, direitos e garantias estão lá, mas ainda vai ser preciso muita luta e muito empenho para tirar do papel esse capítulo que olhou para os brasileiros do futuro e quis dar a eles um país melhor.

Aos 35 anos de existência, a Constituição é a soma de realizações e aspirações. É ao mesmo tempo árvore e semente. E só pode existir de maneira tão paradoxal porque tem raízes fortes, plantadas na democracia.

# 17
## Federalismo

*Graziela Azevedo*

Nossa terra tem palmeiras que os tupis chamavam de *pindoba* e, dizem linguistas e historiadores, que foram elas que inspiraram um de nossos primeiros nomes: Pindorama. Os portugueses que aqui chegaram foram dando outros: Ilha de Vera Cruz; Terra de Santa Cruz, Terra dos Papagaios; Reino Unido de Portugal, Brazil e Algarves... Brazil foi ganhando força e, com os gritos da independência, passaram a nos chamar de Império do Brazil. A proclamação da República também trouxe mais que mudança de nome. Inspirados pela ideia norte-americana de união de estados independentes num país de todos nos tornamos a República dos Estados Unidos do Brazil. Depois de uma reforma ortográfica e um decreto, trocaram o "Z" pelo "S". Foi a Constituição de 1967 que nos deu o nome completo mantido na Constituição de 1988: República Federativa do Brasil. Toda essa interessante mudança de nomes foi acompanhada de lutas e revoluções, de momentos em que o poder foi mais ou menos centralizado. Ao ser desenhado pela geografia e pela história, o Brasil se tornou um gigante de 8,5 milhões de quilômetros quadrados, o quinto maior país do mundo em extensão territorial. A maneira de unificar e ao mesmo tempo garantir um sistema político e administrativo descentralizado num país tão grande e culturalmente diverso começa a ser descrita logo no primeiro artigo da Constituição de 1988:

> **Art. 1º** A República Federativa do Brasil, formada pela união indissolúvel dos Estados e Municípios e do Distrito Federal [...].

Muitos outros artigos da Constituição são dedicados às regras do federalismo brasileiro. Um deles estabelece um importante dever comum:

> **Art. 23.** É competência comum da União, dos Estados, do Distrito Federal e dos Municípios:
>
> I – zelar pela guarda da Constituição, das leis e das instituições democráticas [...].

Na entrevista que nos deu para a série "Brasil em Constituição", o então ministro do Supremo Tribunal Federal Ricardo Lewandowski lembrou as origens do Estado Federal, que nasceu da luta das treze ex-colônias britânicas na América do Norte que se uniram em uma confederação a princípio provisória, para lutar contra o jugo dos ingleses. Mais tarde, criaram o modelo que foi consagrado na Constituição Americana e inspirou o federalismo de grandes nações como Canadá, Austrália, Índia, Argentina e Brasil: "Como esses estados unidos precariamente viram que essa união era boa, eles transformaram-se de uma confederação em uma federação, que foi implantada com a Constituição Americana de 1787 até hoje em vigor. E essa constituição então fez o seguinte: 'Olha, nós, que nos unimos numa federação, vamos dar alguns poderes para o governo central, para a União, e vamos manter todos aqueles poderes remanescentes que nós tínhamos originariamente'. Adotaram esse modelo de divisão político-administrativa, permitindo que essas unidades, que pertencem ao todo, se beneficiassem da força do conjunto, mas, ao mesmo tempo, preservassem suas particularidades. Então, o Estado Federal é um instrumento não apenas para facilitar a administração de países ou estados que apresentem essas condições peculiares — grandes dimensões geográficas ou demográficas, ou uma heterogeneidade cultural — mas também, com o passar do tempo, se percebeu que o federalismo é um instrumento para valorizar a própria democracia. Por quê? Primeiro, impede

194 *Graziela Azevedo*

a concentração do poder político em torno do governo central. Em segundo lugar, aproxima mais o povo de seus governantes".

É tudo o que autocratas e ditadores não gostam. Durante a ditadura militar (1964-1985), os brasileiros foram impedidos de votar para presidente, governadores e prefeitos das capitais, que passaram a ser eleitos indiretamente por parlamentares sujeitos a toda sorte de pressão e influência do governo central. Eram chamados de biônicos os escolhidos sem voto popular. Antes disso, Getúlio Vargas já tinha usado mãos de ferro para centralizar o poder. Foi com muita pompa que, em 27 de novembro de 1937, Getúlio promoveu na Praça Roosevelt, no Rio de Janeiro, um grande espetáculo com orquestra regida por Villa-Lobos, missa, presença de ministros, diplomatas e desfile de estudantes em uniformes impecáveis. No centro do evento, em uma pira, as bandeiras dos estados foram cremadas. Era o ato simbólico do que Getúlio imprimiu na Constituição de 1937, escrita por apenas um jurista e decretada sob medida para seu governo autoritário. Nos registros em filme do Dia da Queima das Bandeiras, o próprio Getúlio Vargas discursa, exultante: "Abolimos as bandeiras e escudos estaduais e municipais, os hinos regionais e os partidos políticos".

Os constituintes que trabalharam entre 1987 e 1988 fizeram o oposto: recuperaram a força que ganha o conjunto quando se une, respeitando as particularidades de cada um. Esse era o objetivo. Assim, a Constituição de 1988 não só reafirmou como tornou ainda mais clara a divisão de responsabilidades e competências entre prefeitos, governadores e o presidente. Todos têm que cuidar da nossa terra e da nossa gente e, mais do que isso, todos têm o dever de cooperar. Ulysses Guimarães dedicou parte importante do discurso que fez no dia da promulgação ao federalismo e aos desafios que o sistema teria pela frente: "É a irmandade entre as regiões. Para que não se rompa o elo, as mais prósperas devem colaborar com as menos desenvolvidas. Enquanto houver Norte e Nordeste fracos, não haverá na União Estado forte, pois fraco é o Brasil. As necessidades básicas do homem estão nos estados e nos municípios. Neles deve estar o dinheiro para atendê-las. A Federação é a governabilidade. A governabilidade da nação passa pela governabilidade dos estados e dos municípios. O desgoverno, filho da penúria de recursos, acende a ira popular, que invade primeiro os paços municipais, arranca as grades dos palácios e acabará chegando à rampa do Palácio do Planalto. A Constituição reabilitou a Federação ao alocar recursos ponderáveis às unidades regionais e locais, bem como ao arbitrar competência tributária para lastrear-lhes a independência financeira. Democracia é a vontade da lei, que é plural e igual para todos, e não a do príncipe, que é unipessoal e desigual para os favorecimentos e os privilégios".

## APRENDIZADO

Para ilustrar a reportagem da série "Brasil em Constituição" sobre o federalismo, usamos um mapa do nosso país em forma de quebra-cabeça. Os estados eram peças que estudantes de uma escola no Tocantins foram convidados a montar, uma brincadeira relativamente fácil para quem já teve as primeiras aulas de geografia. Bem mais complexa é a reorganização de um país inteiro com distribuição de tarefas, competências e recursos entre 26 estados, um Distrito Federal e 5.568 municípios.

O professor de direito constitucional da USP Virgílio Afonso da Silva falou do desafio desse aprendizado que começou em 1988 e não deve ter fim, mas sim um aperfeiçoamento constante: "Como ser eficiente é um desafio para qualquer Estado Federal no mundo inteiro, todo país que adota o federalismo tem problemas para definir essas regras para não ter sobreposição de tarefas e vácuo. A ideia da Constituição é: a União define regras gerais, que são levadas, que são realizadas e concretizadas e detalhadas por estados e municípios. Isso funciona melhor em alguns âmbitos e não tem funcionado tão bem em outros. Isso depende muito, na minha visão, de como a União, ou seja, o governo federal e o Congresso Nacional, o quanto eles são capazes de articular nos 26 estados e no Distrito Federal e as competências de milhares de municípios no Brasil. Talvez a educação seja um exemplo. Não estou dizendo que a educação funcione perfeitamente, eu não estou falando do produto, estou dizendo como a relação dos entes — a União, o estado e os municípios — na educação, ela é mais claramente definida; em outros âmbitos, funciona menos. A gente vai aprendendo quase que por tentativa e erro. Quem deve fazer o quê? Infelizmente, às vezes a gente só aprende quando alguma tragédia acontece".

A repetição de tragédias revela essa dificuldade de aprendizado mesmo por quem tem nas mãos um guia tão precioso quanto a Constituição de 1988. Os moradores de Petrópolis, na região Serrana do Rio de Janeiro, são vítimas de reprises dramáticas dos desastres causados pelas chuvas. Falha o município na falta de projetos de urbanismo e construção de moradias em locais seguros, falha o estado na estruturação de uma Defesa Civil que honre o nome com alertas eficientes contra os perigos, falha a União na articulação e nas parcerias de uma infraestrutura que proteja o meio ambiente e a vida. As enchentes e deslizamentos provocaram 87 mortes em 1979, 171 em 1988 e 238 em 2022. Como declarou em entrevista Ricardo Lewandowski, "O caso das enchentes a que você se referiu em Petrópolis é realmente um caso muito emblemático, porque aí exige-se, sem dúvida nenhuma, cooperação das três esferas político-administrativas da Federação. A União tem responsabilidade, o estado tem responsabilidade e o município também tem a sua responsabilidade, cada qual em seu nível", me disse em entrevista o então ministro do STF.

Cobranças podem e devem ser feitas por cidadãos e cidadãs. Mecanismos de transparência e de participação popular, como audiências públicas e conselhos de educação, saúde e segurança, entre outros, foram criados a partir da Constituição de 1988 e precisam ser conhecidos, ativados e aperfeiçoados — até para evitar o conhecido jogo de empurra. O desafio de um federalismo 2.0, eficiente e moderno ultrapassa nossas fronteiras, como bem explicou o então ministro do Superior Tribunal de Justiça Herman Benjamin: "Federalismo de cooperação significa ter, às vezes, os três níveis atuando na mesma direção, mas também impedindo o jogo de empurra: 'Não é comigo, é com a União', e a União dizer: 'É com os municípios e com os estados'. A Constituição, em temas que são relevantíssimos para a sociedade, diz claramente: esta é matéria de competência concorrente tanto para legislar como para administrar. Vale para a União, vale para os estados e para os municípios. Outro problema é que grandes temas que eram considerados locais, hoje são regionais, nacionais e até globais. Vejam a pandemia da covid-19. Não é um tema local ou apenas local, nem apenas estadual. É um tema nacional e global. A proteção do meio ambiente, a contaminação da água e do ar, o desmatamento, tudo isso até recentemente era visto como questão local ou estadual. E hoje nós sabemos, com as mudanças climáticas, enfim, com o caráter global desses problemas pequenos que se aglomeram, já não pode mais ficar a sua disciplina, a sua gestão somente com o município e com os estados. Daí a necessidade de um novo federalismo que não é apenas por exclusão, mas por cooperação".

A Constituição criou as bases do federalismo cooperativo, mas é o Supremo Tribunal Federal que, com frequência, precisa interpretar e pacificar o que cada ente deve fazer ou que os três precisam cooperar para realizar. Foi assim em abril de 2020 que o Supremo decidiu que estados e municípios tinham o poder de estabelecer políticas de saúde, inclusive questões de quarentena e a classificação dos serviços essenciais. Na ocasião, o STF julgou o questionamento de uma medida provisória que concentrava no governo federal decisões sobre o combate à pandemia. A ministra Carmem Lúcia falou sobre a decisão em sua entrevista para a série: "Nós dizemos que o federalismo no Brasil é cooperativo: União, estados, Distrito Federal e municípios têm que cooperar para que o cidadão tenha aquilo que é seu direito. Na saúde, isso está pacificado pelo Supremo: eu cobro do primeiro que eu achar para que eu possa ser atendido... depois entre eles resolvam como esses recursos são distribuídos. As linhas gerais são da União, mas as peculiaridades locais são entregues aos estados e, em parte, aos municípios. A Constituição define essa participação. Nós que compomos os órgãos públicos é que temos que ter essa certeza, e o cidadão tem que saber que na hora que ele tem uma dificuldade, por exemplo, em matéria de saúde, ele vai imediatamente pedir para o prefeito, que está mais próximo. Por isso nós dizemos: há uma responsabilidade solidária de todos os entes. Depois que a gente cuida da pessoa, entregou, por exemplo, o remédio para ela, aí nós perguntamos: a quem compete? E como é que esse recurso vai ter que ser repassado, quando e se for o caso".

A decisão do Supremo que reforça a autonomia de estados e municípios para tomar decisões que afetavam diretamente suas populações reforçou o desenho de federalismo estabelecido na Constituição de 1988. O professor de direito constitucional e administrativo da Unirio José Carlos Vasconcellos desfez um mito sobre esse tema na entrevista que nos deu: "A gente costuma ter no nosso subconsciente a falsa impressão de que os atos da União Federal são superiores aos atos dos estados, superiores aos atos dos municípios. As leis federais, leis estaduais e leis municipais, elas não se relacionam entre si com base nessa noção de hierarquia. Elas se relacionam com base nessa noção de repartição de competências, de divisão de trabalho".

DE LÁ PARA FRENTE

O Brasil tem divisão
geográfica legal,
em estados, municípios
e Distrito Federal.
Com esse partilhamento,
federado provimento
organiza o nacional.
A União é o resultado
da grande diversidade
de culturas, de sotaques,
de subjetividade.
São gaúchos, nordestinos,
são nortistas, sudestinos,
vivendo com alteridade
A Carta de 88
Também trouxe inovação:
Tocantins é o caçula
da nossa Federação.
Olhando para o futuro
já se mostra bem maduro.
Crescimento em ascensão.

Os poemas pendurados em cordas e ilustrados por xilogravuras deram nome ao nosso cordel. Esse, escrito a nosso pedido por José Guilherme Teles, sintetiza com o brilhantismo da cultura popular um tema tão importante e complexo. Para ver de perto como a Constituição de 1988 passou a "organizar o nacional" viajamos ao mais jovem estado brasileiro. Lá encontramos aquela mistura de paisagens e histórias humanas capazes de inspirar poesia e tornar palpáveis as letras das leis.

Atravessamos as planícies emolduradas por paredões de pedra e pelas matas do cerrado e chegamos a Tupirama, cidadezinha com menos de 2 mil habitantes, no norte do Tocantins. Ali, aquele que foi sacramentado como o primeiro tocantinense nos contou: "Nasci no dia 5 de outubro de 1988, junto com a nova Constituição e também, com a criação do estado do Tocantins".

As reportagens da época registram que Alberto Portinari Rodrigues Borges foi o primeiro bebê a nascer naquela data histórica. Portinari estava com 34 anos quando o encontramos em 2022, na casa de sua mãe. Dona Neusir nasceu quando o Tocantins ainda não existia e aquelas terras eram parte de Goiás. Ela conheceu as dificuldades de viver o isolamento e a pobreza do norte goiano e as delícias e dores de alimentar a terra e a vida que começa. "Quando nasce um filho, ele precisa muito de amor. Tem que cuidar bem. Filho dá preocupação, dá despesa, dá isso aí tudo. Um estado quando nasce também, dá esse mesmo problema", comparou ela.

Portinari é pai de um pequeno tocantinense e, por ser filho de dona Neusir, consegue perceber o que mudou e o que ainda precisa melhorar no estado que nasceu junto com a Constituição de 1988: "A partir do momento que se transformou no estado do Tocantins, a gente percebeu essa evolução. Eu vi a minha rua ser asfaltada, vi a água chegar, encanamento, saneamento… Ainda tem muita coisa para ser feita. A gente percebe na questão de atendimento à saúde, a gente evoluiu muita coisa. A questão de escola a gente ainda vê ainda algumas situações como a falta de creche, falta de vagas. Ainda existe muita coisa a ser melhorada, em especial na questão da segurança pública e principalmente as políticas sociais".

Criar um estado ou um município é uma possibilidade prevista na Constituição, mas com custos e responsabilidades. Cada unidade da federação tem na Lei Maior autonomia para fazer muita coisa, mas também obrigações a cumprir.

O professor de história Júnio Batista migrou do Rio Grande do Norte para o estado que nascia naquele final dos anos 1980. Na capital, Palmas, vimos com ele o painel no Palácio do Governo que conta a luta pela divisão do enorme e antigo Goiás, uma saga que começou séculos antes e que foi acolhida pelos constituintes. Além de transformarem Roraima e Amapá de territórios em estados, deputados e senadores selaram a criação do Tocantins. Havia fortes e maduras razões para isso, segundo o professor: "Foram levados vários outros projetos para se criarem outros estados. É interessante que a cada fase da Constituição esses outros projetos iam ficando para trás, e o Tocantins foi permanecendo até a última fase da comissão de sistematização. Mas por que se separar? Porque existia uma diferença nítida cultural, econômica e social entre o norte e o sul do estado. O norte era uma região isolada, abandonada, que era chamado pelo Goiás de 'corredor da miséria'".

Foram as carências, mas também vários interesses políticos e econômicos que levaram muitos municípios a quererem se dividir, pegando carona nas possibilidades criadas pela nova Constituição. O número de cidades brasileiras dobrou! Uma antiga reportagem do *Jornal Nacional* explicou que, quando a Constituição de 1988 passou da União para os estados a atribuição de criar municípios, diversos pequenos distritos quiseram se emancipar. As novas prefeituras tiveram direito ao seu quinhão no fundo de participação dos municípios, o dinheiro que é repassado pela União. Com o tempo e o cobertor curto de recursos, o federalismo brasileiro amadureceu. Duas emendas constitucionais, em 1998 e 2006, puseram freio nas emancipações, que passaram a depender de um estudo de viabilidade apontando se o novo município terá arrecadação suficiente para investir em infraestrutura urbana e para pagar os funcionários públicos, como nos explicou o promotor de Justiça Guilherme Peña de Moraes em entrevista para a série: "Eu vejo nesse processo uma preocupação prática em criar municípios sustentáveis sob todos os aspectos, além de uma preocupação jurídica, teórica, de dar legitimidade à decisão de criação desse município novo. E a mesma coisa vale para estados que no futuro vierem a ser criados. Não basta mais a consulta feita ao município que será emancipado, mas também àquilo que restará desse processo. Todos são ouvidos, o que legitima a decisão também dentro da concepção democrática, de ouvir todos".

Um dos mais jovens municípios brasileiros, Pescaria Brava, em Santa Catarina, nasceu do desejo de melhorar e caminhar com as próprias pernas. O editor Rafael Carregal encontrou em nossos arquivos uma reportagem que falava dos anseios da população — que vivia naquele distrito da cidade de Laguna. O pescador Edvaldo Fernandes falava da sensação de isolamento e da expectativa pela emancipação: "A gente espera que melhore as estradas, saúde. A gente sempre precisa sair daqui e ir pra Laguna ou Tubarão… Esperamos que melhore mais pra nós".

O município, que em 2022 tinha cerca de 10 mil habitantes, pegou a última onda da criação de novas cidades e conseguiu se emancipar em 2012. O produtor Daniel Targueta, os repórteres cinematográficos Lucio Rodrigues e José Henrique e o técnico Maurício Veloso seguiram para Pescaria Brava, onde encontraram Edvaldo. As imagens registradas pelos colegas fizeram jus ao nome do lugar onde o mar bate forte na praia e no píer com seus barcos e redes. A pesca ainda é complemento de renda, mas a principal atividade econômica do município é a pequena agricultura. Edvaldo se lembrava da entrevista que deu dez anos antes. Ele contou que melhorias aconteceram, mas que ainda estão abaixo das expectativas: "Náquela entrevista lá atrás, eu disse que podia melhorar a saúde, as estradas. Hoje nós temos médicos toda semana. E antigamente nós 'precisava' de um médico de Laguna, que vinha aqui de mês em mês. Saneamento básico hoje ainda não tá 100%. Eu acho que tem que melhorar mais ainda. Passa ônibus uma vez por dia. Isso aí tem que melhorar no nosso município".

Em 2022, Pescaria Brava não chegava a arrecadar em impostos nem 10% do que gastava. Como a maioria dos municípios brasileiros, a cidade não se sustenta sozinha e depende de repasses dos governos estadual e federal. O resultado é que a melhoria de serviços públicos acaba chegando mais devagar do que os cidadãos esperam.

Em seu discurso no dia 5 de outubro de 1988, Ulysses Guimarães ensinou que "o governo associativo e gregário é mais apto do que o solitário" e que outros imperativos da governabilidade são a coparticipação e a corresponsabilidade. Ele usou a geografia para sublinhar as diferenças e a diversidade que nos distinguem e nos unem. "Somos um arquipélago social, econômico, ambiental e de costumes, não uma ilha", definiu o presidente da Assembleia Nacional Constituinte.

Para a ministra do STF Cármen Lúcia, a cooperação prevista na Constituição é um farol valioso para iluminar nosso destino comum. Não importa onde estejam os brasileiros, todos devem ter o direito de se orgulhar de ser parte do mesmo mapa, do mesmo país: "Nós somos muitos Brasis dentro de um. O que a Constituição, portanto, estabelece para a federação é para que cada um possa viver de acordo com as suas condições, com as suas condições boas de dignidade, de serviços, de qualidade de vida e de tudo mais. O federalismo veio para isso e o cidadão aprender isso também é importante. Isso tudo nos mostra os tantos Brasis que nós precisamos fomentar, patrocinar".

# 18
## OS TRÊS PODERES

*Pedro Bassan*

*A esperança dança na corda bamba de sombrinha.*
ALDIR BLANC, "O bêbado e a equilibrista"

POETA DE ALEGRIAS E TRISTEZAS, Aldir Blanc era um equilibrista. Em suas mais de quinhentas letras de música, face mais visível de um trabalho vastíssimo com as palavras, os sentimentos mais sublimes convivem com imagens grosseiras, como o "bafo de conhaque" dos amantes. Gaiato e romântico, ou "amoroso e colérico", como ele mesmo se definia, vivia na linha tênue de uma sofisticação lírica achada na sarjeta, onde se equilibrava e não caía nunca. Um coração imenso e um humor ácido do qual não poupava nem ele próprio: "Sou rigorosamente ateu, cético, cínico e escroto, nessa ordem", disse certa vez ao jornal *O Globo*, para na mesma entrevista passar uma visão quase oposta de si mesmo ao dizer que "quem faz as letras é o garoto do curtíssimo período que passei em Vila Isabel, dos três aos quase onze anos. Quando esse garoto morrer, o letrista morre junto".

O desencanto do cético e a esperança do menino conviviam por vezes em um mesmo poema. "O bêbado e a equilibrista", parceria com João Bosco, é talvez seu maior sucesso. A asfixia do primeiro verso da canção — "Caía a tarde feito um viaduto" — prossegue revelando o clima de opressão cinzenta da ditadura, até que, perto do fim, o menino de Vila Isabel parece tomar nas mãos a caneta e desenhar uma luz lá no fundo — "Mas sei que uma dor assim pungente não há de ser inutilmente", o que fez da música o hino da anistia.

Aldir Blanc morreu de complicações causadas pela covid-19 no dia 4 de maio de 2020, quando uma outra noite desabava sobre a classe artística, a noite da pandemia. Mais uma vez, Aldir foi inspiração para o caminho de saída. Duas leis federais foram aprovadas levando o nome do poeta. A primeira, ainda em 2020, criava uma renda emergencial mensal para artistas e trabalhadores do setor, e benefícios para espaços culturais que tiveram de fechar as portas. Depois do socorro, a retomada. Em 2022, o Congresso aprovou a Lei Aldir Blanc 2, que previa o repasse de 3 bilhões de reais aos estados e municípios para incentivo de projetos culturais. Em 4 de maio de 2022, exatamente no dia que marcava dois anos da morte do artista que inspirou a criação da lei, o Poder Executivo, na época exercido pelo presidente Jair Bolsonaro, vetou integralmente o projeto, encaminhando-o de volta ao Poder Legislativo, como determina a Constituição.

**Art. 66.**

§ 4º O veto será apreciado em sessão conjunta, dentro de trinta dias a contar de seu recebimento, só podendo ser rejeitado pelo voto da maioria absoluta dos Deputados e Senadores.

A destruição do setor cultural era tão evidente naquele momento que o Congresso não se conformou com o veto e usou sua prerrogativa constitucional de rever a decisão do Executivo. A maioria absoluta é o quórum formado por mais da metade do total de parlamentares, ou seja, um número fixo, que na Câmara dos Deputados, por exemplo, equivale a 257 votos. Na análise do veto presidencial, esse número foi ultrapassado de longe, com um placar de 414 a 39 entre os deputados e de 69 a 0 entre os senadores. A esperança dos artistas bambeou para um lado, quase caiu do outro, mas atravessou a corda bamba da pandemia pronta para caminhar em solo seguro novamente.

O azedume da política do dia a dia parece um universo paralelo, completamente diferente do mundo em que vivia o poeta agridoce. Contudo, quem tem uma obra tão rica como Aldir Blanc ilumina nossas vidas nos aspectos mais inesperados. Involuntária e postumamente, o autor de "O bêbado e a equilibrista" nos presenteou com uma lição de equilíbrio: o equilíbrio dos poderes.

Mesmo entre as capitais planejadas mundo afora, não se encontra nenhuma que ofereça uma noção visual tão instantânea, didática e evidente.

A Praça dos Três Poderes, em Brasília, é, além da beleza, além da funcionalidade, além do caráter monumental e simbólico, a melhor aula de teoria política do mundo. O espaço concebido por Lúcio Costa e os palácios desenhados por Oscar Niemeyer são a expressão arquitetônica do que está dito em palavras logo nos princípios fundamentais da Constituição:

> **Art. 2º**: São Poderes da União, independentes e harmônicos entre si, o Legislativo, o Executivo e o Judiciário.

Basta se posicionar no centro da praça para entender imediatamente o que significam independência e harmonia. Cada um dos prédios — o Congresso, o Planalto e o STF — tem personalidade própria, se impõe e se destaca sem precisar dos outros, três obras-primas da arquitetura que são independentes, mas, ao mesmo tempo, todo o conjunto conversa entre si, em uma relação de proporção, de distâncias e medidas que só fazem sentido quando o triângulo equilátero — com as sedes dos poderes em cada um dos três vértices — é apreciado simultaneamente.

Um outro pilar da Constituição também está visualmente explicado no conceito da praça: os poderes estão o tempo todo se encarando, se vigiando, se controlando. Em Brasília, cada um deles observa fisicamente os outros dois, em uma representação concreta do chamado *sistema de freios e contrapesos*, ou seja, cada poder tem meios constitucionais para atuar equilibrando os outros, como se a República se sustentasse sobre uma balança de três pratos. Se eles estiverem perfeitamente alinhados, melhor.

Entretanto, é difícil imaginar que um conceito tão delicado quanto o equilíbrio se manifeste inabalável no dia a dia das refregas do poder. O ex-ministro do STF Carlos Ayres Britto explica que, felizmente, essa balança imaginária foi projetada para chacoalhar de vez em quando sem sofrer grandes

BRASIL EM CONSTITUIÇÃO 207

danos: "Aqui e ali pode haver um frisson, um entrechoque, um momento de tensionamento, de fricção, de estresse, pode haver. O ideal é que haja harmonia, mas não se pode sacrificar a independência para favorecer a harmonia. Então, a harmonia é sempre desejável, mas a independência é absolutamente imprescindível".

Com a experiência de quem passou décadas na convivência entre os poderes e na contemplação do local onde eles estão simbolicamente instalados, o ex-ministro guia o olhar do visitante pelos palácios da praça: "Há uma ordem tão lógica quanto cronológica. A Constituição fez o seguinte: há três poderes; primeiro, o Legislativo; segundo, o Executivo; terceiro, o Judiciário, nessa ordem". Ele diz que, como a lei é a base de tudo, em primeiro vem quem faz as leis. Em segundo, vem aquele que executa as leis. Nas palavras de Ayres Britto, o Poder Executivo "gravita em torno das leis". O Judiciário é o terceiro poder porque é quem dá a palavra final: diz se o Legislativo criou as leis de acordo com a Constituição e se o Executivo as executou segundo a Constituição e as próprias leis. O ex-ministro conclui o desenho institucional da praça dizendo: "Tudo afunila para o Judiciário, civilizadamente".

A Praça dos Três Poderes é uma das maiores obras da civilização. O ideal de criá-la como o novo centro simbólico do país foi atingido e superado, originando uma das grandes praças da humanidade em todos os tempos. Que outra capital tem palácios assim, que parecem mais esculpidos do que construídos, como se o ser humano tivesse apenas lapidado estruturas que brotam diretamente do chão do cerrado? O encanto que a praça provoca é abstrato, difícil de definir. Não vem dos prédios em si, não vem do conjunto, não vem nem mesmo do gigantesco espaço delimitado pelo chão de pedra — na praça, até o vazio é monumental. O que fascina ali é o que nem mesmo conseguimos entender, nas palavras de Clarice Lispector: "Os dois arquitetos não pensaram em construir a beleza, seria fácil. Eles ergueram o espanto inexplicado".

É difícil imaginar, mas a Praça dos Três Poderes talvez pudesse causar um impacto ainda mais arrebatador. Em alguns desenhos de Lúcio Costa registrados no memorial do Plano Piloto, o traçado é mais nitidamente triangular, acentuando a relação perfeita entre os vértices e a simetria das construções na base.

O mundo real mostrou-se mais complexo. No dizer do arquiteto Francisco Lauande, estudioso da praça, "o triângulo da Praça dos Três Poderes, imaginado por Costa, tem uma presença mais virtual do que real". Em uma visão panorâmica, hoje salta aos olhos o aspecto de um grande retângulo, em que o triângulo original é apenas vislumbrado, ou deve ser desenhado mentalmente com as linhas imaginárias que unem os três palácios. As construções posteriores, como o Panteão, o mastro da bandeira e os diversos bustos e marcos comemorativos criam ângulos, recortam o espaço, formam arestas não imaginadas e distanciam a forma construída da concepção ideal. Em resumo, a realidade preencheu a ideia original.

Algo parecido acontece com a divisão dos poderes no plano invisível, institucional. A função clássica de cada um deles é só um esboço das inúmeras atribuições que recebem hoje em dia e que receberam na Constituição. Eles, muitas vezes, se sobrepõem, interferindo um no outro. Com as medidas provisórias e outros instrumentos, o Executivo cria leis; o Legislativo elabora políticas públicas e até julga, nos casos de impeachment, por exemplo; e o Judiciário preenche lacunas deixadas pelos outros dois, preservando direitos fundamentais e valores constitucionais.

Na movimentação dos poderes nesse emaranhando de competências, muitas vezes os pratos oscilam, mas o eixo da balança não se abala, como explica o jurista Gustavo Binenbojm: "O equilíbrio entre os poderes não é um equilíbrio estático, é um equilíbrio dinâmico".

Assim, em vez de dizer que os poderes estão em equilíbrio, é mais correto dizer que eles vão se equilibrando. Proibido mesmo é sair da praça, ou querer que o outro saia.

Ao longo da maior parte da história do Brasil, o Executivo teve um peso maior que o dos outros poderes. Começamos mal, com dom Pedro i mandando prender e exilar alguns dos primeiros constituintes. Então recomeçamos — mal também. O primeiro presidente da República foi também o primeiro "fechador" de Congresso. O marechal Deodoro acabou tendo de renunciar, mas o segundo presidente a repetir o ato, Getúlio Vargas, governou por oito (!) anos sem o Legislativo durante a ditadura do Estado Novo.

E até a Praça dos Três Poderes, templo maior da harmonia democrática, já esteve bem mais vazia. Na ditadura militar, o triângulo virou um ponto, e ponto final. As ordens do Palácio do Planalto eram absolutas. O Congresso foi fechado três vezes, a última em 1977, já durante a chamada abertura política. O Supremo sempre permaneceu habitado, mas a deusa cega diante do prédio esculpida por Alfredo Ceschiatti às vezes parecia a representação literal de uma Justiça de pedra, impedida de falar. A ditadura cassou ministros, mexeu no número de integrantes da Corte e até impediu parcialmente o acesso ao Judiciário com o AI-5. O Supremo permaneceu aberto quase como enfeite arquitetônico na praça, ou, segundo o pesquisador Ivan Furmann disse ao G1, um "enfeite constitucional".

A Constituição de 1988 reergueu o Legislativo e o Judiciário, acabando com a subordinação entre os poderes, restabelecendo o triângulo equilátero também no plano das instituições, como explica Gustavo Binenbojm: "A ideia fundamental de qualquer democracia constitucional é de que todo o poder emana do povo, no sentido de que cada poder exerce uma dimensão da representação popular".

Como em um condomínio, em que cada proprietário é dono de uma fração ideal do terreno, na democracia cada poder representa a terça parte ideal da vontade popular, dentro das suas competências. Nenhum poder é maior ou mais importante que os outros.

Depois de um século e meio de predomínio do Executivo, de imperadores ou presidentes com arroubos imperiais fechando o Congresso, o que se viu nos 35 anos da Constituição democrática foi um protagonismo compartilhado. Em uma reviravolta da história, foi o Congresso quem tirou presidentes do poder, duas vezes, pelo impeachment.

Também houve momentos em que o Judiciário assumiu o protagonismo, especialmente graças a uma característica paradoxal desse poder.

A lentidão da Justiça dispensa apresentações e fica ainda mais evidente quando em contraste com o frenesi da política e dos outros poderes. Enquanto deputados, senadores, ministros de Estado e o próprio presidente da República anunciam medidas e aparecem em público quase diariamente, as decisões judiciais demoram, e processos se arrastam por meses e anos sem novidades relevantes. O paradoxo está no fato de que é à Justiça que recorremos quando buscamos uma solução urgente, quando um problema não pode mais esperar e precisa de uma resposta imediata do Estado, quando um direito está garantido na Constituição e nem o Legislativo, nem o Executivo se movem para garantir que ele seja exercido.

Nesse sentido, o Poder Judiciário tem funcionado muitas vezes como uma espécie de "despertador da democracia", acordando os outros poderes, na explicação de Gustavo Binenbojm: "O Poder Judiciário dá o pontapé inicial, retirando o Executivo e o Legislativo da posição de inércia".


Inércia é palavra que o Menino nunca ouviu, e se ouvisse não entenderia. Primeiro porque ele nunca fica parado. E segundo porque os cachorros têm um imenso potencial para guardar palavras mais concretas, como "osso" ou "bola", ou então expressões de significado mais imediato para eles, como "passear". Já um conceito abstrato como "inércia" é praticamente inapreensível. O psicólogo, professor e escritor Stanley Coren é o autor de uma das obras mais difundidas no mundo sobre o cérebro dos caninos. Em *A inteligência dos cães*, ele afirma que os cachorros podem chegar a compreender cerca de 160 palavras, se forem devidamente estimulados no tempo certo.

Não foi o caso do Menino. Os estímulos que ele conheceu foram só os negativos: o abandono e a fome, além de doenças que o fizeram lutar para sobreviver até ser resgatado em uma noite chuvosa pelo advogado Marcelo Turra. O segurança da universidade onde Marcelo dava aulas tinha ordens de espantar o animal para a rua quando fosse fechar o portão, mas o cão estava tão prostrado que não teria forças para ir sozinho. Naquele instante, o professor de direito processual civil tomou a decisão de adotá-lo, carregando meio sem jeito o cachorro corpulento, de quinze quilos, junto com pilhas de livros de direito. A guinada do destino foi completa: o cão foi alimentado, tratado por um veterinário e passou a viver sob a proteção de um apaixonado por animais. Os dois e mais um irmão de Marcelo formam "uma família multiespécie", como descreve o advogado.

E a paixão, ou a compaixão, virou trabalho. O especialista em direito civil abraçou os direitos dos animais. A Constituição de 1988 foi a primeira no mundo a proibir a crueldade contra eles, como detalha Marcelo: "O artigo 225 é fundamental. É a partir da interpretação desse artigo que a gente pode fazer a defesa de todo e qualquer animal. É a fundamentação do direito animal brasileiro. Quando a gente se depara com alguma situação de maus-tratos e sofrimento, entender que eles têm o direito de não sofrer já é um grande passo. É o direito à vida".

Sem que ele próprio se defina dessa forma, a realidade mostra que Marcelo Turra é um especialista em tirar a Constituição do papel. Bem antes de defender os animais, já enxergava direitos muito concretos onde outros só viam princípios gerais e aspirações vagas. Nos anos 1990, quando o Brasil ainda estava despertando para a força da nova Constituição, ele já estava batendo à porta dos tribunais em busca de decisões inovadoras. Muitos estranhavam o passo acelerado com que Marcelo percorria os corredores do fórum, na verdade, quase correndo. E a cena era mesmo rara: com a pressa de um médico, um advogado estava salvando vidas.

**Art. 196.** A saúde é direito de todos e dever do Estado. [...]

Diante de um artigo tão importante da Constituição e ao mesmo tempo tão simples e direto, só existiam dois caminhos: cumprir ou ignorar. Houve um momento em que o Poder Executivo tentou ignorar. O Poder Judiciário mandou cumprir — e de maneira categórica, como contam várias reportagens de 1996 guardadas no acervo da Globo, entre elas a que dizia o seguinte: "Um paciente com aids consegue na Justiça que o Estado pague o tratamento dele com remédios de última geração. O juiz da 9ª Vara de Fazenda Pública deu um prazo de 24 horas para o Estado providenciar a compra do medicamento sob pena de mandar prender o secretário estadual de saúde por crime de desobediência".

Marcelo Turra foi um dos pioneiros no Brasil em conseguir na Justiça a garantia de tratamentos urgentes de saúde. Esse era o motivo da pressa. O jovem advogado atendeu mais de quinhentas pessoas com o vírus HIV. Alguns anos antes, já tinha sido precursor em criar uma disciplina específica sobre aids em uma faculdade de direito. Com os alunos, atendia gratuitamente pessoas que buscavam os medicamentos, como ele lembra: "Naquele momento, ainda se recorria pouco ao Judiciário sobre essas questões. O HIV veio para demonstrar essa necessidade de se tentar por outras vias que não as administrativas a possibilidade de acesso a esses medicamentos".

Era um poder que despertava o outro, mas primeiro foi preciso vencer o espanto da própria Justiça com a força concedida pela Constituição. O Judiciário não era mais um poder subalterno, como Marcelo conta: "Uma vez, entrei em um cartório para saber se o oficial de Justiça já tinha intimado o estado do Rio de Janeiro. Encontrei a serventuária desesperada, porque naquele momento os cartórios já estavam abarrotados de ações sobre medicamentos. E ela começou a gritar, ainda que não diretamente para mim, um desabafo: 'Eu não aguento mais. O Judiciário virou uma farmácia!'".

O Judiciário tinha virado farmácia porque a farmácia do Executivo estava vazia.

Ou seja, na luta por seus direitos fundamentais e urgentes, o cidadão não está nem aí para a noção abstrata da divisão dos poderes. Vai buscar o remédio para seus problemas aonde ele estiver. Essa liberdade de bater em todas as portas se chama democracia.

O ex-ministro do STF Carlos Ayres Britto diz que o Brasil deveria se chamar oficialmente "República Democrática do Brasil" e explica: "A Constituição vale porque a democracia vale, são olho e pálpebra, unha e carne. A democracia é o melhor regime, político, social e genérico. A democracia tem resposta para tudo. Nós devíamos dizer: 'separação democrática dos poderes do Estado'".

Sendo assim, o eixo da balança que equilibra os poderes é o poder do povo. A noção de equilíbrio dos poderes existe para que os direitos do cidadão estejam equilibrados.

Além disso, o jurista José Carlos Vasconcellos lembra que esses direitos devem ser garantidos e assegurados com rapidez: "O centro desse sistema de equilíbrio, às vezes muito complicado, entre os poderes, é a soberania popular, é o interesse público, são os direitos fundamentais. E as pessoas que têm um direito no limbo têm pressa".

Daniela não podia esperar. Assim que as Olimpíadas terminaram, em 2008, ela embarcou para Pequim, na contramão do movimento de atletas e torcedores que deixavam a cidade. Viajou acompanhada do pai, que é médico, e de uma enfermeira.

A estudante de medicina Daniela Bortman precisava de cuidados permanentes desde que havia sofrido um acidente de carro em 2006, ao voltar de uma festa, a um quarteirão do prédio onde morava em Taubaté, no interior de São Paulo. O carro em que ela estava foi atingido por outro, conduzido em alta velocidade por um estudante embriagado. O acidente a deixou tetraplégica.

Em Pequim, Daniela passou longe dos holofotes olímpicos e dos cartões postais. Foi para um local afastado, nas colinas a oeste da cidade. Era uma clínica cercada por um amplo jardim oriental, mas com acesso muito controlado. O dr. Huang não tinha interesse em se expor aos olhos do mundo. O médico chinês seguia métodos controversos, para não dizer condenáveis, na terapia com células-tronco. Trabalhava na vanguarda da ciência, mas sem publicar trabalhos científicos, desrespeitando protocolos internacionais e padrões mínimos de transparência, usando células de embriões viáveis, abortados com até quatro meses de gestação, o que na China não é ilegal.

Hoje Daniela é médica e diz que, profissionalmente, jamais recomendaria uma cirurgia com o dr. Huang: "Fui mais como pessoa física do que como médica ou filha de pai médico". Como paciente, ela aceitou se submeter aos riscos de uma terapia desconhecida e não se decepcionou de todo com o resultado. No dia seguinte à operação, ainda na clínica, recuperou o movimento do punho e a capacidade de transpirar, perdida desde o acidente.

As células-tronco ainda são a grande esperança de melhora para pessoas com lesões medulares, com doenças crônicas não transmissíveis ou degenerativas, como Alzheimer. Porém, quando foi à China, Daniela ainda não poderia nem sequer participar de um experimento nessa área no Brasil. A Lei de Biossegurança tinha sido aprovada pelo Legislativo e sancionada pelo Executivo em 2005, mas só em maio de 2008, três meses antes da viagem de Daniela, o STF liberou definitivamente as pesquisas com células-tronco no Brasil, decidindo a ação que questionava a constitucionalidade da lei.

Em um tema que envolve diferentes pontos de vista e conta com a oposição cerrada de setores importantes da sociedade, a ação dos três poderes em conjunto ganha mais importância, mandando um sinal claro de que uma escolha foi feita pelo Brasil, e dando a legitimidade necessária para que a ciência prossiga na busca de novos tratamentos, como defende Daniela: "É superimportante que haja equilíbrio dos poderes nesse sentido. Como a ciência internacional avança muito depressa, a gente precisa que os legisladores estejam atentos a essa velocidade para poder acompanhar as novas descobertas, para que os brasileiros possam ser beneficiados por essas técnicas de biotecnologia e pelos avanços na área da saúde".

O caminho é longo. As pesquisas com terapia celular estão em estágio inicial e os resultados ainda são tímidos para quem espera a cura total de lesões medulares, mas, quando os três poderes se alinham em torno de um tema fundamental, produzem, no mínimo, esperança.

"A nossa batalha contra a aids é exemplar no mundo. Nós a transformamos em realidade dentro do Executivo." Essas palavras não parecem descrever o mesmo país em que pacientes à beira do desespero buscavam remédios contra a aids nos tribunais. Os tempos eram outros. Só cinco anos separam as ameaças de prisão de um secretário por não entregar remédios do dia em que o ministro da Saúde, José Serra, discursou na Organização das Nações Unidas para explicar ao mundo as virtudes do modelo brasileiro no combate à doença, dizendo as palavras transcritas no início deste parágrafo.

Nesses cinco anos, entre 1996 e 2001, uma sequência de acontecimentos movimentou os três poderes. Primeiro, a enxurrada de decisões na Justiça fez o Executivo se mexer. As autoridades da Saúde ameaçaram quebrar patentes internacionais, reduzindo drasticamente o preço dos remédios. E o Legislativo encaminhou leis que autorizavam essa quebra. Nem mesmo a noção de equilíbrio é suficiente para explicar o que aconteceu. Judiciário, Executivo e Legislativo se completaram, trabalhando como um relógio para que o Brasil deixasse o fundo do poço e passasse a ser símbolo mundial de eficiência no tratamento do HIV.

Porém, tal nível de entendimento, geralmente só alcançado em questões muito críticas ou urgentes, é mais exceção do que regra. A harmonia geométrica concebida na teoria política e desenhada por Lúcio Costa na praça é bem mais complicada do que parece — e ainda bem que é assim. No exercício do poder, uma aparente simplicidade não é qualidade, é tirania. É autoridade demais concentrada nas mãos de um ou de poucos.

Entretanto, se a fiscalização recíproca é uma virtude, o conflito constante entre poderes também não parece ser o estado ideal de um regime democrático. Cada poder pode — e deve — ajudar a restabelecer o equilíbrio da balança. Em momentos de maior entrechoque, esse equilíbrio parece tão improvável quanto as colunas extremamente finas projetadas por Niemeyer que sustentam os palácios.

Não há fórmulas mágicas. Construir a democracia em um país com tanta história de arbítrio talvez seja mais difícil e, por isso mesmo, uma tarefa mais bela e ousada, como a arquitetura de Brasília.

Conflitos entre Executivo, Legislativo e Judiciário acontecem, em maior ou menor grau, em todos os países democráticos. Foi com a divisão de Poderes que as nações mais prósperas e mais justas socialmente atingiram seus melhores objetivos. O Brasil também decidiu, 35 anos atrás, que não existem alternativas à democracia.

Como dizia o poeta que entendia da arte de se equilibrar, a única opção é seguir em frente. O caminho pode ser difícil, mas sair dele é cair no abismo.

# 19

# O VOTO

*Graziela Azevedo*

*Todo o poder emana do povo, que o exerce por meio de representantes
eleitos ou diretamente, nos termos desta Constituição.*

Parágrafo único do artigo 1º da Constituição Federal de 1988

COM POUCAS EXCEÇÕES, elas acontecem aos domingos, e esse dia, em geral preguiçoso, ganha uma eletricidade, uma agitação que o torna muito especial. É comum que algum tempo antes já tenhamos aberto gavetas ou pastas para localizar o documento que vamos usar ou, de algum tempo para cá, que chequemos se o documento a ser apresentado está ali no aplicativo do smartphone. O ideal é que, ao seguirmos para o cumprimento do dever, tenhamos nomes e números anotados e estejamos conscientes de escolhas que podem impactar não apenas a nossa, mas a vida dos moradores da nossa cidade, do nosso estado e do país inteiro. Discutir sobre o tema pode causar controvérsias, brigas e, lamentavelmente, violência, mas o diálogo e a circulação de informações de qualidade são — ou deveriam ser — antecedentes fundamentais do ato que, a seguir, será solitário. É sozinho que o eleitor entra na cabine para exercer o que no Brasil é obrigatório, um dever, mas também um direito: o de escolher (ou mesmo não escolher), o direito de votar.

Foi para falar da importância do voto que, em 2022, abrimos gavetas cheias de memórias sobre a conquista desse instrumento fundamental para a democracia: o voto secreto, universal e periódico, consagrado na Constituição de 1988. Uma história de muita espera e de muita luta, como lembrou o professor de direito constitucional da Unirio José Carlos Vasconcellos dos Reis: "A gente costuma tratar o voto, o dia da eleição, como uma obrigação, como um dever. E a gente esquece que antes de o voto ser uma obrigação ou um dever do cidadão, ele é um direito. E é muito bom que a gente tenha esse direito, não é? Muito sangue foi derramado no mundo e neste país para que esse direito pudesse existir, então, é muito importante que a gente não desperdice esse sangue derramado, que o valorize e saiba votar".

## PARA POUCOS (A NEGAÇÃO DO VOTO UNIVERSAL)

No Brasil contemporâneo e democrático, os eleitores são responsáveis pela escolha daqueles e daquelas que irão preencher mais de 73 mil cargos públicos. Elegemos presidente da república, governadores, prefeitos e seus vices (chefes do Poder Executivo) e vereadores, deputados estaduais e federais e os senadores, responsáveis, entre outras funções, pela elaboração das leis. Em 2022, o país tinha cerca de 203 milhões de habitantes e mais de 156 milhões de jovens e adultos aptos a votar, ou seja, cerca de 87% dos brasileiros poderiam ir às urnas — e 79,41% foram. Os números desse cenário de voto universal, que fazem do Brasil uma das três maiores democracias eleitorais do mundo, são muito diferentes dos longos períodos em que as eleições aconteciam no país, mas eram para poucos, muito poucos. Em seu livro *A história do voto no Brasil*, o pesquisador, professor e cientista político Jairo Nicolau calcula que nas últimas eleições do Brasil Império menos de 1% da população votou. Não é difícil entender por que tão poucos tinham o direito de eleger os representantes dos postos políticos na época. Só homens maiores de 25 anos ou maiores de 21 que fossem casados tinham o direito de ir às urnas. Mulheres e escravizados não podiam votar, assim como aqueles que não sabiam assinar seu nome. Além disso, o voto era censitário, ou seja, para votar (e também para ser candidato) era preciso ganhar entre 100 e 400 mil réis por ano. Esse período da história comprova: sem voto, sem direitos.

Na entrevista que nos deu, o professor Jairo Nicolau explica como os erros do passado ainda se refletem em dramas do presente como o da pobreza e da discriminação contra negros e mulheres: "A política era fechada, era uma política de elite e, obviamente, isso tem reflexos sobre a vida das pessoas. Para dar um exemplo de que eu gosto muito, um dos temas centrais do atraso brasileiro é a educação. Quer dizer, nós nunca tivemos na política nacional — até bem recentemente — preocupação com a educação das crianças, da educação fundamental. As crianças eram ensinadas por escolas religiosas, em geral destinadas aos filhos da elite. As escolas públicas existiam em número muito pequeno. Agora, imagina um mundo em que os pobres têm direito de voto... Se eles não teriam feito pressão para que fossem criadas mais escolas que atendessem seus filhos? Então, só para dar um exemplo, por que a elite vai se preocupar em educar os trabalhadores, a população mais pobre, os ex--escravos, se ela imagina que essas pessoas vão trabalhar em serviços manuais pesados e não precisam de escola?".

Logo depois da Proclamação da República, a necessidade de uma renda mínima para votar acabou, mas só no século xx o horizonte eleitoral começou realmente a se ampliar. Ativistas como a cientista Bertha Lutz e a escritora Almerinda Gama foram expoentes de batalhas que vinham de longe e foram fundamentais para que, em 1932, a luta de feministas e sufragistas finalmen-te tivesse êxito. O código eleitoral aprovado pelo então presidente Getúlio Vargas trouxe avanços como a criação da Justiça Eleitoral e a implantação de medidas para proteger o sigilo do voto.

Quando pesquisava os usos e costumes da época, descobri uma nota cheia de graça e de pouco asseio. Um filme da Justiça Eleitoral mostrava eleitores lambendo a cola dos envelopes onde guardavam as cédulas que iriam depositar em urnas de madeira ou de aço. Imagem irresistível, que usamos na série "Brasil em Constituição". Padronizar os envelopes, que eram chamados de sobrecartas, foi uma maneira de evitar que candidatos controlassem os eleitores distribuindo envelopes de determinadas cores e tamanhos. Outra providência tomada no governo Vargas foi a colocação de cortinas ou portas para dificultar a vida de bisbilhoteiros mal-intencionados do voto alheio. Essas foram as avós das nossas cabines de votação.

Getúlio Vargas deu passos importantes, mas também deixou passar muita coisa, deu marcha a ré ao retirar de todos o direito de votar. Ele deixou para trás todos os analfabetos, que só foram conquistar o direito ao voto em 1985. É importante registrar que Getúlio teve seu tempo de glória e poder em um país em que a maioria não sabia ler nem escrever. Em 1920, os analfabetos eram 65% da população. Em 1940, eram 56%. Pior: o que Vargas assinou com uma mão em 1932 acabou retirando com a outra ao se tornar ditador em 1937. Cinco anos depois da conquista do voto feminino, todos — mulheres e homens, letrados ou não — foram impedidos de votar. Getúlio Vargas deu um golpe, rasgou a Constituição, proibiu os partidos, censurou a imprensa. O direito de escolha dos representantes políticos pelo voto só seria recuperado em 1945, até ser novamente retirado pelas mãos pesadas de uma outra ditadura.

## EU VI, NÓS VIMOS

O Centro de Memória Eleitoral fica no térreo de um prédio da rua Francisca Miquelina, no bairro da Bela Vista, região central de São Paulo. O bairro, além de manter a mistura dos sotaques e das tradições culturais de operários italianos e negros, guarda também muito da história das eleições. São pilhas de amarelados boletins de urna, maços de títulos eleitorais de todas as épocas, um desfile de modelos de urnas de madeira, de aço e de lona, fotografias de seções eleitorais desde o tempo em que garagens de sobrados eram emprestadas pelos moradores e transformadas em locais de votação. Foi ali que marcamos nosso primeiro encontro com o mesário mais antigo de São Paulo. Aos 94 anos, o advogado Ary Prizant apoiava o peso da idade em uma bengala e andava devagarinho, mas nos surpreendeu com uma memória prodigiosa e o orgulho imenso de servir à democracia desde 1945, ano em que o Brasil recuperou o direito ao voto depois da ditadura Vargas. Seu Ary foi logo deixando claro seu horror aos períodos em que os brasileiros foram impedidos de escolher representantes, indignação que ele repetiu ao gravar sua entrevista também no estúdio da série "Brasil em Constituição": "Terrível, horrível! Isso está fora da natureza da humanidade. Nós somos livres e de bons costumes. E nós precisamos da nossa liberdade, preservar a democracia.

Não basta ser brasileiro, você tem que ser patriota. Você tem que colaborar principalmente com a democracia no país, que é a liberdade total. Todas as vezes que nós tivermos uma exceção de ditadura, não temos liberdade de fazer, de criticar... Essa é a vantagem da democracia: você pode escolher. No passado, coitado de quem levantasse uma bandeira contra a ditadura... Deus te livre! Já sabe o que aconteceria, né? Durante a democracia, se piorar alguma coisa, nós temos condição de melhorar em seguida".

Mesário, advogado e cidadão patriota, como faz questão de se definir, Ary Prizant traduziu com essas palavras a admiração pelo sistema eleitoral que ele viu evoluir e ser consagrado pela Constituição de 1988. O voto popular está gravado na pedra fundamental da democracia. É uma cláusula pétrea, ou seja, uma daquelas que jamais poderão ser abolidas, e que foram assim explicadas na entrevista que fiz com o ministro Ricardo Lewandowski, do Supremo Tribunal Federal: "Os constituintes originários, que representam o povo soberano naquele momento de elaboração da Constituição, entenderam que existe um núcleo imodificável que não pode ser alterado, porque é o próprio coração da Constituição. E esse núcleo imodificável fundamentalmente corresponde aos direitos e garantias individuais, à separação dos poderes, ao Estado Federal — ou seja, a autonomia que têm os estados e municípios para se autodeterminarem e, finalmente, às eleições periódicas, universais, secretas. E esse é o coração imodificável".

Esse coração da Constituição bate no quarto parágrafo do artigo 60:

> Não será objeto de deliberação a proposta de emenda tendente a abolir:
>
> I – a forma federativa de Estado;
> II – o voto direto, secreto, universal e periódico;
> III – a separação dos Poderes;
> IV – os direitos e garantias individuais.

## SECRETO

"Direto, secreto, universal e periódico": essas são determinações cheias de razão, garantias de proteção contra um histórico de ausência total pura e simples ou retirada parcial desses direitos. Vale aqui dedicar algumas linhas para a importância do segredo do voto e, nos arquivos do jornalismo da Globo, encontramos exemplos eloquentes de como o registro analógico dos eleitores — os votos e as apurações em papel — tantas vezes corrompe-ram a vontade popular e a lisura das eleições.

Em uma reportagem realizada em 1982, o repórter Robert Feith pene-trou em um dos chamados currais eleitorais brasileiros, onde imperavam a multiplicação de títulos e de votos para os candidatos que se impunham pelo dinheiro, pelo medo — ou pelas duas coisas. O que ele encontrou foi descrito assim: "Panelas fica no agreste pernambucano, perto da divisa com Alagoas. O município tem 28 mil habitantes. Em outubro, houve uma denúncia: cinco dessas pessoas teriam dois títulos de eleitor, um verdadeiro e um falso. O Tri-bunal Regional Eleitoral está apurando a denúncia, mas nós conseguimos a informação de que haveria mais do que cinco pessoas pretendendo votar duas vezes em Panelas. Fomos verificar. Nossa primeira visita foi ao fórum onde o juiz eleitoral da região despachava. Ele se recusou a dar entrevista. Nervoso, assim que ligamos a câmera, juntou seus papéis e foi embora. Fechada essa porta, só nos restava convencer as funcionárias do cartório a mostrar os títu-los que suspeitávamos que fossem falsos. Em poucos minutos, encontramos o que estávamos procurando: dezenas de títulos ilegais".

As imagens mostram o que o repórter vai descrevendo: são títulos com o mesmo nome, mas com fotos de pessoas diferentes — ou títulos exatamente iguais, mas com números de sessões diferentes. Os dois casos proporciona-vam o milagre da multiplicação de eleitores e, claro, de votos, como continua a explicar Robert Feith: "Todos os títulos ilegais eram de pessoas que viviam isoladas na zona rural. Decidimos procurar uma delas. Foram vinte quilô-metros de estrada de terra. Aos poucos, a estrada virou uma trilha. Tivemos que continuar a pé. Depois de dois quilômetros de caminhada, chegamos ao nosso destino. Quando chegamos à casa e nos identificamos como jornalistas, ela (a eleitora com dois títulos) se recusou a falar. Disse que não dava para conversar, não quis dar entrevista, fechou a porta, apagou a luz e foi dormir, mas, momentos depois, pudemos ouvir um choro do lado de dentro. O medo dessa mulher é o melhor exemplo das dificuldades em apurar os responsáveis da fraude eleitoral no município de Panelas".

Era conhecido como "voto de cabresto" aquele que representava não a vontade livre do eleitor, mas a coação imposta pelos poderosos, muitas vezes chamados de "coronéis" no Brasil profundo. Por meio de cédulas já preenchidas ou usando artimanhas para ver em quem o eleitor votou, muitos deles conseguiam conquistar ou se perpetuar no poder.

Uma outra forma de multiplicar fraudulentamente os votos era atuar diretamente na apuração das eleições — um expediente que durou enquanto a festa da democracia foi movida à esperança e papel, muito papel. O que aconteceu no Rio de Janeiro em 1984 se tornou um caso emblemático e a gota d'água para mudar o processo eleitoral. Voluntários que trabalhavam na apuração foram corrompidos para adulterar boletins de urna e a vontade dos eleitores, subtraindo votos de uns e aumentado os de outros candidatos. Foram com tanta sede ao pote que chamaram a atenção de fiscais, candidatos, da imprensa e do juiz eleitoral.

O jornalista André Trigueiro explicou, na época, como parte do esquema funcionava: "A adulteração é feita de várias maneiras, por exemplo: um candidato que conseguiu apenas um voto na urna e que aparece com dez votos no boletim branco; quem colocou o zero do lado do um teve que tirar nove votos de outro candidato. Na segunda maior zona eleitoral do estado do Rio de Janeiro, localizada em Santa Cruz, na Zona Oeste da capital, a dança dos números provocou a substituição das sessenta pessoas que conferiam os números dos boletins".

O juiz eleitoral que na reportagem aparece examinando papéis e conversando com os colegas declarou: "Já foram checados seiscentos boletins e a quase totalidade deles estava realmente fraudada. Esse processo eleitoral com certeza viabiliza fraude [...]. Acho que a lição que fica é que não se concebe mais um processo eleitoral dessa sorte porque ele viabiliza a fraude. É um processo que serve como veículo condutor da fraude e o combate a essa atividade ardilosa se torna extremamente difícil".

O juiz eleitoral que esteve à frente das recontagens e prisões de fraudadores das eleições de 1994 no Rio de Janeiro era Luiz Fux. Vinte oito anos depois, como ministro do Supremo Tribunal Federal, ele reviu conosco as cenas do seu trabalho naquele episódio. Luiz Fux chegou a brincar com a aparência jovem que tinha nas entrevistas e falou da mudança radical que aconteceu logo depois, com a chegada da urna eletrônica: "Esse foi o germe da transformação, da apuração manual para a urna eletrônica. Não há a menor possibilidade de nenhuma manipulação modificar o resultado das eleições. Ela representou exatamente aquilo que a Constituição de 1988 prega, que é a higidez do processo eleitoral. Todos os que foram eleitos pela urna eletrônica têm hoje a legitimidade democrática que representou a vontade do povo brasileiro".

A nostalgia de velhos tempos não faz do mesário Ary Prizant um nonagenário conservador. No que diz respeito ao sistema eleitoral, ele é um fervoroso entusiasta da urna eletrônica: "Foi um alívio, foi uma maravilha! Não tem fraude nenhuma. No fim da eleição, você já tira um boletim com todo o resultado. Você não precisa ficar horas e horas, dias e dias somando".

Seu Ary veio aos nossos estúdios, trouxe orgulhoso a medalha que ganhou pelo reconhecimento aos serviços prestados à nação e falou com entusiasmo sobre a importância da democracia e a contribuição da urna eletrônica para o processo eleitoral: "Ninguém — ninguém — até hoje apontou um erro ou uma diferença de resultado. Se alguém tem conhecimento de alguma coisa, que faça público e com provas. Sem provas, não adianta. [...] Não tem mais interferência de ninguém na apuração, o que está ali é verdade, você não muda nada, o homem não põe mais a mão. Põe a mão na cabeça porque não foi eleito, mas não por causa da urna".

Criada por um grupo de engenheiros que incluiu militares do exército, da marinha e da aeronáutica, a urna eletrônica tornou o voto realmente secreto e deixou no passado a história de fraudes. Profissionais altamente qualificados trabalharam de 1995 a 1996 para criar, a pedido da Justiça Eleitoral, uma máquina de votar capaz de garantir eleições limpas, com apuração rápida e sem interferência humana. Osvaldo Catsumi Imamura aparece na foto do grupo. Pesquisador do Departamento de Tecnologia Aeroespacial e formado pelo Instituto Tecnológico de Aeronáutica, ele foi um dos responsáveis pela criação das camadas de proteção e chaves de segurança das urnas eletrônicas e, até as eleições de 2022, continuava participando dos testes de segurança e integridade das urnas. Nem ele, nem qualquer outro engenheiro, técnico, hacker ou político conseguiu apontar um resultado de eleição que tivesse sido adulterado desde que as urnas eletrônicas estrearam em 1996, ou a partir de 2000, quando passaram a ser usadas e admiradas em todo o país, como lembrou o professor Jairo Nicolau: "A urna, até recentemente, era um motivo de orgulho nacional, não só porque ela acabou com o processo de fraudes de apuração, mas tornou o processo de votação muito mais inteligível, por incrível que pareça. Muitos eleitores, quando tinham que escrever na cédula de papel, tinham muita dificuldade. A urna foi um grande passo no processo de votação no Brasil. Porém, mais recentemente, começou uma onda que tenta tirar a legitimidade da urna eletrônica — e esse movimento não tem nenhum fundamento a não ser, mais uma vez, boatos, fake news, lendas. Mas, até agora, acho que a resposta da Justiça Eleitoral a essa onda foi muito eficiente. Eles abriram a urna para que os partidos, os técnicos, os engenheiros e até os hackers tentassem invadir. E nada aconteceu. Então, realmente a urna eletrônica é uma contribuição fundamental na história política brasileira. Nós temos hoje, ao meu juízo, o melhor sistema, o melhor processo de votação do planeta".

## PERIÓDICO

As emoções são canais muito diretos para memórias profundas, e quem esteve nos comícios pelas eleições diretas certamente se lembra da mistura de sentimentos que uniu milhões de brasileiros entre 1983 e 1984.

Como jornalista e cidadã, estive em todas as manifestações pela volta das eleições diretas para presidente que aconteceram em São Paulo: do primeiro e ainda pequeno comício em 1983, em frente ao Estádio do Pacaembu, aos dois gigantescos — o da praça da Sé em 25 de janeiro de 1984 e o de encerramento da campanha em 16 de abril do mesmo ano. A sensação era de que o país inteiro finalmente havia entrado em uma mesma sintonia: a da rejeição à longa ditadura militar e às terríveis consequências econômicas, sociais e políticas que ela impunha ao país. Nos palanques dos comícios e no chão das praças, homens e mulheres de todas as idades, credos, ideologias e preferências partidárias uniram suas vozes para exigir "Diretas já!". Ao relembrar esse período, eu procurava algo capaz de acessar aquelas memórias coletivas de um Brasil tão diferente do país fraturado, rachado, que tínhamos em 2022. Não precisei pesquisar nem pensar muito: Osmar Santos era o cara!

Um dos locutores esportivos mais geniais e populares do país, Osmar ficou conhecido como "o pai da matéria" por saber muito de futebol e misturar, nas narrações, músicas, elementos da cultura popular e bordões como o "ripa na chulipa" e "pimba na gorduchinha". Chamava todo mundo de garotinho e garotinha e fazia tudo com um sorriso e uma alegria contagiantes. Todos esses recursos, toda essa força e popularidade ele usou para arrastar multidões para os comícios das Diretas e dar o derradeiro empurrão para o fim da ditadura. Osmar Santos foi o locutor oficial da campanha, o animador dos comícios, o apresentador da esperança. Era ele quem fazia o esquenta para as falas dos políticos e os shows dos artistas, era ele quem puxava o crescente e impressionante coro das multidões que apinhavam as praças do país:

— Um, dois, três, quatro, cinco, mil, queremos eleger o presidente do Brasil!
— Diretas quando?
— Já!
— Diretas quando?
— Jááá!
— Diretas quando?
— Jááá!

Eram gritos que o Brasil trazia presos na garganta havia muito tempo. A última eleição em que os brasileiros puderam escolher o presidente da república tinha acontecido em 3 de outubro de 1960. Jânio Quadros foi eleito, renunciou ao cargo menos de sete meses depois, João Goulart assumiu em 07 de setembro de 1961 e foi deposto pelo golpe militar. Assim como as liberdades individuais e os direitos fundamentais, as possibilidades de escolha foram diminuídas ou suprimidas, como resumiu o professor Jairo Nicolau: "O regime militar permitiu a existência de dois partidos apenas, ou seja, um partido que dava suporte ao governo, a Arena, e um partido de oposição, o MDB. Essa oposição precisava ser branda, já que estávamos em uma ditadura. E mais: o regime suspendeu a eleição para os principais postos: presidente, governadores e prefeitos de capital".

A ditadura calou eleitores, matou e feriu opositores, mas viu a força da democracia tomar impulso justamente numa campanha pelo voto. Quando encontramos Osmar Santos para lembrar aquele momento histórico, sabíamos que ele não poderia repetir os slogans da época, gritar suas palavras de ordem nem falar sobre aquela experiência. Em 1994, um grave acidente de carro deixou sequelas e roubou de Osmar a fluidez da fala, mas ficaram intactos a memória e o orgulho de ter participado do movimento pelo direito de escolher o presidente do país. Osmar não anda e quase não fala, mas ele pinta — e o primeiro pedido feito por nós e imediatamente aceito foi que pintasse as emoções que viveu. No dia combinado, o repórter cinematográfico Neto Lima encontrou Osmar em sua casa/ateliê com uma camiseta amarela onde se lia: "Diretas Já, eu participei". Os dedos entravam e saíam de potes de tintas, e Neto foi registrando a pintura da tela onde predominou o amarelo salpicado de verde e vermelho. Essa tela fez parte do cenário que montamos para recebê-lo no estúdio da série "Brasil em Constituição". Nos telões, projetamos trechos dos comícios e imagens dele puxando refrões e o hino nacional, trilha sonora das manifestações.

Quando Osmar Santos entrou no estúdio com sua cadeira de rodas motorizada, um clima de reverência tomou conta de todos os que estavam ali. A ideia era apenas registrar o que acontecesse — e o que aconteceu foi pura emoção. Osmar se via jovem à frente dos comícios e levantava uma das mãos como se estivesse lá nos anos 1980, regendo o coro da multidão. Prestava atenção em suas imagens e falas antigas, ouvia os milhões que repetiam suas palavras de ordem e exclamava sorrindo: "Bonito".

Numa dessas cenas antigas, mas impactantes, Osmar Santos — sozinho e à capela — começou a cantar o Hino Nacional. Aos poucos, as vozes dos manifestantes foram se unindo à dele até formar um gigantesco coral, uma arrepiante e poderosa massa de vozes. Quando a gravação terminou, eu não conseguia falar, as lágrimas desciam. Chorávamos de emoção no estúdio que era silêncio e agradecimento. Quando a reportagem foi ao ar, muitos telespectadores relataram nas redes sociais os mesmos sentimentos de orgulho, gratidão e reconhecimento da importância da luta pelas eleições diretas.

"Tô aos prantos. Eu vivi isso tudo. Nas Diretas Já, fui pra rua... Quem viveu, viveu... Eu vivi a História, não só em livros e reportagens. E a gente não tinha noção na época. Eu votei! Meu primeiro voto. Na moral, tô emocionada."
(@ANNNADUARTE)

"Que emoção ver um dos meus ídolos!!! Osmar Santos!"
(THAÍS BONFLIGLIOLI)

"Eu não estava preparada pra assistir o Osmar Santos revendo imagens dos comícios das Diretas… @GraziAReporter me representou."
(CAROLINA MORAND)

"Cara, o *Jornal Nacional* tá passando agora uma parada incrível que explica a importância do voto e como foi conquistado esse direito. Nível documentário, mano!"
(PALACIO MARTINS)

"Amo que a reportagem do *Jornal Nacional* falou que a urna eletrônica foi projetada por engenheiros e entre eles tinham militares do Exército, Marinha e Aeronáutica."
(CARMEN ROSA)

"Que emocionante ver Osmar Santos exclamar 'lindo', no *Jornal Nacional* diante do registro da própria participação como locutor oficial dos comícios pelas Diretas, em 1984. Só quem viveu sabe o que foi aquele momento. Chorei copiosamente quando a emenda das Diretas não passou."
(ÁTILA ROQUE)

Assim como o telespectador Átila Roque, muitos de nós choramos naquele 25 de abril de 1984. Vazio e tristeza tomaram o lugar das multidões quando a emenda do deputado Dante de Oliveira pelo voto direto para presidente foi rejeitada pelo Congresso Nacional. Faltaram 22 votos. Cento e treze deputados aliados do regime militar — ou pressionados por ele — faltaram à sessão e adiaram o pedido das ruas. Porém, o que se viu nas praças do país foi forte o suficiente para ecoar pelos cinco anos seguintes: a ditadura caiu, o poder mudou de mãos, o Brasil superou traumas e crises para escrever sua Constituição Cidadã e ter eleições livres de novo e com novos, novíssimos eleitores.

## O FUTURO

Viktor Boyadjian Pereira foi um dos quase 6 milhões de jovens entre dezesseis e dezessete anos que puderam votar nas eleições de 1989. Encontramos nos arquivos do jornalismo da Globo uma entrevista que ele deu na época, enquanto fazia o cadastramento eleitoral, e o convidamos, em 2022, para lembrar aquele momento: "A gente estava chegando no final da década de 1980, e o que a gente observava naquela época? Tinha uma situação de hiperinflação. Eu estava com quase dezessete anos. Tinha sido a primeira oportunidade que a gente ia ter de uma eleição".

Viktor se formou em engenharia civil, tocou a vida como milhares de brasileiros, mas nunca se esqueceu daquela eleição para presidente da república, a primeira depois de 29 anos, 25 deles sob ditadura militar: "Eu lembro que tinha muita gente na rua porque era uma situação esperada. Lutou-se muito para chegar a esse ponto. E aí a gente viu essa participação efetiva das pessoas. Era a festa da democracia".

De 1989 a 2022 o Brasil elegeu ou reelegeu cinco presidentes da república de partidos diferentes e superou crises graves graças ao pacto social em torno da Constituição de 1988. Como frisou o professor de direito constitucional da USP Virgílio Afonso da Silva, o respeito à vontade do eleitor é condição fundamental de um país democrático: "A democracia e as eleições são o coração da Constituição. A Constituição tem um artigo que prevê aquilo que não pode ser modificado e um dos âmbitos que não podem ser modificados é justamente o voto direto, secreto, periódico e universal. Isso mostra o quanto a democracia é central na Constituição, ou seja, não é possível mudar isso. É possível mudar muita coisa na Constituição, mas não é possível dizer que o voto agora não é mais secreto, não é mais periódico e por aí vai. Então, a eleição e a renovação dos poderes políticos, do Executivo e do Legislativo, são um ponto central da Constituição. E isso implica aceitar os resultados. Aceitar o resultado faz parte do cerne da democracia, e quando a gente começa a questionar isso, começamos um processo perigoso de erosão da Constituição e da democracia".

O futuro da democracia pode ser muito promissor com um bom uso da internet e das novas tecnologias de comunicação. Já há experiências pelo mundo — e mesmo no Brasil — de consultas diretas a cidadãos e cidadãs ou a grupos representativos de determinadas comunidades para discussão e tomadas de decisão que vão da permissão para mototáxis em Ilhéus, na Bahia, à aprovação do aborto na Irlanda. São as chamadas Assembleias dos Cidadãos ou Minipúblicos, tema de pesquisas do jornalista Tonico Ferreira, que vem se dedicando ao tema da democracia. Enquanto o futuro se descortina cheio de possibilidades, há um presente de perigos e um passado que ensina a importância da vigilância e da renovação do pacto que nos trouxe até o século XXI.

Comemorar vitórias e aceitar derrotas são regras fundamentais do jogo democrático, um jogo que teve momentos dramáticos até que a torcida de um país inteiro se reencontrasse sob a batuta do "pai da matéria". Em 1984, em uma entrevista que encontramos em nossos arquivos, Osmar Santos deu um recado atemporal, falou dos comícios pelas eleições diretas e do protagonismo de quem se une — seja para torcer pelo futebol ou para lutar pela democracia: "O comício, na verdade, é feito por todo mundo — principalmente pelo povo. Então, ele tem que sentir que está participando. Essa é a tônica básica. Acho que nada uniu tanto o país quanto esse tema — pelo menos na minha vida, na minha participação esportiva e política. O futebol consegue uma unidade muito grande, mas um consenso de Brasil mesmo eu tenho visto em várias cidades e, em todas, eu tenho ouvido essa empolgação, essa animação. E a consciência do povo brasileiro está me arrepiando. O pessoal não vai lá não para ver artista, não. Vai pra participar com a consciência de um movimento político. O Brasil está renascido na participação política. Estou achando isso muito lindo".

Este livro, composto na fonte Fairfield,
foi impresso em papel Pólen natural 70 g/m², na gráfica Coan.
Tubarão, agosto de 2023.